1993. Oct.

近代思想圖書館系列
015

後現代的轉向

後現代理論與文化論文集

原著／伊哈布·哈山

譯者／劉象愚

ISBN 957-13-0600-2

目　錄

出版的構想………………………………郝明義…1-5

《後現代的轉向》導讀……………………廖朝陽…1-7

中文版序……………………………伊哈布・哈山……1

誌謝………………………………………………………5

引言………………………………………………………7

第一部份　後現代主義的序幕

第一章　沈默的文學…………………………………21

第二部份　後現代主義概念

第二章　後現代主義：一份超批評書目…………………55

第三章　文化、不確定性和內在性：(後現)代的邊緣…………87

第四章　後現代主義概念試述…………………………140

第三部份　後現代文學和批評

第五章　(　　　)：《芬尼根們的守靈》和後現代的想像………163

第六章　批評家即革新家：一條十個定格畫面的超批評………189

第七章　超傳記：批評經驗種種⋯⋯⋯⋯⋯⋯⋯⋯⋯⋯227

第八章　後現代景象中的多元性⋯⋯⋯⋯⋯⋯⋯⋯⋯⋯254

第四部份　後現代主義的尾聲

第九章　創造意義：後現代論述的磨難⋯⋯⋯⋯⋯⋯⋯287

第十章　回顧中的前瞻⋯⋯⋯⋯⋯⋯⋯⋯⋯⋯⋯⋯⋯318

譯後記⋯⋯⋯⋯⋯⋯⋯⋯⋯⋯⋯⋯⋯⋯劉象愚⋯347

書目⋯⋯⋯⋯⋯⋯⋯⋯⋯⋯⋯⋯⋯⋯⋯⋯⋯⋯⋯354

出版的構想

郝明義

　　二十世紀，人類思想從亙古以來的激盪中，在各個領域都迸裂出空前的壯觀與絢爛。其影響所及，不論是強權、戰爭及均勢的交替，抑或經濟、科技與藝術之推陳，水深浪濶，無以復加。思想，把我們帶上了瀕臨毀滅的邊緣，思想，讓我們擁抱了最光明的希望。

　　回顧這一切，中國人的感慨，應該尤其特別。長期以來，由於客觀條件之貧弱，由於主觀禁忌之設定，我們從沒有機會能夠敞開胸懷，真正呼應這些思想的激動。

　　《近代思想圖書館》，是為了消除這些喟嘆而出現的。

　　我們的信念是：思想，不論它帶給我們對進化過程必然性的肯定，還是平添對未來不可測的驚懼；不論它呈現的外貌如何狂野，多麼審慎，其本質都是最深沉與執著的靈魂。我們必須開放心胸，來接納。靈魂中沒有這些深沉與執著，人類的歷史無從勾畫。

　　我們的目的是：以十一個思想領域為架構，將十九世紀中葉以來，對人類歷史與文明發生關鍵性影響的思想著作，不分禁忌與派別，以圖書館的幅度與深度予以呈現。

　　我們希望：對過去一百五十年間這些深沉思想與經典著作的認識，不但可以幫助我們澄清過去的混沌，也更能掌握未來的悸動。

　　在即將進入二十一世紀的前夕，前所未有的開放環境，讓我們珍惜這個機會的終於到來，也警惕這個機會的必須把持。

《後現代的轉向》導讀

廖朝陽（台灣大學外文系副教授）

　　在晚近有關後現代的理論探討中，哈山所佔的位置並不十分重要。主要的原因是即使到了八〇年代，哈山還是堅守某種文學本位的「沈默批評」的立場，與主要辯論中各種學科知識與政治立場相互激盪的鬧熱氣氛顯得格格不入。這並不是說，哈山的討論毫無價值；相反的，透過哈山的呈現，我們可以看到許多值得檢討的問題，而這些問題與某些後現代理論的基本觀念仍然是息息相關的。

　　我必須先就「沈默批評」的意義，稍作說明。沈默批評是哈山所謂沈默文學的延伸。在哈山的心目中，西方文學的主流是「從形式走向反形式」，而形式的作用是透過作品語言與藝術規格的操演來保證意義的傳達，所以走向反形式也就是走向沈默，切斷語言和現實之間的關係，把文學變成一種高度自律的，內顯（imminant）於文字當中的半神祕經驗。同樣的，哈山心目中的理想批評也保有高度自律的傳統承遞（從文藝復興到浪漫主義到現代主義到後現代主義），它的發展動力來自某種內在的規律。所以晚期的哈山特別強調批評或文化理論必須抗拒來自非文學部門的解釋規範，避免沾染特定的政治立場，不向任何意識形態靠攏。這個立場代表了人文主義傳統的一種典型。可以想見，在一般文學研究者當中，哈山的說法還是具有相當代表性的。

如果我對哈山立場的解釋可以成立,這裡面至少牽涉到兩個問題。其一, 文學研究的發展有其內在的規律, 這種觀念代表的是學科分立的韋伯式現代理性, 豈不是大大違背了哈山自己強調的反目的, 反連續, 反主體的後現代精神? 其二, 哈山並不否認後現代是產生於「西方社會和它的文學」中的現象, 甚至有文學思潮是後現代社會「一個獨特的、精英的方面」的說法。那麼語言文字顯然並不僅是以沈默、憤怒、抗議來面對 (規格化的) 外在環境, 而是在一定的層面上準確的反映, 或者說模擬了其他社會、文化部門的現實。

這兩個問題其實可以歸結為文學的兩種發展方向的衝突: 文學應該秉持抗議精神, 嚴守內在的規律, 走向社會狀況的對立面, 還是接受下層結構的決定, 撤除界限, 回歸現實的同質面? 或者說, 文學應該成為社會的監察院, 還是社會的存查院? 第一種方向本於求真實、求自主等原則, 當然具有強烈的現代精神, 第二種方向則似乎具有後代平淺化、反等級、反創造的意味。這裡並不是說, 哈山的講法有矛盾: 後現代是現代的延伸或修正, 或者後現代與現代可以並存, 或者兩者皆是, 本來就是哈山一再強調的基本立場。我也不想引用辯證關係、相對自律之類的說法, 來為兩種傾向強作連繫。另外, 這也不是語言或翻譯意思不準確所造成的問題, 雖然我們必須記得, post-modernism 具有從後現代主義、後現代現象到後現代症等等的多重涵義。這裡想指出的重點是: 哈山以一種很特殊的方式「抹除」了這兩種方向的衝突。不是化解, 也不是調和, 甚至不必動用互補、延伸等觀念; 在不知不覺中, 我們忽然發現, 監察院其實就是存查院。

或許我們可以對哈山的思考路線作一個外繫式的說明 (雖然這不合強調內顯的後現代精神)。在一個理想的社會裡, 真偽、善惡是十分確定的, 並不需要有一個專責批判或異議的部門存在。而當這個涵括社會整體的確定性喪失的時候, 文學以及其他現代學科就從這個整體

獨立出來，接收了確定意義的責任。也就是說，整體所失去的確定性，是以窄化、深化的方式，由部分收回來。哈山顯然認為這個分裂、離散的過程一旦開始，就很難終止。所謂一切整體都是專制、極權，便是說整體的意義是用確定的規矩來掩蓋不能確定的真實。社會整體的價值既然難定，文學整體、作品整體、作家整體等等何能獨善其身？任何由整體獨立出來的次整體遲早都會被原來的整體同質化而落入被懷疑的命運。於是不確定的範圍愈來愈大，提供確定功能的對立面則愈來愈緊縮。可以想見，這個過程發展到最後，扮演對立角色的自律部門終會完全失去存在空間：不斷懷疑的結果便是懷疑者本身也受到懷疑而消失。對立批判的精神（「創造意義的欲望」）不斷從整體離散出來，終至無所依歸，只能像無廟可棲的散仙那樣，一切存查而轉入意義的嬉遊。這就是所謂「逍遙離散」（ludic dispersal）了。

　　哈山顯然不滿意這種歷史告終、意義也告終的結局，所以在晚期改採實用主義的多元論，要在局部實況中重建確定性，但同時保存由各種實況的差異所構成的不確定性。這等於是說，後現代精神在到達否定一切的終極困境之後，必須回頭轉向，重尋確定的意義。這裡的問題是，意義分裂、離散的過程是由現代精神的內在規律所推動的，它一旦逆轉而重走聯結、聚合的老路，這內在的動力是不會因為理論家的主觀意志而停留在某一「局部」層次的。從哪裡喪失的確定性，就會從哪裡找回來：既然某些局部實況可以有整體的意義，那麼為什麼不能把社會整體也當成是一種實況，賦與它確定的意義？理論操演固然可以就實況的層級作種種（經驗論的）分辨，但只要理論本身是自律部門的一部分，它所內含的可能性終究會按孔恩式（Kuhnian）科學典範的發展規律，獲得實現。這等於是把後現代反統合、反整體的漂遊觀又重新還原為超然客觀的現代精神。有朝一日，我們又會發現，原來存查院也可以變回監察院。

這種以後現代面目出現的現代精神，在實用主義多元論的立場中已經可以看出端倪。表面上看，實用主義既保全了後現代尊重局部實況的精神，又可避免陷入虛無空洞的反現代的嬉遊，似乎是後現代理論的合理歸宿。其實，實用主義常被認爲是一種過度保守的主張，並不是沒有理由的。多元論的前提是：此狀況的真實與彼狀況的真實不同，但可以並存(一個典型的說法是：「我不同意你的說法，可是我支持你說話的權利」)；然而多元論既然是以理論的形式出現，這個前提往往會一般化而變成這樣：此狀況的真實與彼狀況的真實可以並存，但不能相同(「我支持你說話的權利，可是不管你怎麼說，我都不贊成你的說法」)。也就是說，多元論者所占的是一個高高在上的地位；他可以決定各種實況的界限，判斷由其中確定出來的意義是否合法，然而他自己卻是不受任何實況限制的超然旁觀者 (只有他才能決定別人有沒有說話的權利)。在哈山討論到馬克思主義理論家的時候，這個傾向表現得特別清楚：他認爲馬克思主義是在過去的實況中產生出來的，所以不能把自己當成是放諸四海而皆準的普遍真理。其實，這是非常形式化的規矩；真正值得考慮的應該是：過去的實況與當前的實況有沒有一些相通的因素，可以爲後來者借鏡？馬克思主義者顯然是認爲有。那麼反對馬克思主義者就必須針對事實來討論各種實況之間可不可以相通的問題，而不是跳出實況，斷言所有追求普遍性的理論都是意識形態。這裡哈山的表現多少會令人懷疑，所謂實用主義的立場是否就是要切斷實況與實況之間的連繫，以多元存查的方式達成社會體制的超穩定化？

透過離散與聚合的循環變形，哈山抹除了現代與後現代的差別。然而，如果實用主義就是最後的結果，我們也許應該重新考慮，這套解釋是否有什麼遺漏。我的看法是，在現代精神裡面，文學或其他文化部門具有批判、異議的功能，應該不是問題。問題在：批判而必形

成批判部門（監察而必成立監察院），就開啓了批判走向反批判（監察走向存查）的路程。不管是確定性或不確定性，都不可能只存在於某一特定的部門，而是散布在社會整體的各個部分，接受各種現實狀況的制約與決定。文化部門的獨立是現代學術發展過程中的事實，但這並不是說，獨立的結果就必然會產生一個形態確定，負有固定任務，與現實條件完全脫離互動的自律體。哈山既然認爲西方文學有一主流，必然是要就文學的內在規律來發展他的思考。結果，社會整體並沒有向文學所提出的對立面理想演變，反而是文學本身（或者說哈山的敍述）不得不按內在規律走入自己的反面。

如果說反本質是後現代的一個特徵的話，那麼這種部門獨立，角色獨立的思考格局恰恰是陷入了文學本質的舊套。但是我們也常聽到（不限於哈山），後現代就是反這個，反那個，或者是後現代具有三點特徵、五點特徵等等的概括性說法，這一類的「定格畫面」難道不也是有關後現代本質（或內在規律）的，非常確定的描述嗎？這些都是因爲形式概括而造成意義必須走入反面的例子。後現代主義者當然也可以有「有時反有時不反，才是眞反」之類的詭辯，但是要眞正解決問題，恐怕由內顯走向外繫，根據實況引入形式、規律之外的決定因素，才會有更具建設性，更實用的結果吧。

中文版序

　　後現代主義在過去一段時間裏開始難以置信地流行起來；如同現代主義一樣，今天它已經成了學者、文人、新聞記者，甚至一般大眾談論文化問題時的口頭禪，然而，它依然充滿了問題，充滿了爭論，也許正因爲如此，它才總令人感到新鮮，總是那樣富有活力。

　　這裏收編的文章集中討論後現代主義文化現象。其中最早的文章從發表至今已近三十年，在這段時間裏後現代主義在發展、在變化，我們對它的理解也在發展變化，這也許是它總讓人覺得新穎而又生氣勃勃的另一個標誌罷。

　　作家的寫作生涯中難免會有興趣轉移的時刻，爲此我把這本書題名爲《後現代的轉向》，用「轉向」一詞，取其雙關之義。我很早就開始研究後現代主義，是最早試圖對其做出理論概括的學者之一，可現在我又有了新的興趣，當然，這種轉移並不關涉後現代主義本身，後現代主義依舊在發展、在擴散。

　　這個中文版就是這種有益的擴散的一個明證。它能夠在世界上擁有最多人口的語言中「傳播」使我心中升騰起感激之情。我期望在語言、運動、思潮的這種後現代擴散中地球能夠在和諧寧靜的多樣性中找到共同的命運，在種種不同的部分中找到總體的整一。

伊哈布・哈山

一九九二年四月於密爾瓦基

PREFACE

to the Chinese Edition of *The Postmodern Turn*
by Ihab Hassan

Postmodernism began as an implausible fad; it has become a cultural byword, as familiar to scholars, intellectuals, journalists, indeed to the public at large, as modernism itself. Yet postmodernism remains as moot, as debatable, as ever. Perhaps that's one source of its vitality.

The essays collected here focus on the phenomenon of postmodernism. The earliest of the essays dates nearly three decades ago. During that span of time, postmodernism has developed, changed. So has our understanding of it. That, too, may be a sign of vitality in postmodernism.

Still, there comes a time in any writer's life when his interests turn. That is why I have called this work *The Postmodern Turn*, punning on the last word. For though I came to postmodernism early, and was among the first to theorize the phenomenon, I find now that my concerns have shifted. This shift does not, of course, reflect on postmodernism itself, which continues to develop, disseminate itself.

This translation is itself evidence of useful dissemination. I am most grateful that my book will now "disperse" in the language spoken by the largest number of people in the world. And I hope that in this postmodern dispersal of languages, of movements, of ideas, the earth will discover its common destiny in pacific diversity, its oneness pervading all its many parts.

Ihab Hassan

Milwaukee,
April 1992.

誌　謝

本書各章有的曾以單篇文章的形式發表，有的則是我早先其他書籍的
章節：

1. 〈沉默的文學〉(The Literature of Silence)，刊載於 *Encounter* 28,
no. 1(January 1967),並收入 *The Literature of Silence*(New York,
1967)

2. 〈**後現代主義：** 一份超批評書目〉(POSTmodernISM: A Paracritical
Bibliography)，刊載於 *New Literary History* 3, no. 1(Fall 1971)，並
收入 *Paracriticisms: Seven Speculations of the Times*(Urbana, Ill.,
1975)

3. 〈文化、不確定性和內在性：（後現）代的邊緣〉(Culture, Indeter-
minacy, and Immanence: Margins of the (Postmodern)Age)，刊載於
Humanities in Society 1, no. 1(Winter 1977-78)，並收入 *The Right
Promethean Fire: Imagination, Science, and Cultural Change*(Ur-
bana, Ill., 1980)

4. 〈後現代主義概念試述〉(Toward a Concept of Postmodernism)，
收入 *The Dismemberment of Orpheus: Toward a Postmodern Litera-
ture,* 2d ed., rev. (Madison, Wis., 1982)

5. 〈(　　　)：《芬尼根們的守靈》和後現代的想像〉((　　　)：*Finnegans Wake* and the Postmodern Imagination)，收入 *Paracriticisms*.

6. 〈批評家即革新家：一條十個定格畫面的超批評〉(The Critic as Innovator: A Paracritical Strip in X Frames)，刊載於 *Chicago Review* 28, no.3 (Winter 1977)，並收入 *The Right Promethean Fire*.

7. 〈超傳記：批評經驗種種〉(Parabiography: The Varieties of Critical Experience)，刊載於 *Georgia Review* 34, no.3 (Fall 1980),並收入 Victor A. Kramer, ed., *American Critics at Work* (Troy, N.Y., 1984)

8. 〈後現代景象中的多元性〉(Pluralism in Postmodern Perspective)，刊載於 *Critical Inquiry* 12, no. 3 (1986)

9. 〈創造意義：後現代論述的磨難〉(Making Sense: The Trials of Postmodern Discourse)，原本為 Ralph Cohen 所編 *The Future of Literary Theory* (London and New York: Methuen,尚待出版)一書而寫。後由於 Methuen 出版社堅持出版的「優先性」，我撤回了這篇文章；感謝 Ralph Cohen 稍後將它發表於 *New Literary History* 18, no.2 (Winter 1987)

芝加哥、伊利諾及威斯康辛大學的出版部擁有其中若干文章的版權，感謝它們允許我在此重印。此外，我要特別感謝 Danuta Zadworna 和 Giovanna Borradori，他們幫我編纂本書中的書目。

引　言

大家知道，一種新的理論出現後人們的態度是首先攻擊它，說它荒誕不經，過一段時間後才承認它是對的，不過，仍然會貶低它的價值，說它顯而易見，無足輕重，最後方能眞正認識它的意義和重要性。到那時人們莫不以做它的創造者爲榮，甚至連它一貫的論敵們都禁不住要宣稱，他們才是這一理論的首創者。

——威廉·詹姆斯(William　James)：《實用主義》(Pragmatism)

1

這個集子裏的文章提出並討論西方的後現代主義，但最後卻脫離了這一主題。這些文章跨越了二十年，可以說及時地反映了作者本人這些年的思想歷程，也講述了我們這個時代的一段簡史。更重要的是，作者之所以審愼地選擇這些文章並把它們彙編成集，並非想進一步論證後現代主義的任何論點，而是想重溫它的問題，同時就這些問題再次展開討論，這樣，也許能引入新的觀點，迎來文化上一個新的時刻。

對於後現代(postmodern)這個字，那些吹毛求疵的學究們曾經竭力排斥，因爲他們對術語中哪怕最微小的創新都不能容忍。可時下這個術語卻成了人們的口頭禪，我們在電影、戲劇、舞蹈、音樂、藝術、建築、文學、文學批評、哲學、神學、精神分析、歷史編修，種種新

科學，控制論技術和文化生活的風格中都可以時時聽到它。「後現代主義」已經獲得了官方的認可和嘉獎，國家人文基金會爲它提供專項基金，組織暑期研討班，培訓專任教師，此外它還進入了新馬克思主義批評家的論述中。可是就在十年前，這些批評家還把這一術語指斥爲臭狗屎，說它是消費社會破敗的一個例證。

無疑，傳播媒介的喋喋不休——後工業社會固有的白色噪聲(white noise)——對後現代主義成爲潮流起了推波助瀾的巨大作用，但是這個潮流本身也是一個自悟的行動，它表明，一種文化力圖理解自己，發現自己在歷史上的獨特性。事實證明，時尚往往是文化需求的表達方式，也是自我矇矓地認識自己的方式。也是這些時尚召喚我們辨析現在和已往的異同，從而更好地認識自己。這樣，對新事物的虛構逐漸變成了一種推陳出新的傳統，而一個具有突破意義的後現代主義神話也就引起了國際範圍內的大討論。

這樣一個大討論的國際運動，這樣一種發展趨勢正是這本文集想要闡明的，儘管這裏的文章在很大程度上已屬於過去，可以說是一個特定時期的一部分，但它們仍然有助於我們理解後現代主義。我認爲後現代主義像現代主義一樣，很可能本身就是一個矛盾的範疇，它時而是指符(signifier)時而又是意符(signified)，在顯示意義的過程中不斷改變自己的身份。雖然是這樣，我們想要闡明它的努力也並不完全是徒勞的。倘若這種力圖辨析差異的努力是爲了預示我們的文化選擇、勾勒對歷史眞實的各種理解、描述我們自己現在和未來的形象，那就仍值得我們給以足夠的重視。在今天這樣一個多元的、需要對話的宇宙中，捨此而外也許別無它途。

這本文集所選的文章寫成於二十年中，集中討論後現代主義，但風格迥然不同，情調也差別頗大，其中有的歡快，有的沉鬱。(密涅瓦的貓頭鷹依然是夜間飛出，所以批評總是在灰暗的背景上一再塗抹灰色。①)對於這些文章，我既未修定，也未附以統一的參考文獻系統，因為風格變異多樣正是本書各文固有的特質。我只是改正了幾處錯誤，刪去了一些冗詞贅語，重新強調了後現代主義理論要求的一些重點。總之，通過這些文章我願意表明自己和後現代主義，或者說我們並不情願地稱作的後現代主義的密切關係，同時又保留這些文章的明晰性和批評色彩。

這樣，這本文集在結構上毫無後現代之意就無須訝然了。一方面作為對個人研究心得的重新評估，一方面作為對後現代主義的一般性介紹，本書在編排時嚴格按論題的內容，除個別篇章外也基本上按時間的先後。全書十章分為四個部分，從原始的概念到理性的闡發，從前瞻性的觀點到回顧性的判斷。如果把本書作為一個總體來通讀，讀者自易辨析時下我們大家都能感知的後現代主義模式及其中種種題旨、疑問和術語的紛繁頭緒。

第一部分為緒論，僅含一章。它從風格主義(mannerism)②、浪漫主義和現代主義中尋找後現代主義的端倪，從亨利·米勒(Henry Miller)、撒謬爾·貝克特(Samual Beckett)及其他風格全然不同的作家們一直到今天的沉默文學傳統中尋找後現代主義的先兆。我這裏所說的「沉默」只是一個隱喻：奧菲斯的頭在被割下後仍能繼續歌唱。③在這種情況下，詞語變成了第二自然，藝術融入了生命中。不過，這一隱喻還是披露了自我和文明的某些不幸，揭示了語言的某種反叛，正是這些激發了六〇年代美國一片狂亂和啓示錄式的景象。

第二部分的三章考察後現代主義在不同發展階段的概念。第二章把現代主義與後現代主義加以對照，不界定其中任何一方，只是明確

提出現代主義大體上是形式主義的／等級分明的(formalist／hierar-chic)，而後現代主義是反形式主義的／無政府主義的(antifor-malist／anarchic)。這章採用了一種超批評的文體(paracritical style)，因此使書頁上的形態有些改變，但作者的本意並非要模仿其論題的特點，而是想推薦某種變化的批評論述方式。不過這章過分輕易地把現代主義和早期的前衛派(avant-gardes)合二為一了，同時也誇大了後現代文學中啟示錄式的因素。

第三章提供了對後現代主義一種更具雄心的，也更不同尋常的領悟，把不確定性(Indeterminacy)和內在性(Immanence)或者說不確定內在性(Indetermanence ④)理解為其最根本的傾向。這章諧謔地展示後現代藝術、科學和社會之間的類似，嬉戲地在自己的頁邊加上引文、拼圖、反論和隨意的塗抹，但它的意圖卻不僅在於探索那種具有不確定內在性的藝術，而且在於探索一種後人文主義文化(posth-umanist culture)中暗含的有機成分。以馬修‧阿諾德(Matthew Arnold)和弗里德利希‧尼采(Friedrich Nietzsche)的對照作為開篇的信號，這一章斷斷續續地追述了西方人心靈活動的軌跡，然後引出了他們關於人的不同觀念，即一種頗成問題的新諾斯替主義(new gnosticism)⑤。

隨後的一章小結第二部分，在文體風格上仍回到傳統的軌道。這章雖然不長，但卻簡明地勾勒了後現代主義這一術語的歷史，指出了給它下定義將面臨的巨大困難。與此同時，又把它和前衛派、現代主義做了比較，列出一個初步的、嘗試性的對照表，最後試圖提出一個可行的後現代主義概念。十餘年後，作者對後現代主義有了進一步的認識，因而對早期的觀點做了一定的修正。

第三部分討論文學和理論，因為正是這些具有新的魔力(new abraction)的理論使後現代主義獲得了清晰的形態，即一種文學和批

評常常混雜在一起的形態，第五章專論一部「預示了後現代性」的作品《芬尼根們的守靈》(*Finnegans Wake*)，通過這部作品說明那種搖擺在分析性和詩、邏輯和神話之間的語言的功用。可以說，後現代文學的所有因素都可以在這部「小說」中找到：夢、滑稽模仿、遊戲、雙關語、支離破碎、寓言、反身性(reflexiveness)、陳腔濫調、對處於絕對沉默和嘈雜邊緣上某種具有諷刺意味的邏各斯(Logos)的神祕直覺。難道《守靈》不正是某種文學的預言和理論嗎？

第六章評述了革新的批評在目前學術環境中的困難。在這一章中，超批評的漫不經心幾乎無法掩飾對後現代文學狀況的憂慮，在後現代文學中，（後結構主義的）創新很快便陷入（解構主義的）逃避的安逸。本章採取獨立的立場，這種立場既是個人的，又是政治的，它拒絕按照當代的需要來評價自我，也拒絕把存在文本化(textualize exist-ence)。這樣的立場正是後現代主義及其不斷增長的不滿的表徵。這本文集最後的三章要討論的正是這樣的立場。

第七章中穿插著桀傲不馴的自傳片段，通過批評家的個人生活暗示出作為期望、閱讀、寫作／表演的批評實踐。後現代主義在這裏是一種緘默的誘惑，引誘我們承認它對批評家生活作出的冷漠解釋。然而我們拒絕這種誘惑，也不回到人文主義的虔誠。我們提出這樣的問題：社會中什麼樣的自我才能充分適應這樣一個陷入碎片與整體、恐怖與種種極權主義之間的後現代世界呢？這個問題必將指向個人的、政治的、形而上的死亡。

第八章談批評多元性的問題。這章完全放棄前面超批評那種遊戲的筆調和嬉鬧的風格，運用清晰冷靜的文體首次提出後現代主義的十一個特徵，同時指出，這些特徵都具有動搖我們的文化論述的作用。作者認為，當今沒有任何認知的、政治的、或性力的(libidinal)規範能夠減弱我們知識中不斷增長的疑慮，也許只有詹姆斯式的實用主義可

以允許我們在相信自己能適應環境的情況下暫時行動。在威廉‧詹姆斯的多元宇宙中，這樣的行動可以避免滑到教條主義和延宕不決的極端，雖然多元性本身從來就不可能是一個穩定的符號。

最後一部分的兩章評述後現代主義的磨難，展望它的前景。第九章回顧歷史、哲學、文學理論中後現代主義的興起，同時也提出它無法迴避的一個急迫的認識問題，即「創造意義」(make sense)的必要。當然也進一步討論了創造什麼意義的問題。通過不同社會批評家、文本批評家、實用批評家之間的爭論，通過哈伯瑪斯(Habermas)、李歐塔(Lyotard)、羅蒂(Rorty)⑥之輩思想家的論述，我們可以獲得各種答案的暗示。最後，各方面的論戰歸結到威廉‧詹姆斯早就提出的信賴與否的問題上。然而，他那個「願意的天性」(willing nature)能夠幫助我們通過多元的實踐和信仰之間的反覆協商穿越後現代主義嗎？

那麼，後現代主義之外還有什麼呢？第十章力圖從反思的角度來回答這一問題。它回顧了後現代主義理論中根本性的分歧、評述了後現代現象趨於成熟時批評方法和批評領悟力的轉變。它還論及對立的思潮——新保守主義(neoconservative)、新馬克思主義(neo-Marxist)、後結構主義(poststructuralist)、新實用主義(neoprag-matist)——怎樣競相攫取後現代主義的生命爲己所有，即使這種生命已開始衰老也並不顧及。可是眞正的危險是什麼？本章再次提出哈伯瑪斯、李歐塔和羅蒂之間的三角爭論，推導出他們衝突的主題。作者認爲，這些互相衝突的主題可以作爲例證說明我們所謂的後現代主義觀念，即不確定內在性。然而，即使在衝突的理論中，一種關於後現代主義的急迫的共識正在出現，也許這種共識只是一種假設，一種多元的假設，期待著進一步的變化。

我們可以再次提問：後現代主義之外究竟還有什麼呢？我們也可以回答：沒有任何人眞正知道是什麼。我倒希望是對某種新學科的興

趣（譬如「信仰學」fideology，它不像實用主義或信仰催生術
[maieutics of belief] 那樣有科學性），是荒蕪死寂狀態的終結。

3

我知道，所有這些評述都無法使那些想要獲得後現代主義確切「定義」
的人感到滿足。但是人的任何行動都不可能達到盡善盡美，作爲歷史
事件它無法獲得可以成爲公理的定義。後現代主義像任何別的運動
——例如至今依然衆說紛紜的浪漫主義——一樣是人類文化行爲中一
個複雜的綜合體。而人類的文化行爲同樣無法和他們的其他行爲明確
區分開來，因此，後現代主義的任何特徵都可以在別的時代和別的運
動中找到先兆。我以爲，對任何文化運動中的任何一個特徵都可以作
如是觀。

　　我的看法是，至少有三個理由可以解釋這種歷史理解的特殊性。
第一，歷史上絕對新的、斷裂性的事件是極其罕見的，例如，在哥倫
布「發現」美洲之前北歐人就發現了它，而埃及人則可能還在他們之
前，所以，任何「新」都有自己的來歷。當我們接近它時，它就可能
退卻、消失（在這一點上德希達 [Derrida] 比巴爾特 [Barthes] 說
得更對些）。第二，歷史的敍述要求某種層次的抽象，因此，只有以模
糊事物的本質界限爲代價才能取得連續性。例如，我們可以在這一前
提下斷言，崇高(the sublime)從朗吉弩斯(Longinus)經過博克
(Burke)、華茲華斯(Wordsworth)、愛默生(Emerson)一直「延伸」
到李歐塔。第三，任何關於「先行者」(antecedents)的聲明——「X並
不新，你可以在Y中找到它。」——都掩蓋著一種三重的解釋：關於X，
關於Y和關於「新」的特殊概念，而且這種複合的解釋往往傾向於現
在。例如，我們所以現在——而不是三十年前——才感覺到後現代的

特徵存在於《商第傳》⑦中，那恰恰是因爲我們的眼睛現在才學會辨認後現代的特徵，正因爲如此，我們也才可以把《商第傳》而不是《湯姆‧瓊斯》看作「後現代作品」。

　　亞里斯多德式的定義──人是一種能思維的二足動物之類──很難移用到我們的文化史中來，那麼，怎樣在沒有定義的情況下來討論文化問題呢？從傳統和實用的角度看，我以爲要靠慣例(by consuetude)。這本文集傾向於這種方式，即讓後現代主義的關鍵術語、觀念和語境發揮更大的作用，從而澄清它自身的含義。通過「後結構主義論爭」我們大家已經非常熟悉這種作用。雖然後現代主義和後結構主義在許多方面有共同點，但二者卻是無法合併的。後現代主義在地域和學科的範圍方面似乎更廣闊，藝術、政治、技術，舉凡文化的所有層面都在它的領域之內，從日本建築到哥倫比亞的魔幻現實主義(magic realism)的種種思潮都可以被看作它的部分。後現代主義寬泛、鬆散、奇形怪狀、光怪陸離的特點常令批評家們沮喪不已。

　　這些國際的思潮能不能被納入某種有機的模式呢？到目前爲止我能提供的唯一模式就是本書所選文章的內在邏輯表明的模式。在這一模式中我提出下列要點：不確定性和內在性、無處不在的拙劣摹擬和雷同(ubiquitous simulacra)、虛假的事件(pseudo-events)、清醒地意識到權威和傑構的缺如(conscious lack of mastery)、隨處可見的輕浮和稍縱即逝(lightness and evanescence everywhere)、一種新的短暫時間性或者說暫時之間性(a new temporality or rather intertemporality)、一種多樣慢性病態的歷史感(a polychronic sense of history)、一種拼湊物或遊戲的、僭越的、解構的獲取知識與權威的方式(a patchwork or ludic, transgressive, or deconstructive, approach to knowledge and authority)、一種嘲諷的、滑稽模仿的、反身的、狂熱的此刻意識(an ironic, parodic, reflexive,

fantastic awareness of the moment)、文化中語言的轉變和符號的
必須性(a linguistic turn, semiotic imperative, in culture)、社
會中分散在引誘的技術和力量的技術裏的局部欲望產生的暴力(in
society generally, the violence of local desires diffused into a
technology both of seduction and force)。簡言之，我看到的模式
也正是許多人已經看到的模式，這就是西方世界那種巨大的修正一切
的意志（及其所產生的）種種不確定的╱重新確定的規範、標準、程
序、信仰(unsettling╱resetting codes, canons, procedures,
beliefs)。難道不是這些說明了後現代主義嗎?

　　如果這些是非常重要的，那麼本書為什麼最後卻要離開後現代主
義這個主題呢？上面的簡述暗示了部分原因，而大部分原因在最後的
幾章中有所暗示。不過，要給出一個更坦率的答案卻需要對我觀點上
的變化作出一點說明。

　　現在看來，後現代主義現象比我原先預料的更加繁紛，它的結構
也更加複雜。儘管對技術的夢想和對烏托邦的憧憬依舊是它的核心，
然而同我原先的設想相比，它的技術樂觀主義和烏托邦主義要少一些。
我現在的看法是，它要求更多政治上的特別是地緣政治上的關注，當
然這種關注不應減縮為右派或左派的空話、假話。也可以說，它要求
一種富有韌性和彈性的實用主義，既含有人的欲望，又含有人靈活的
信仰。從另一方面看，後現代主義本身也有了改變，我覺得它轉向了
一條錯誤的道路，陷入了意識形態的無謂爭鬥和非神祕化的無聊瑣屑、
陷入了它自身的低劣和做作。它已經變成了一種折衷主義的戲弄，一
種引起短暫歡樂和微小懷疑的精緻的淫欲。不過，在更深的轉變層次
上，它仍然獲得了某些更大的、一些人稱作後人文主義的東西。

　　在與西方的論述的競爭中，後現代主義的修正意志也把自己投入
了試驗。人們再不能按照它自己的術語以及它對手的術語來理解它。

在**目前**情況下，我們**決**不能在一與多(One and Many)之間作出選擇，也**決**不能在人文主義和解構主義、群體和擴散(Community and Dissemination)之間作出選擇。我們只能重新提出這些術語，把它們置於欲望、自由和正義的永久不息的磋商和探討中，同時通過不斷確立和創造的權威從中斡旋，隨時處理欲望、自由和正義之間的問題。儘管今天在在都是異端、異態、異規和不確定性(heterodox, heteromorph, heteroclite, and indeterminate)，但我們畢竟生活在一個人類的宇宙中，所以我們也常常因為對事物有同感而覺得意外。這正是本書也即後現代要轉向的那個短暫的世界和永久的希望。

譯註

① Minerva，羅馬神話中司工藝、藝術的女神，相當於希臘神話中的雅典娜(Athena)。傳說貓頭鷹是密涅瓦的使者，它總是夜間飛出，傳達信息。這裏作者把批評家、批評與古代神話聯繫起來，含有調侃的意味。

② Mannerism，義大利文藝復興盛期 (1520 年前後) 至巴洛克 (Baroque) 開始時期 (1590 年前後) 流行的藝術風格，源於佛羅倫薩和羅馬，後來傳到義大利北部乃至整個中、北歐。風格主義反對文藝復興時期的藝術風格 (例如，透視原理、形體美等)，提倡獨特、古怪、誇張和具有裝飾性的藝術風格，強調不勻稱的比例、不正常的形體(如過長的四肢、過小的頭、特別的面部表情等)、非自然的色彩、不符合透視原理的空間關係，其非理性的藝術主張和實驗品格對 20 世紀的西方文學和藝術產生了重大影響。

③ Orpheus，希臘神話中具有特殊音樂天賦的英雄，係繆斯卡利俄珀(Calliope)和色雷斯王 (或說阿波羅) 之子。據說他的歌聲有神奇的魅力，可使動物甚至草木頑石起舞。奧菲斯的死有不同的說法，古希臘悲劇家埃斯庫羅斯(Aeschylus)說，由於他崇拜日神 Apollo，因而被酒神 Dionysus 指使她的狂女們撕成了碎片，但他的頭依然在歌唱。本書作者即根據這一說法引出了「沉默」的隱喻。他還著有《沉默的文學》(*The Literature of Silence*,1967)和《奧菲斯的肢解》(*The Dismemberment of Orpheus*,1971)二書，討論 S. Beckett、H・Miller、M・Sade、E・Hemingway、F・Kafka、J・Genet 以及帕塔費西學，達達主

義、超現實主義等前衞派文學和當代藝術、哲學等許多領域的後現代主義現象。

④「不確定性內在」(Indetermanence) 是作者新造的字，由「不確定性」(indeter-minacy) 和「內在性」(immanence) 兩個字混成。

⑤ gnosticism，公元二世紀希臘、羅馬的一個哲學宗教運動。gnosticism 源於希臘文 gnōstikos，意爲「具有神祕知識的人」。諾斯替主義認爲，人無意識的自我原本來自上帝的頭腦，但由於人的墮落，這個無意識的自我被抛到了一個與其真實的自我完全陌生的世界中，人只有從上天獲得啓示，才能認識自己的本源、本質和命運。諾斯替的啓示旣不同於哲學的啓示，也不同於宗教的啓示，因其旣不可能靠理性的力量獲得，也不存在於聖經之中，而是來自自我的神祕直覺。所以，這種主義實質上是一種神祕的靈知主義。

⑥ Juergen Habermas，當代德國哲學家、社會學家、新馬克思主義者、德國馬克思—普朗克社會學研究院院長。畢生致力於恢復德國哲學與社會實踐相結合的傳統。重要著作有《理論與實踐》(*Theorie and Praxis*, 1963)、《知識和旨趣》(*Erkenntnis und Interesse*, 1968)、《走向理性社會》(*Toward a Rational Society*, 1971) 等。曾著文就後現代主義問題和 Jean-François Lyotard 爭論。

Jean-François Lyotard，當代法國哲學家，巴黎第八大學敎授。他的著作涉及了藝術、哲學、政治等領域。著名的有：《性力經濟學》(*Économie libidinale*, 1974)、《後現代狀況》(*La condition postmoderne*, 1979) 等。

Richard Rorty，當代美國哲學家，現爲美維吉尼亞大學 Kenan 講座敎授。主要著作有《哲學和自然之鏡》(*philosophy and the Mirror of Nature*, 1979)、《實用主義的結果》(*Consequences of Pragmatism*, 1982) 曾著文參加 Habermas 和 Lyotard 關於後現代主義的論爭。

關於他們的爭論詳見本書第九章。

⑦ *Tristram Shandy* 是英國小說家 Laurence Sterne (1713-1768) 的一部小說；*Tom Jones* 是英國小說家 Henry Fielding (1707-1754) 的一部小說。

【第一部份】

後現代主義的序幕

第一章　沉默的文學

1

文學中前衞的觀念在今天看來似乎已經顯出了不合時宜的天眞。我們看慣了危機，也失掉了頗爲自信的方向感。何去何從？文學掉過頭來反對自己，渴望沉默，留給我們的只是說明憤怒和啓示錄式（outrage and apocalypse）的種種令人不安的通告。如果說我們這個時代還有某種前衞的話，那就很可能是想要通過自殺去發現什麼的傾向。這樣，反文學（anti-literature）這一術語就像反物質（anti-matter）一樣成了一種象徵。它不僅象徵了形式的顚倒，而且也象徵了意志和能量的顚倒。那麼，對所有那些以文字爲業的人，未來意味著什麼呢？難道竟是無休無止的漂泊和災難嗎？

　　儘管我不相信語言能夠窮盡精神的各種可能性，然而我卻要承認，災難的來去自有其狡詐的規律。神祕家們總是說，黃泉之路就是出路，事物的終結必將引出新的開端。正如我們今天所說，負面的超越（negative transcendence）也是一種形式的超越。因此文學中的沉默未必預示著精神的死亡。

　　這裏要談的新文學的要點顯然與過去的文學不同，不管它究竟「新」在哪裏，我們都無法用過去衡量「前衞」文學的社會標準、歷史標準和審美標準來衡量它。新文學中有一種逃避或者無視傳統的力量，這種力量相當激烈，它摧毀了文學之樹的根基，引出了一種隱喻

意義上的巨大沉默。這種力量還沿著它的主幹向上，直達枝葉，綻放出一簇音調混亂嘈雜的花朵。在這許多雜亂的音調中最響亮的是憤怒的呼喊和啓示錄式的調子。亨利・米勒和撒繆爾・貝克特就頑強地唱著這種調子，傳達著沉默的信息。他們的聲調空洞無謂，使用的手法也不再是奇特的比喻。他們是當代想像力的一面鏡子，反映了這一時代的那些特別的公設。用一句老話說，他們是當代前衞派的大師。

2

要談米勒和貝克特需要首先對沉默的成分做些澄清。我想先談談「憤怒」。「難道藝術總是憤怒，或者從本質上說必然是憤怒嗎?」勞倫斯・達雷爾(Laurence Durrell)有一次想到米勒時這樣問道。1 我們可以同意這樣的說法，即藝術包含著危險甚至顚覆的成分，而無須說一切藝術都是憤怒。現代文學中一個特殊的類型似乎證實了達雷爾的觀點。它處理的人生經驗使他驚愕，那是一種具有形上反叛意義的經驗: 如果太陽侮辱了亞哈(Ahab)①，他也會反擊太陽; 伊萬・卡拉馬佐夫(Ivan Karamazov)②把生命之券歸還給上帝。這既是一種形上的反叛，也是一種形上的投降，即對虛無的渴望。正如阿爾伯特・卡繆(Albert Camus)講的那樣，心靈的呼喊被它本身的反叛耗盡了。2 在憤怒中人的本質存在(the very being of man)受到考驗，隨即產生了一種暴力的辯證法，魔鬼般的行動和魔鬼般的反動被壓縮在一個最終變成零的可怕的統一體中。

---

1. Lawrence Durrell and Alfred Perles, *Art and Outrage: A Correspondence About Henry Miller* (New York, 1961), 9.
2. Albert Camus, *The Rebel* (New York, 1956), 91.

這種和新文學緊密相關的暴力顯然是一種特殊的類型，它預設了達豪(Dachau)③和廣島(Hiroshime)，當然不限於這兩個地方。3 認為這種暴力沒有意義和價值的想法是荒唐的。這種暴力的作用是把人變成物，在它的作用下，人的變形是逐級而降的，往往最終變成貝克特筆下的蟲、巴羅斯(William Burroughs)④筆下的蟲人和知覺的滲出物。這種暴力不是時間的，而是空間的，不是歷史的，而是存有論的。它是一幅風景畫中不可缺少的一部分。弗里德利克‧霍夫曼(Frederick J.Hoffmann)在《致命的不》(*The Mortal No*)中說，這一暴力的景象說明「無論施暴者還是受害者都已沒有人的味道，二者都是這幅風景畫的部分」。4 這一把暴力比做風景畫或內在特質的隱喻是我將要討論的暴力定義的一個極端。在百老匯改編上演的米勒作品《北回歸線》和《南回歸線》(the *Tropic* books)中，我們可以看出這幅暴力的風景畫是怎樣形成的。當暴力在貝克特的《終局》(*End-game*)或《怎麼會是這樣》(*How It Is*)空空蕩蕩的空間中最後變成死亡時，我們可以看出這種暴力給我們留下了什麼。在這些場景之上總是籠罩著一片令人毛骨悚然的寂靜。

正是在這一點上，沉默的文學中能夠產生一種相反的動機、一個新的術語。既然憤怒是對虛無(void)的反應，為什麼不可以是對存在的召喚呢？如果這種說法能夠成立，憤怒就會引出相反的動機，那就

---

3. 現有大量的論著討論恐怖的問題。至於文學中的憤怒可參見下列導讀性的著述：
Bruno Bettleheim, *The Informed Heart* (New York, 1960), Erich Fromm, *Escape From Freedom* (New York, 1941), Fredcrick J. Hoffman, *The Mortal No* (Princeton, N. J. 1964), and Eugen Kogon, *The Theory and Practice of Hell* (New York, 1946).

4. Hoffman, *The Mortal No,* 181.

是啓示。這種轉化明顯地表現在黑人文學中。在這類作品裏傳統的抗議轉變成現代的憤怒，而現代的憤怒又轉變成神的啓示。詹姆斯‧鮑德溫(James Baldwin)⑤爲自己一本頗具威脅性的文集題了一個含有啓示錄意味的卷首語：「上帝給挪亞彩虹作標記：今後不再有洪水，可下一次將是烈火。」他還以《下一次是烈火》作爲這本文集的標題。勞倫斯(D. H. Lawrence)⑥認爲，在那些遭受壓迫的人心目中，含有啓示錄意味的暴力正是對敵人應有的懲罰，甚至千年至福王國在他們看來也是權力而不是愛。5 就最近其他的文學類型而言，在啓示錄式的隱喻之後往往表現出更爲複雜的情緒，隱含著某種近乎全盤否定西方歷史和文明，甚至全盤否定人的本質特徵和人爲萬物尺度的傾向。安迪‧沃霍爾(Andy Warhol)⑦說：「我要成爲一架機器。」不論這是否在開玩笑，他畢竟替貝克特筆下那些肢體殘缺的人、米勒筆下那些貪淫好色的人、巴羅斯筆下那些癮君子說出了他們要說的話。的確，對西方本身的極度厭惡比對其歷史和文明的否定更深刻地動搖著它的基礎。當這股極度厭惡的情緒在狂歡鬧飲式的毀滅中找不到圓滿的歸宿時，就很可能轉向佛教禪宗、帕塔費西學(Pataphysics)⑧或群居雜交。

　　對自我的極端厭惡是現代啓示錄中介於毀滅衝動和幻想衝動之間的中間環節，也是再生的準備。所以勞倫斯相信，「只要我們和太陽在一起，一切都會慢慢地發生的。」6 無論太陽多麼遙遠，畢竟在我們的視野之內。惠特曼(Walt Whitman)在某種意義上對我們的心情更有預見性，指出千年至福王國的完滿不在未來，恰恰在永恆的現在：

　　　　過去從來就沒有比現在更多的開端，

---

5. D. H. Lawrence, *Apocalypse* (Florence, 1931), 37f, 93.
6. Ibid., 308.

> 也没有比现在更多的青年或老年，
> 將來也不會有比現在更多的圓滿。7

神的啓示就是**現在**！這個術語(apocalypse)恢復了它的本意，從字面上講，就是向人們揭示祕密和眞理，讓幻象穿透一時的迷惘，直達光的中心。用現代的話說，就是一種非道德的唯信仰(antinomian belief)，這種信仰有時可稱作意識的改變(alteration of consciousness)，我們可以在阿卜特(Alpert)和李爾瑞(Leary)⑨以迷幻劑產生刺激的實驗中，在金斯堡(Allen Ginsberg)的詩歌中⑩、在梅勒(Norman Mailer)對性高潮的賴希式考察中⑪、在諾曼·奧·布朗(Norman O. Brown)的心理－神祕啓示作品中⑫看到這種意識的改變。意識的改變是梅勒畢生的願望，他曾在自己那些啓示錄式的長篇大論中清楚地表明了這一點。意識的改變也是貝克特滑稽模仿的目的，從他作品中那些笛卡爾式的獨白中很容易看出這一點。他們倆人的作品都呈現出無言之美的對立狀態。可見啓示並不存在於薩滿教⑬式的迷狂或精靈附身式的恍惚中。正如萊斯利·費德勒(Leslie Fiedler)在《等待終結》(*Waiting for the End*)中所說：「我們無須開一槍，也無須建構一個三段論式的邏輯體系，只須改變自己的意識就可以看到一個完全不同的世界，而且改變的方式輕而易舉，……」8這是一個革命的夢想，旨在結束一切革命或者說一切夢想。

這樣，憤怒和啓示錄就爲當代的想像提供了鏡子的形象，這些形象包含了我們經驗中生機勃勃和危機重重的部分，它們正是米勒和貝

---

7. Walt Whitman, *The Portable Walt Whitman,* ed. Mark Van Doren (New York, 1945), 63.

8. Leslie Fiedler, *Waiting for the End* (New York, 1964), 167.

克特反映截然相反的兩個世界時採用的形象。貝克特給我們展示了一個了無生趣的世界，除非發生巨大的變化不能使這個世界復甦。在這樣的世界裏我們處於一種幾乎沒有憤怒的狀態。米勒給我們展示了一個混亂迷狂的世界，這個世界處於不斷轉變的邊緣上。在這樣的世界裏我們成了啓示錄熱的見證人。這兩個世界的共同點是都有不同程度的沉默，因爲人在恐懼和狂喜的狀態下是講不出話的。

3

如果說憤怒和啓示錄的極端反應能夠說明新文學的總體面貌，那麼另外一些觀念則有助於說明沉默是新文學的核心。這些觀念中最重要的也許是「荒誕的創造」(absurd creation)，這一觀念迫使作者反對甚至蔑視自己的活動。卡繆說：「創造或不創造都不能改變什麼，荒誕的創造者並不獎賞自己的作品，很可能始終拒絕承認它。」9 這樣，想像力就丟棄了古老的權威，不是在被詛咒詩人的浪漫遐想中，而是在那些把空白頁裝訂成冊的無詞作家的嘲弄中找到了自己的極致。

　　當作家屈尊把言詞寫在紙上時，他便傾向於把反文學看作單純的行動(pure action)或者無用的遊戲(futile play)。我們知道，藝術是行動的觀點在讓－保爾·沙特(Jean-Paul Sartre)的《什麼是文學?》(*What Is Literature?*)中獲得了明確的表述。沙特指出，講話就是行動(To speak is to act)，我們所命名的每一樣事物都喪失了自身的天眞，成爲我們生活的這個世界的一部分。倘若說藝術具有價值，那是因爲藝術公開宣稱自己是一種大眾的需求。卡繆（則在《西西弗斯

---

9. Albert Camus, *The Myth of Sisyphus* (New York, 1959), 72.

的神話》[*The Myth of Sisyphus*] 中) 頌揚理解生命的知識(savoir-vivre), 把它置於獲得行動的能力(savoir-faire)之上。10 可是他們的這些觀點在帕洛克(Jackson Pollock)⑭的行動繪畫(action paintings)中受到了奇特的挑戰。帕洛克不把藝術看作大眾的需要, 而是把它看作創造的過程。按照他的看法, 這個過程即便不完全是隱私的, 也是個性化的。它的價值對它的創造者比接受者更可貴。米勒的觀點與此意外地相似, 他認為寫作就是寫自傳, 寫自傳就是治療, 也就是對自我採取行動的一種方式。他說,「我們應該檢查自己的日記, 這樣做不是為了尋找真實, 而是把它看作盡力擺脫對真實執迷不悟的一種表達方式。」這樣做的權利自然屬於記日記的人, 但當行動導向外界時也屬於詩人。米勒說:「我不認為那些寫詩(不論是有韻體還是無韻體)的人是詩人, 我把那些能夠深刻地改變世界的人稱作詩人。」11

可是對貝克特來說, 寫作就成了荒唐的遊戲。從某種意義上說, 他的全部作品都可以看作是對路德維希・維特根斯坦(Ludwig Wittgenstein)那個著名論點的滑稽模仿。維特根斯坦這一論點說, 語言是一套遊戲, 近於原始部落的算術。12 貝克特的模仿充滿了自怨自哀, 顯示了一種反文學的總趨勢。休・克納(Hugh Kenner)對這個問題有精彩的論述, 他說:「當今佔主導地位的智性類比不是從生物學和心理學(儘管這是我們正在研究的兩門學科)做出的, 而是從一般的數字理論(general number theory)做出的。」13 這樣, 處於封閉領域的藝

---

10. Jean-Paul Sartre, *What is Literature!* (New York, 1965), chapters 2 and 3. Camus, *The Myth of Sisyphus*, 73.

11. Henry Miller, *The Cosmological Eye* (New York, 1939), 271; and *The Time of the Assassins* (New York, 1956), 38f.

12. Ludwig Wittgenstein, *The Blue and Brown Books* (Oxford, 1958), 81f.

術就變成了一套排列組合的荒唐遊戲，好像馬洛伊(Molloy)⑮在海邊啜石頭那樣。格奧爾格·施泰納(George Steiner)把這種情形稱作「從語言的撤退」，這樣的遊戲把語言簡縮成了單純的比率(pure ratio)。

十分有趣的是，文學作爲遊戲和行動的觀念還產生在另一種富有沉默意味的形式中，它就是文學上的猥褻(literary obscenity)。猥褻這個術語聲名不佳，除了法庭斷案之外很難界定。這裏我用它主要是指那些把猥褻和抗議結合起來的作品。我們不難理解，在一個性遭到壓抑的文化中，抗議完全可能採取帶有猥褻意味的形式，因此，展示這種動機的文學就是一種反叛文學。然而，猥褻是極端簡縮的，它的語言、場所和慣技非常有限。當它背後的怒火冷卻下來之後，猥褻便變成了排列組合的遊戲，可仰仗的詞語寥寥無幾，而行動則更是少得可憐。顯然，這正是我們從薩德(Marquis Sade)⑯的作品獲得的雙重印象：一方面，他的抗議異常強烈，另一方面，他的遊戲竟最終變得麻木。今天許多人都把他看作前衞派的第一人。他的作品表現出奇特的寧靜，作品中的猥褻和不斷出現的暴力窒息了語言。他把色情美學(pornoaesthetics)遺贈給了文學，也把它傳給了梅勒和巴羅斯之輩，使他們能夠對性暴力進行滑稽模仿。不過，梅勒筆下的性英雄行爲看來仍然太天眞，尚難認識到自我滑稽模仿的潛力，而貝克特則對大便排泄的迷戀進行了充分的自我滑稽模仿，同時排斥一切形式的愛。在猥褻中和在滑稽模仿的遊戲中一樣，起制約作用的是反語言(antilanguage)。梅勒和貝克特在這方面形成鮮明對比，暗示了色情中生殖器和肛門兩種不同的方式。

沉默的文學還以另一種方式成功地否定了文學以時間爲特徵的功

---

13. Hugh Kenner, "Art in a Closed Field," in *Learners and Discerners,* ed. Robert Scholes (Charlottesville, Va., 1964), 122.

能，那就是渴求一種不可能實現的具體性(impossible concrete-
ness)。這種新的傾向產生在施托克豪森(Karlheinz Stockhausen)
⑰的具體音樂(Musique concrete)、從杜象(Marcel Duchamp)到勞
申伯格(Robert Rauschenberg)⑱的雜物拼湊畫(collage)、施維特斯
(Kurt Schwitters)⑲的環境雕塑(environmental sculpture)，以及
在施維特斯和阿波里奈爾(Guillaume Appollinaire)⑳影響下形成
的具體詩(concrete poetry)中。這種具體詩是語言和視覺兩種效果雜
交的形式，主要依靠字母形成圖畫。此外，在杜魯門·卡波特(Truman
Capote)㉑的《凶殺》(*In Cold Blood*)中也可以感覺到那種不甚分明
地渴求具體性的傾向。卡波特摒棄想像的魅力，自稱要絕對忠於事實，
寫出了他所謂的第一部「非虛構小說」。在歐洲文學中，這種新寫實主
義(neoliteralism)有時不是和報導文學聯繫在一起，而是和埃德蒙·
胡塞爾(Edmund Husserl)的現象學聯繫在一起。胡塞爾曾對沙特和
海德格(Martin Heidegger)這樣不同的人產生過重大影響。他的思
想十分難懂，要想加以概括而又不嚴重歪曲它是幾乎不可能的。然而
我們仍然可以說，他的哲學界定了主觀意識的一種純形式，這種意識
形式既不是由部分構成，也永遠不會成為經驗的對象，而是通過一系
列的「還原」(reductions)被隔離出來，它已經不再是包含著普通人事、
感情和感覺的日常世界的一部分。我們通常接受為自我的東西必須置
於「括號」中或者被懸置起來，作為一個經驗的統一體，經過最終「先
驗的還原」產生純粹的意識。14 所以，粗略地說，自我是不可知的，
或者像貝克特筆下的反英雄那樣，是不可命名的。㉒

　　這一結論對小說究竟有什麼樣的影響呢？因果論、心理分析、象

14.見 Edmund Husserl, *Ideas* (London, 1931).

徵關係這些中產階級小說曾一度心安理得地遵循的原則現在開始瓦解
了。貝克特的《馬洛伊》可能是用全新的觀念寫的第一部小說，當然，
沙特的《惡心》（La Nausee）也引起了廣泛的注意。從洛根丁（Ro-
quentin）㉓身上我們看到一個對世間萬事萬物都極度冷漠的人，看到
事物和語言之間完全脫了節，主觀和客觀之間也完全脫了節。後來，
阿蘭‧羅勃—格里耶（Alain Robbe-Grillet）㉔出來，反對沙特的泛人
類中心主義（pan-anthropcentrism），摒棄了沙特的人道主義，開創了
新局面。羅勃—格里耶認爲，如果人期望孤獨，拒絕和宇宙交流，如
果人證明自己不是斯芬克斯（Sphinx）那個永久之謎的答案，那麼他的
命運就既不是悲劇的，也不是荒誕的。他快活地爭辯道：「物就是物，
人也只是人。所以我們拒絕和客體的一切同謀關係……也就是說，我
們必須拒絕一切預先安排好的思想。」15 按照這樣的觀點，小說家只能
是拘泥於字面意思的人，只是給事物命名，或者遊戲於純粹的意象之
間。法國薩洛特（Nathalie Sarraute）、布托爾（Michel Butor）和羅
勃－格里耶就是這樣的小說家，他們的反小說（antinovel）㉕沒有人
物、沒有情節、沒有隱喻和意義、沒有假裝的「內在性」（interiorness），
就像新電影（the new cinema）一樣，旨在獲得默片的效果。哈洛德‧
羅森伯格（Harold Rosenberg）講的好像完全不是文學、視覺藝術：
「法國所有的煉金術士（alchemists）追求的都是同一樣東西，即總是
通過使語言沉默來獲得新的現實。」16

　　新文學中的沉默還可以通過激進的反諷（radical irony）獲得。這
種反諷指所有帶反諷意味的自我否定。克里特人宣稱所有的克里特人

---

15. Alian Robbe-Grillet, "Old 'Values' and the New Novel", *Evergreen
　　Review 3* (Summer 1959), 100, 116.

16. Harold Rosenberg, *The Tradition of the New* (New York, 1961), 90.

都是撒謊者就是一個很好的例子。廷格里(Jean Tinguely)的機器是另一個例子，這種機器除自我毀滅之外別無用處。㉖換言之，激進的反諷需要的不是一堆東西的雜湊拼貼，而是一片空白的畫布。它的現代淵源可以追溯到本世紀文學的一些主要人物，特別是卡夫卡(Franz Kafka)和托瑪斯•曼(Thomas Mann)。卡夫卡表述的是一種近乎空白和凍結的空間感，而托瑪斯•曼喜歡表達的是一種反諷的調子，這種調子能通過滑稽的自我模仿取消自己，他認為這才是藝術的唯一希望。埃里希•海勒(Erich Heller)說得好：「在《浮士德博士》(*Doctor Faustus*)中，藝術悲傷地為自己神祕的喪失而哀悼，而在《費利克斯•克魯爾》(*Felix Krull*)㉗中，藝術則高興地向宇宙警察局報告了自身神祕的喪失。17 這種傾向還可以更早地溯源到德國浪漫派和法國象徵派那裏。近來，這種激進的反諷也大量出現在詭辯哲學中。海德格所謂的「湮滅的神祕」(mystery of oblivion)的思想、勃朗肖(Maurice Blanchot)關於文學是一種「遺忘」(forgetfulness)形式的觀點都說明反諷在理論上獲得了進展。18 說得具體一點，梅勒的《一場美國夢》(*An American Dream*)用坦率而諧謔模仿的手法把小說變成了通俗藝術，事實上否定了小說這種體裁。納塔莉•薩洛特的《黃金果》(*The Golden Fruits*)是一本關於小說的小說，小說中的小說也題為《黃金果》，在閱讀的過程中這部小說中的小說漸漸湮滅，從而取消了自己。這種反身的技巧在貝克特的作品中可以說得到了進一步的發展，甚至達到了極致。他最近的一部小說《怎麼會是這樣》(*How It Is*)實際上講的是「怎麼會不是這樣」(How It Wasn't)。這樣的手法並非瑣屑

---

17. Erich Heller, *The Ironic German* (London, 1958), 185.

18. Geoffrey Hartman, "Maurice Blanchot," in *The Novelist as Philosopher*, ed. John Cruickshank (New York, 1962), 151.

無用，因為藝術利用藝術來否定自己這種看似矛盾的做法植根於人在意識中將自身既看作主體又看作客體的能力。在人的心靈中有一個阿基米德點，當世界變得忍無可忍時，心靈就會上升到涅槃的境界，或下沉到瘋狂的狀態，或者採用激進的反諷來說明藝術處於窮途末路的情形。因此，在貝克特那裏，文學起勁地毀滅自己；在米勒那裏，文學變幻無常地假裝具有生命。更使人難於辨認的是，激進的反諷往往用假象掩飾對藝術的進攻。通過反諷藝術家向繆斯表示最後的忠誠，同時也褻瀆了她。這種既愛又恨的矛盾情感在貝克特和米勒的作品中隨處可見。

最後，文學還力圖通過機會和即興之作獲得沉默的特徵。在這種情況下，不確定性是主要原則。這樣的文學拒絕一切秩序（不論是強加於人的還是人自願接受的），因此也排斥目的性。所以它的形式是無目的的，它的世界是永恆的現在。19 讀這類作品使我們重新感到原始的質樸和天真，一切錯誤和修正都無關緊要，不再存在。作品中的一切都毫無目的，隨遇而安，彷彿禪宗寺院裏的踏腳石那樣隨處拋置，無所用心。約翰‧凱奇(John Cage)的作品證實了我們的這一印象。凱奇既是作曲家也是詩人，他比薩蒂(Erik Satie)28更讓公眾震驚。他的作品有極大的隨意性，給人以神聖感。他在《沉默》(Silence)一書中說：「我們的目的是肯定現在這種生活，既不想從混亂中引出秩序，也不想在創造中實現改善，只是要清醒地意識到我們現在過這樣的生活，一旦人們的心靈和欲望離開了它，讓它按自己的意願行動，它就會變得非常美好。」20 在米勒的作品中、金斯堡的詩歌中、克魯亞克

---

19 關於不確定性的問題，特別是藝術和音樂中的不確定性問題，可參看 Leonard B. Meyer, "The End of the Renaissance," *Hudson Review* 16 (Summer 1963).

(Jack Kerouac)的小說中、塞林杰(J. D. Salinger)㉙後期的短篇之作中都可以看出這種無目的性和隨意性。但與凱奇不同的是，這些作家在把自己的精神生活輸入文學實踐時卻顯出了膚淺。例如，米勒雖然很喜歡「道」和彌拉惹巴㉚(Milarepa)，卻總想做出一副喋喋不休地敍事的姿態。他作品中那些看來隨意的拼湊雖然不是精心設計出來的，卻也是經過處理的。多年以前，達達主義者和超現實主義者幾乎要瓦解一切文學形式，可他們缺乏良好的精神素質。我們今天的一些隨意性作家像雷蒙・奎諾(Raymond Queneau)、馬克・薩波塔(Marc Saporta)㉛和威廉・巴羅斯之輩也是如此。在《無數的詩》(*Cent Mille Milliards de Poems*)中，奎諾建造了一架「詩歌機器」，十頁十四行詩相互搭接，每一首的每一句都可以和其餘的詩行形成種種組合，這樣，要想「讀」完這些詩就得用兩億年。在《第一號》(*Number 1*)中，薩波塔要讀者每次讀他這些小說時以洗牌的方式創造出自己的作品來。這種「洗牌式小說」(shuffle novel)顯然是他的一種策略，它提示在文學經驗中機會是一個合法的成分。巴羅斯相信講話就是撒謊，因此力圖通過「布利昂・吉辛的剪碎法」(The Cut Up Method of Brion Gysin)來逃避虛假，這樣就自然回到了達達主義者特利斯坦・查拉(Tristan Tzara)的滑稽伎倆上。巴羅斯解釋說：

> 方法是簡單的：從你自己的作品或者從活著的，已故的作家的任何作品中取出一頁左右的篇幅，可以是書面的也可以是口頭的，然後用剪刀或彈簧折刀將其隨心所欲地剪成小片，在反覆的觀察中把它們重新安排，寫出結果。

---

20. John Cage, *Silence* (Middletown, Conn, 1961), 95.

> 剪碎法的應用可以是無限的，可以不受時間的限制。古
> 老的文字把你侷限在古老的框框裏。用剪刀剪出你自己的路
> 子來。可以剪紙剪電影剪磁帶。想剪什麼就剪什麼，直至剪
> 碎城市。21

達達主義的雜湊拼貼、佛教禪宗、或者諾伊曼(John von Neumann)
的遊戲理論可以同樣有效地使人們擺脫傳統的語言文字習慣。巴羅斯
和貝克特有一些共同之處，他們都使用了減數機(subtracting
machine)起落無常，極不流暢的節律。這種機器的目的無非是給語言
動手術，從而減掉一切意義。

　　顯而易見，處在反文學核心的沉默是大聲喧嘩的、多種多樣的。
不論它來自憤怒還是來自啓示，不論它出於單純行動還是單純遊戲的
文學觀念，不論它表現爲具體物品、還是空白頁或者雜亂拼湊，最終
都是無關緊要的。我們認爲重要的是這樣一點，沉默是文學對自己採
取的一種新態度，是說明這種新態度的一個隱喻。這種新態度對文學
傳統論述方式的特別權力和優越性提出疑問，對現代文明的許多公設
發出挑戰。

4

從總體上看，這種新態度並沒有對英美批評家產生足夠的影響，這一
點頗使人迷惘。英國人看問題明智、務實，而美國人則長期陷在那個

---

21. William Burroughs, "The Cut Up Method of Brion Gysin," in *A Casebook on the Beat*, ed. Thomas Parkinson (New York, 1961), 105f.

費力的形式主義中，這也許可以部分地解釋他們對這種新態度冷漠的原因。此外，在英美兩國，反文學的思潮往往使那些人文主義思想相當牢固的批評家們不滿，也使那些篤信某種現實主義觀念的馬克思主義者和社會主義者反感。

　　法國批評家很可能也像別國的批評家那樣盲目教條或狹隘偏執，但對反文學的思潮卻表現出例外的熱情。沙特在《什麼是文學?》中用較多的篇幅討論了本世紀初達達主義和超現實主義的語言危機。十年之後，他在爲薩洛特的《無名氏畫像》所寫的導言中說：「就其生動性和全部否定性而言，這部作品可以說是一部反小說。」22 這樣就爲本世紀中期的批評詞彙庫中增添了一個新術語(anti-roman)。莫里斯‧勃朗肖在《未來的書》(*Le Livre a venir*)中把盧梭(Jean Jacques Rousseau)看作沉默傳統中的始作俑者，說他「熱衷於寫反寫作(contre l'écriture)的東西」。他認爲文學正在接近「沒有話語的時代」(l'ère sans parole)，像貝克特和米勒的某些作品就只能理解爲一系列連續不斷的聲音。23 所以按照勃朗肖的看法，文學正在接近自己的本質，那就是消失。羅蘭‧巴爾特也持有類似的觀點，他的《寫作的零度》(*Le Degré zéro de l'écriture*)主題就是缺失(absence)。他認爲「現代性始於對不可能存在的文學(littérature impossible)的探索。」，而探索的結果便是奧菲斯的夢：「出現一個沒有文學的作者」(un écrivain sans littérature)。24 克洛德‧莫里亞克(Claude Mauriac)似乎是第一個把米勒和貝克特放到一起來討論的批評家，他在《新文

22. Jean-Paul Sartre, introduction to Nathalie Sanaute , *Portrait d'un inconnu* (Paris, 1956), 7.

23. Maurice Blanchot, *Le Livre à venir* (Paris, 1959), 55, 265.

24. Roland Barthes, *Le Degré zéro de l'écriture* (Paris, 1953), 58. 12.

學》(*The New Literature*)中說:「經過韓波(Arthur Rimbaud)的沉默、馬拉美(Stéphane Mallarmé)的空白詩頁、阿爾托(Antonin Artaud)無言的呼喊之後, 非文學(aliterature)終於消解在喬伊斯(James Joyce)的頭韻中。……而對貝克特來說, 所有的詞說的都是同一個意思。」25 可見, 儘管法國人頭腦也很清醒, 但卻並沒有對文學的沉默提出責難。

　　但我還是懷疑僅有思想的清晰是否足以實現批評的偉大目標。我們越來越感到批評應該在澄清和解釋之外做更多的工作, 應該具有感官和精神的智慧。我們要求批評像文學一樣使它自身處於危險中, 從而證實我們的處境。我們甚至希望它能承受啓示的重任。這一希望引導我們提出這樣的假想, 它應該成爲啓示災變的工具, 從而使我們產生應有的警覺。至少它應該對啓示錄的隱喻抱有同情心, 以便考驗反文學的直覺。萊斯利・費德勒的《新的變異》是美國批評中討論批評重任的一篇珍文, 此文說明他能充分理解文學想像和沉默、猥褻、瘋狂、甚至近於神祕恍惚的後性狀態(post-sexual state)結合在一起時產生的複雜性。他懂得, 對我們這個時代至關重要的是「這樣一種意識, 文學首先孕育一個可能出現的未來, ……然後以歡樂和可怕的預言裝備那個未來, 這樣, 就使我們所有的人爲未來的生活做好準備。」26

25. Claude Mauriac, *The New Literature* (New York, 1959), 12.

26. Leslie Fiedler, "The New Mutants," *Partisan Review* (Fall 1965), 506f. 反駁 L. Fiedler 的論述可參看 Frank Kermode, "Modernisms Again," *Encounter* (Apirl 1966).

5

反文學可以導向未來，然而批評的心靈仍要求歷史的保證。沉默的文學會回憶起第一個歌手奧菲斯被肢解的情形嗎？會顛倒那個把文字轉變成血肉的聖經式奇跡嗎？難道人類在經過漫長的史前期之後必須屈從於一個無言的夢嗎？完全相反，新文學可以是極端的，它的夢可以是啓示錄式的、憤怒的。它是爲生活而生的，而生活，我們知道，有時要經受暴力和矛盾。

　　神話中有一種說法，說奧菲斯被酒神狄奧尼索斯(Dionysus)的狂女們(Machads)根據她的命令撕成了碎片。還有一種說法，說他是被她們在無法控制的嫉妒中殺死的，因爲自從他的妻子歐律狄克(Eurydice)死後，他就不近女色而寧願與青年男子作伴，故而引起了那些狂女們的嫉恨。不管是哪一種說法，有一點是共同的：作爲一個超常的創造者，他是酒神原則和日神精神衝突的犧牲品。前者以酒神的狂女們爲代表，而後者則是他作爲一個詩人崇拜的對象。奧菲斯被肢解之後，他的頭依舊在歌唱。在他的肢體被謬斯們埋葬的地方，夜鶯的歌比世上任何地方的歌都甜美。奧菲斯的神話可以成爲某些時期藝術家的寓言。由於文明總是要對酒神精神加以壓制，因此酒神精神在一些時期往往威脅要進行凶猛的報復。這樣，在這個報復的過程中，精力就可能壓倒秩序，語言就可能變成狂嚎、母雞的叫聲和可怕的沉默。形式也就可能像可憐的奧菲斯那樣被無情地肢解。然而問題依然沒有解決，難道詩人的頭不是必然會像那狂暴的日子在色雷斯(Thrace)山中那樣被砍下以便繼續他的歌唱嗎？讓我把問題提得更直接些：難道生活不是必然會定期地壓制藝術以便保證人的健康和生存嗎？難道語言不是必然會渴望寧靜嗎？

文學史上不乏這樣的例證，早先就有過關於沉寂和解體的警告。羅伯特・馬丁・亞當斯(Robert martin Adams)在《不諧的旋律》(*Strains of Discord*)中恰當地找到了一種結構，認爲它是時下反形式(antiform)的前身。他說:「開放的形式」(open form)是一種有意義的結構，它「包含一個主要的，不可解決的衝突，旨在展示這種不可解決性。……在它的左邊，一條不明確的、定量的線把它和無形式以及不確定性（反常的或一般的）分割開；在它的右邊，一條同樣不明確的，定量的線把它和雖然含有開放成分但卻仍是完好的封閉形式分割開。」27 從諾思羅普・弗萊(Northrop Frye)㉜得到啓示的那些嚴肅的類型學家可能希望說明，正因爲文學似乎是從神話模式發展到反諷模式的，所以文學形式似乎是從封閉發展到開放，然後再發展到反形式的。當我們把索福克勒斯(Sophocles)的《伊底帕斯王》(*Oedipus the King*)和歐里庇得斯(Euripides)的《酒神的伴侶》(*The Bacchae*)對照閱讀時，便可以清楚地看出封閉形式和開放形式之間的差別。亞當斯的看法無疑是正確的。他認爲《伊底帕斯王》力圖解決衝突，使觀衆產生一種局部寧靜的心態，但《酒神的伴侶》卻給觀衆留下了一種無法緩解的痛苦。作爲一個封閉的形式，《伊底帕斯王》表達了一種保守的、宗教的世界觀和集體經驗，而作爲一個開放的形式，《酒神的伴侶》卻表達了激進的、懷疑的世界觀和個人經驗。如果按照這一圖式大膽推論，我們不妨說，貝克特的《等待果陀》(*Waiting for Godot*)是一種反形式，暗含著一種反諷的、虛無主義的世界觀和一種完全隱私的經驗。

不過，我們不必拘泥於嚴格的類型學，這樣就可以看到，從《酒

27. Robert Martin Adams, *Strains of Discord* (Ithaca, N. Y, 1958), 13, 16.

神的伴侶》到《等待果陀》之間，西方文學中有大量的作品表現出不斷增長的斷裂感和扭曲變形能力。僅以戲劇爲例，我們就可以提出如下序列：莎士比亞的《哈姆雷特》(*Hamlet*)、歌德(Goethe)的《浮士德》(*Faust*)、畢希納(Buechner)的《沃伊采克》(*Woyzeck*)、梅特林克(Maeterlinck)的《青鳥》(*Blue Bird*)、斯特林堡(Strindberg)的《夢劇》(*A Dream Play*)、加里(Alfred Jarry)的《于比王》(*Ubu Roi*)、皮蘭德婁(Luigi Pirandello)的《六個尋找作者的劇中人》(*Six Characters in Search of an Author*)、熱奈(Jean Genet)的《黑人》(*The Blacks*)、尤湼斯柯(Eugene Ionesco)的《殺人者》(*The Killer*)。看來戲劇形式似乎是從不可解決的矛盾走向象徵主義的逃避，然後從象徵主義的逃避走向超現實主義或表現主義的扭曲，最後從這種扭曲走向荒誕。儘管歷史上有過無可辯駁的例外，這種從形式向反形式的發展是西方的主流，它不僅表現在戲劇中，而且表現在藝術的整體中。

也許這樣講大抵是公正的：風格主義、浪漫主義和現代主義的先後出現標誌了形式運動的三個階段。風格主義是文藝復興的風格在形式上的消解，正如韋利·賽弗(Wylie Sypher)在《文藝復興風格的四個階段》(*Four Stages of Renaissance Style*)中所說，是張力和遲疑不決的一個標記。在風格主義藝術中「心理效果脫離了結構上的邏輯」。對我們一般所說的開放形式，賽弗的看法是：

> 在風格主義精心設計的技巧後面往往有一種個人的不安、一種激發出形式和詞藻的複雜心理。當我們考察繪畫、建築和詩歌裏風格主義結構中的張力時，我們就必然會清醒地意識到風格主義氣質中這種禍害或者說流沙。風格主義是技巧的實驗。它採用的技巧有：破壞比

> 例和打亂均衡、Z字形和螺旋形的穿梭運動、旋渦般或
> 狹巷般的空間、傾斜的或流動的視點、奇特的甚至是不
> 正常的、只能產生近似而不是確定效果的透視法。28

這不正是我們閱讀莎士比亞的後期劇作、詹姆斯一世時期的戲劇、玄學派（或譯形上派）詩歌時的感覺嗎？不正是我們觀賞提香(Titian)、丁托列托(Tintoretto)、埃爾·格列柯(El Greco)的繪畫時的感覺嗎？

　　浪漫主義者由於在朦朧的心緒中總是渴望著無限，因而進一步走向了不穩定的文學形式。《浮士德》正站在這一時期的門檻上，它混合著來自異教和基督教的雙重影響，在結構和主題兩方面變成了對生活中憤怒的矛盾的請求——只有歌德那光輝閃爍的天才方能把這樣的戲置於藝術的控制之下。這群陰暗的、浪漫主義的英雄們——浮士德、恩底米翁(Endymion)、阿拉斯托(Alastor)、唐璜(Don Juan)、于連·索黑爾(Julien Sorel)、曼弗雷德(Manfred)、阿克塞爾(Axel)㉝——總是威脅要衝出束縛他們的樊籠，高傲地反對他們的創造者。自我、夢和無意識都在這一時期的文學中強烈地表現出來。諾瓦利斯(Novalis)和奈瓦爾(Nerval)、霍夫曼(Hoffmann)和愛倫坡(Poe)、克萊斯特(Kleist)和畢希納、柯勒律治(Coleridge)和濟慈(Keats)把語言引入靈魂的暗夜之中，或者說培植出聲名不佳的浪漫主義反諷，從而在每一個表述中表達自己的反面。在另一些情況下浪漫主義堅持乖戾反常的性情，從而使自己失去了和諧和穩定的可能性。它探索薩德主義(性虐待狂)、惡魔主義(對惡魔的信仰)、神祕主義(cabalism)、對屍體的性迷戀(necrophilia)、吸血主義(vampirism)和變狼狂症

---

28. Wylie Sypher, *Four Stages of Renaissance Style* (Garden City, N. Y. 1955), 116.

(lycanthropy)，在毫無人性可言的情況下探索人的定義。難怪歌德認
爲浪漫主義是病態的形式，雨果(Victor Hugo)要把它看作古怪的東
西。當然，我很清楚，這裏強調的是浪漫主義運動中黑暗的衝動，然
而現代文學正是從這種衝動中獲得了動力，也正是這種衝動（倘若你
願意，也可以稱這種衝動爲巨痛）幫助摧毀了古典的文學形式。馬里
奧‧普拉茲(Mario Praz)在《浪漫主義的巨痛》(*The Romantic
Agony*)中說：「浪漫主義的本質在於無法言表。……浪漫主義把藝術
家抬到了很高的地位，而藝術家卻不能賦予自己的夢一種物質形式
──詩人面對著永久的空白詩頁欣喜若狂；音樂家傾聽著自己心靈中
的音樂會而無意把它們變成樂譜。把具體的表述看作墮落和污染正是
浪漫主義的態度。」29 可見，浪漫主義是沉默的源頭，是無言文學(a
literature without words)的源頭，或者更確切地說，是那種鄙視一
切而只願意以最原始、最神祕的方式使用語言的文學的源頭。法國象
徵主義者是現代運動的直接祖先，他們爲現代運動的發展提供了典範。
馬拉美的十四行詩設計了自我消滅的句法：韓波的《靈光篇》(Illumi-
nations)打亂了語言的指示作用，意在使官感發生紊亂。勞特萊蒙
(Lautréamont)的《馬爾多羅之歌》(*Maldoror*)爲超現實主義開闢了
道路。㉞諾曼‧奧‧布朗說得好，在後期浪漫主義中，酒神重新進入了文
學的意識。30 可以更加肯定的是，浪漫主義從語言的二重撤退是很明
顯的。這撤退發生在馬拉美反諷的、自我取消的方式中，也發生在韓
波不加區別的、超現實主義的方式中。在前一種情況下，語言渴望走
向虛無，在後一種情況下，語言渴望囊括一切。前一個的關聯靠的是
「數」，後一個的關聯靠的是「行動」。在前一種情況下，文學恰如勃

---

29. Mario Praz, *The Romantic Agony* (New York, 1956), 14f.
30. Norman O. Brown, *Life Against Death* (Middletown, Conn. , 1959), 172.

朗肖所說正在走向自身的消失，也許馬拉美、卡夫卡和貝克特正屬於
這一類型，在後一種情況下，文學恰如加斯東・巴歇拉(Gaston Ba-
chelard)所說正在把自我重新組合成「熱烈的生活」(la vie ardente)
31，也許韓波、勞特萊蒙、勞倫斯和米勒的部分正屬於這一類型。這兩
種類型都在恐怖中找到了自己的源頭（所以兩者都包含在一位更早的
前衞派作家薩德的思想裏，薩德懂得，憤怒和祈禱最接近文學的中心。
32），都最後走向沉默，切斷了語言和現實之間的一切關係。

　　在現代主義中，有組織的混亂(organized chaos)是制約一切的
因素，正如葉慈(W. B. Yeats)在一首充滿啓示錄精神的詩中所說的
那樣：

> 再也保不住中心，
> 世界上到處放縱著混亂無序，
> 血色暗淡的潮流奔突洶湧。……33

在有限的篇幅中要把我們這個世紀主要作品中表達的解體與重新組合
的情形說得一清二楚是不可能的。喬伊斯曾是少數相信語言的作家之
一，他在世時相信語言可以取代世界，在《芬尼根們的守靈》中卻以
一個獨眼巨人的雙關語說明語言的終結。卡夫卡冷靜地確立了文學能
夠具有的可怕的不確定性，說明了愛或恐怖最終將阻止語言發揮任何
作用。未來主義以馬里內蒂(Filippo Tommaso Marinetti)為代表轉
向另一個極端，文學成了一個想像的強盜，用鎬和斧劫掠城市。馬里

---

31. Gaston Bachelard, *Lautréamont* (Paris, 1963), 154.

32. D. A. F. de Sade, "Idée sur les Romans," *Les Crimes de l'amour* (Paris, 1961), 15, 28.

33. William Butler Yeats, *The Collected Poems* (New York , 1957), 184.

內蒂假裝站在世紀的最前沿，向空氣發表演講。對達達主義和超現實
主義現在尙難做出全面評價。這兩個運動把生活和藝術中所有虔誠的
東西徹底翻了個兒。它們仍是我們這個時代每一位作家必須面對的挑
戰。因爲雖然他們用我們通常不用的語言講話，但他們的目的仍然是
爲了生活和進步。在兩次世界大戰之間開始發表作品的作家們從總體
上看不那麼雄心勃勃，可劉易斯(R. W. B. Lewis)還是看出了他們和
前代作家之間的區別。他指出，馬侯(André Malraux)，卡繆、葛拉
姆·葛林(Graham Greene)這一代作家和那些把審美經驗看得至高無
上的前代作家是完全不同的。他在《流浪的聖哲》(*The Picaresque
Saint*)中說，這些年輕一代作家們的「主要經驗是發現作爲一個作家
的意義和活著的意義是什麼」。他的結論是「批評在審視這個世界時將
會陷入更激進的思考中，思考生與死，思考人充滿渴望的、罪惡的本
質。」34 至於我們當代的文學，弗蘭克·克默德(Frank Kermode)講
得很中肯，他說比起早先的各式現代主義文學來，我們的文學更「分
崩離析」，對奧菲斯的肢解表現出更大的熱情。35 文學走向反文學，並
在此過程中創造了愈來愈瘋狂、愈來愈混亂的形式：新流浪漢小說
(neopicaresque)、黑色滑稽作品(black burlesque)、怪誕作品(gro-
tesque)、哥德式小說(gothic)、噩夢式的科幻小說(nightmarish sci-
ence fiction)，不一而足。最後，混雜在沉默中的便是表達憤怒和啓
示的種種反形式。

---

34. R. W. B. Lewis, *The Picaresque Saint* (New York, 1959), 9.
35. 這一觀點見於 Frank Kermode 和本書作者的談話及其一篇未發表的演講：
    "Radical Elements in Modernist Literature," 此演講做於 Rutgers Uni-
    versity, Summer 1965.

6

歷史畢竟不能保證給人任何慰藉。安東尼‧阿爾托在 1938 年出版了一本書，後來被譯作《戲劇及其替身》(*The Theatre and Its Double*)。他在這本書中說道:「如果我們這個時代還有一個該死的、地獄般的東西，那就是我們對形式高超的戲弄，這種戲弄比犧牲者被綁在火刑柱上焚燒，通過火焰傳達信號的把戲更令人痛恨。」36 奧菲斯不僅被肢解了，而且他的四肢被燒灼出白熱的光。歷史把我們帶到一個時刻的門檻上，給我們留下了一些棘手的問題。為什麼對這個文明的厭惡竟把文學逼到這樣一個極端的地步，使它陷入如此可怕的沉默呢?

在對我們的弊病作出全面的診斷之前，我們對這個問題的回答只能是間接的。也許線索仍舊在奧菲斯的神話中，在阿波羅 (日神) 和狄奧尼索斯 (酒神) 永無休止的鬥爭中。佛洛依德(Sigmund Freud) 對此提出了頗有說服力的見解。他在《文明及其不滿》(*Civilization and Its Discontents*)中說明，社會建立在本能壓抑的基礎之上。對這一點我們一直有同感。但我們並未能時時意識到的是，我們生活中的每一個棄絕行動都為進一步的棄絕開創了道路。不僅如此，佛洛依德還爭辯說，文明最核心的動力「要求越來越多的壓抑」37，這一過程所付的心理稅是多方面的，它的含義對文學至關重要。諾曼‧奧‧布朗在他那本頗具影響的著作《生對死的抗拒》(*Life Against Death*)中從佛洛依德結束的地方起步，提出一切崇高必然意味著對生命本能某種程度的否定。他的結論是:「崇高裏否定的力量鮮明地表現在 (語言、

---

36. Antonin Artaud, *The Theatre and Its Double* (New York, 1958), 13.

37. Sigmund Frend, *Civilization and Its Discontents* (London, 1955), 114f.

科學、宗教和藝術中的）象徵和抽象不可分離的關係上。所謂抽象，正像懷特海（Alfred North Whitehead）告訴我們的，是對經驗的生命器官也即一般生命體的否定。……」38 那麼，這裏的邏輯——我不知道它是否像布朗和佛洛依德表達的那樣無情——便是：壓抑產生文明，文明產生更多的壓抑，更多的壓抑產生抽象，抽象產生死亡。我們現在正在沿著一條純理智的道路前進，弗蘭采（Frenczi）把這種純理智看作一條瘋狂的原則。那麼，對人類還有任何拯救的辦法嗎？布朗提出了下面的想法：

> 人的本我（ego）必須面對酒神精神的現實，因此需要做大量自我改造的工作。尼采說得好，日神精神保存自我意識，而酒神精神毀滅自我意識。只要本我的結構是日神的，酒神體驗就只有以本我的解體為代價才能獲得。這種爭端也不可能以「綜合」日神式的本我和酒神式的本我加以解決，因此，已故的尼采竭力鼓吹酒神精神。……而建構酒神式的本我要做大量的工作。但有跡象表明，這些工作正在進行。假如我們能看清酒神式的女巫在現代歷史中釀成的種種變亂——薩德的性和希特勒的政治——我們也就能夠看清在浪漫主義的反動中酒神精神進入意識的情形。39

對新佛洛依德主義者來說，問題是壓抑和抽象，解決這個問題的途徑是建立酒神式的本我。他們認為語言最終變成了里爾克（Rainer Maria Rilke）㉟所謂的「身體的自然言語」（the natural speech of the body）。

---

38. Brown, *Life Against Death*, 172.
39. Ibid., 175f.

　　這裏布朗對尼采的引述是十分重要的，因爲尼采的確是我們這個時代理智史上的一位關鍵人物，他既是佛洛依德主義者的祖先，也是存在主義者的祖先。他還是這兩個運動之間的一個活的中介。他對西方文明的分析類似佛洛依德的，也許更有說服力。在他看來，現代世界罪惡的根源不僅來自對本能的壓抑，而且來自人有意識地追求意義的虛無主義。在對十九世紀做了深層的考察之後，他宣稱上帝已經死亡，同時提出現代人的危機是價值危機。「爲什麼虛無主義會到來?」在《權力意志》（*The Will to Power*）一書中他提出了這一問題，他的回答是，「因爲虛無主義代表了我們最大的價值和理想的邏輯歸宿，在我們能夠看出這些『價值』究竟有什麼樣的價值之前，我們必須體驗虛無主義。在某些時候我們需要新的價值。」40 尼采像當代存在主義者一樣，認爲根本的問題顯然是一個意義的問題。（但與大多數存在主義者不同，他是一個「烏托邦主義者」，認爲通過超人豐富的生活經驗可以解決問題。）按照這樣的觀點，語言的理想變成了行動、姿勢，因爲意義的創建不僅是一個語言過程，更是一個充滿生機和活力的過程。有一位名叫尼古拉·貝加耶夫（Nikolai Berdyaev）的基督徒則對這個問題做了完全不同的解釋，「歷史內在的啓示表明：歷史上的上帝之國即意義是不能實現的。」41 但我們發現，這一問題依然是一個意義的問題。

　　世俗主義（secularism）、怠惰（acedia）、犯罪和虛無主義可能只是在深層失去意義的一些象徵。人正在失去自己內心的空間，就像赫

---

40. Friedrich Nietzsche, quoted by Walter Kaufmann, ed., *Existentialism from Dostoyevsky to Sartre* (New York, 1956), 110.

41. Nikolai Berdyaev, *The Fate of Man in the Modern World* (Ann Arbor, Mich, 1961), 24.

伯特・馬庫色(Herbert Marcuse)在《單向度的人》(*One Dimen-sional Man*)中所說的那樣,人獨特的世界已被高度擠壓,難怪傳統上曾是人們在公私場合表情達意最大倉庫的語言也大爲貶值。我們這個時代的預言家和烏托邦主義者也未能提出贖回語言價值的辦法。他們把崇高在未來的作用縮減到最小,也就把語言的作用縮減到最小。人類中將會出現的酒神或超人並不是那種健談的生物,因此,現代對語言表述的反叛說到底是對權威和抽象的反叛:日神主辦的文明已經變成了極權的文明,他給人類提供的賴以生存的工具已變成了以抽象爲燃料的機器。因而無意義(meaninglessness)便是抽象的相關物。具有反諷意味的是,文學中對語言的反叛反映了但也滑稽地模仿了技術統治中從語言的撤退。這一點正是格奧爾格・施泰納在《從語言撤退》(*The Retreat from the Word*)中有所忽略之處。當然從其他方面說此文還是重要的。他說:

> 十七世紀之前,語言幾乎覆蓋了經驗和現實的所有領域,可今天它的範圍變得狹窄了,它不再是表述行動、思想和情感的主要工具。大片的意義和實踐領域屬於數學、符號邏輯、化學方程式或電子關係式等非語言範圍。還有一些意義和實踐的領域則屬於非具象藝術(non-objective art)、具體音樂等亞語言(sub-language)或反語言的範圍。語言的世界已經萎縮了。42

然而,我們不能把我們的弊端歸咎於上帝的死亡或技術,那樣就過於簡單了。包括阿爾蒂采(Charles J. Altizer)、漢密爾頓(William

---

42. George Steiner, "The Retreat from the Word", *Kenyon Review 23* (Spring 1961), 203.

Hamilton)、凡·布倫(Paul M. Van Buren)在內的更年輕的神學家把上帝的死亡看作文化肯定和精神肯定的一個挑戰性事件。一些搞技術的預言家像馬歇爾·麥克魯漢(Marshall McLuhan)和巴克明斯特·富勒(Buckminst Fuller)等則從「地球村」(global village)看到了神奇的可能性，認爲地球已經完全處在新科學和新技術的控制下。但即使麥克魯漢也認識到，在從印刷語言的視覺文化轉入電子技術的「總體」文化這一過渡時期中，我們必須面對可怕的危險。他在《古騰堡星系》(*The Gutenberg Galaxy*)中這樣說：「恐怖是任何口語社會(oral society)的正常狀態，因爲在這樣的社會中每一件事物與每一件事物之間無時不相互影響。」同時，「我們最普通、最一般的態度好像突然扭曲成古怪的、荒誕的形狀，熟悉的體制和關係好像突然變得恐怖邪惡起來。」[43] 不論沉默的原因是什麼，也不論它採用什麼樣的形式，它已經成了文學的一種態度，也成了我們這個時代的一個事實。

譯註

① Ahab 是美國小說家梅爾維爾(Herman Melville, 1819-1891)的代表作《白鯨記》(*Moby Dick*)中的主人公。

② Ivan Karamazov 是俄國小說家陀斯妥也夫斯基(Fyodor Dostoyevsky, 1821-1881)的小說《卡拉馬佐夫兄弟》(*The Brothers Karamazov*)中的主人公。

③ Dachau 是德國法西斯於 1933 年建立的第一個納粹集中營，位於慕尼黑附近。設有主營和分散在各地的 150 多個支營，統稱 Dachau 集中營。共關押過 25 萬人，其中 3 萬多人被折磨致死。

④ William S. Burroughs (1914-　)，美國小說家。以寫吸毒的內容著名，代表

---

43. Marshall McLuhan, *The Gutenberg Galaxy* (Toronto, 1965), 32, 279.

作是《裸露的午餐》(*The Naked Lunch*)，1959。

⑤ James Baldwin (1924-)，美國黑人作家。寫有《告訴我火車開走多久了》(*Tell Me How Long the Train's Been Gone*,1968)、《假若比爾街能夠講話》(*If Beals Street Could Talk*,1974)等作品，其中多有猥褻和同性戀的描寫，力圖通過複雜的性關係反映美國的種族問題。

⑥ D. H. Lawrence (1885-1930)，英國小說家。以對性的大膽描寫著名。代表作有《兒子與情人》(*Sons and Lovers*, 1913)、《虹》(*The Rainbow*, 1915)、《戀愛中的女人》(*Women in Love* 1920)、《查泰萊夫人的情人》(*Lady Chatterley's Lover*, 1928)等。

⑦ Andy Warhol (1928-1987)，美國藝術家、電影製作者。藝術活動涉及繪畫、音樂、電影等領域。曾組建「天鵝絨先鋒派」搖擺樂小組；以絹網畫表現坎貝爾的湯罐頭和其它家用物品；製作了結構奇特，可以按任意順序編排放映的雙銀幕影片《切爾西的姑娘們》(1967)。與導演保爾・莫里西合作製作了許多著名影片，如《骨肉》、《渣滓》等。

⑧ Pataphysics 是法國前衛派劇作家 Alfred Jarry (1873—1907)在其劇本《戴綠帽子的于比》(*Ubu Cocu*)中創造的一個新字。Pata 類似 dada，沒有什麼字面意義。按照 Jarry 和他的追隨者們的解釋，「帕塔費西學」是對西方數千年來形成的形上學體系(metaphysics)的尖刻嘲弄，是荒誕的形上學。它認為宇宙間一切事物、一切現象都是無差別的。政治上無所謂左右、道德上無所謂善惡、藝術上無所謂美醜高低、更無所謂價值判斷，一切萬都是均一的。零就等於無限。加里關於于比的三部劇作就是建立在這一理論基礎上的。在《于比王》中 Obu 是國王，而在《被縛的于比》中 Ubu 是奴隸，身份雖然殊異，而人卻依然故態。當國王時像當奴隸一樣粗野、下流、卑鄙、怯懦；當奴隸時像當國王一樣專橫、暴戾、無恥、狂妄。在這個人物身上一切品質都是均一的，沒有價值差異的，也就是「帕塔費西式的」。Jarry 的追隨者們受其影響，後來建立了「帕塔費西學院」和「帕塔費西年曆」創辦了雜誌專門研討'pataphysics，形成了一時的風尚，對隨後的「荒誕派」戲劇的誕生具有決定性意義。

⑨ Alpert 和 Leary 均為當代美國心理學家。提倡服用迷幻劑以發現心理祕密。

⑩ Allen Ginsberg (1926-)，美國詩人。「垮掉的一代」(或譯「疲塌的一代」[the Beat Generation])的代表人物之一。以詩集《狂嚎及其他》(*Howl and Other Poems*, 1956)著名。

⑪ Norman Mailer (1923-)，美國作家。著有《一場美國夢》(*An American*

Dream, 1965)等小說和大量非小說。《性的囚徒》(*The Prisoner of Sex,* 1971)一書採用奧地利精神分析學家 Wilhelm Reich（1897-1957）在其名著《性高潮的功能》中闡明的觀點（即性高潮的不完滿是一切精神病的根本原因）以大量的統計和調查材料研究了性的問題。

⑫Norman O. Brown(1913-　)，美國加州大學(Santa Cruz)人文學教授，以對神話和心理分析的研究著稱。主要著作有：《生對死的抗拒：歷史意義的心理分析》(*Life against Death: The Psychoanalytical Meaning of History,* 1959)、《愛的軀體》(*Love's Body,* 1966)等。

⑬Shamanism，薩滿教。流行於亞洲北部的一種神祕宗教。據說能治病祛災，預卜未來。信奉者往往能出神入迷，進入超然狀態。

⑭Jackson Pollock（1912-1956），美國抽象派畫家。二戰後產生在紐約的抽象表現派運動的發起人之一。崇拜畢卡索(Pablo Picasso)和米羅(Joan Miro)，對容格(Carl Jung)的心理分析學說極感興趣。早期繪畫多用古代符號，後期則往往以在畫布上滴濺顏料作畫。作這種畫時畫家把畫布平鋪在地上，然後繞著畫布走來走去，好像在做某種祭儀，憑藉神靈的啓示把顏料滴到畫布上。故這種繪畫又稱爲「行動繪畫」(action painting)。其代表作有《秋的節奏》、《藍柱》等。

⑮Molloy 是貝克特的同名小說《馬洛伊》(*Molloy*)中的主人公。

⑯Marquis Sade（1740-1814），法國文學家。因對婦女施以變態的性虐待而遭監禁，其作品也以這類描寫著名。Sadism（性虐待狂）即由其名而來。

⑰Karlheinz Stockhausen（1928-　），德國作曲家。電子音樂和序列音樂的著名理論家。

⑱Marcel Duchamp（1887-1968），法國藝術家。以《下樓梯的裸女》和《大鏡子》聞名。

Robert Rauschenberg（1925-　），美國畫家。以拼湊雜物作畫聞名，代表作有《查倫》和《戰利品 I 號》等。

⑲Kurt Schwitters（1887-1948），德國藝術家。以抽象的拼貼畫和雕塑著名。

⑳Guillaume Apollinaire（1880-1918），法國詩人、小說家、批評家。在短暫的一生中參與了二十世紀初各種前衛派運動。與立體派畫家畢卡索友善，曾出版《立體派繪畫》(1913)。在詩歌創作中進行超現實主義的實驗，利用巧妙的排版效果和語言的特殊組合，使詩歌兼有繪畫的特色。《醇酒集》(*Alcools,* 1913)、《美好的文字》(*Calligrammes,* 1918)是他最著名的詩集，後者常常被人稱作

「立體詩」。

㉑Truman Capote（1924-　），美國作家。以寫非虛構小說聞名。其代表作爲《凶殺》（*In Cold Blood,* 1966）。

㉒貝克特的一部小說題爲《無可命名者》（*The Unnamable*）其中的主人公，即無可命名的人。

㉓《惡心》中的主人公。

㉔Alain Robbe-Grillet（1922-　），法國「新小說」派的代表作家。

㉕即「新小說」。薩洛特、布托爾和羅勃－格里耶被稱爲「新小說」派的三位開創者。

㉖Jean Tinguely（1925-　），瑞士雕塑家，表現主義藝術家。以創造自我毀滅的類似機器式的雕塑聞名，其作品的媒材往往是廢棄雜品和金屬絲片之類。這種作品具有動態和表演性，故有人稱之爲動態藝術或表演藝術。他的第一個自毀式機器由一架老鋼琴和各種廢品塑成，題名爲《向紐約致敬》，在紐約現代藝術館前表演自毀，未獲成功，引起了大火，後被消防隊撲滅。但後來的題爲《世界末日研究》自毀作品表演獲得成功。廷格里創造這類作品的目的顯然是對高度技術文明的嘲弄。

㉗《浮士德博士》和《費利克斯，克魯爾》是托瑪斯•曼的兩部作品，這兩部作品都涉及了藝術問題，前者筆調沉鬱，以一位作曲家的悲劇寫藝術的失落；後者以諧謔的自嘲寫藝術的欺騙性和虛假性。

㉘John Cage（1912-　），美國作曲家兼詩人。抽象派音樂的代表之一。Erik Satie（1866-1925），法國作曲家。他的創作對本世紀的實驗音樂有重大影響。

㉙Jack Kerouac（1922-1969），美國小說家。與 Allan Ginsberg 並稱爲美國 The Beat Generation 的兩位代表。

J. D. Salinger（1919-　），美國小說家。其代表作是《麥田捕手》（*The Catcher in the Rye,* 1951）。這裏所說的短篇小說似指其六〇年代中期的一組中篇作品。

㉚Milarepa 是藏傳佛敎「噶舉」派(Bká-brgyud-pa)宗師瑪巴的大弟子，也是西藏文學史上偉大的詩聖，他生活的年代大約爲十一世紀末、十二世紀初。他的詩表達深沉的內心情緒和宗敎情感。

㉛Raymond Queneau（1903-　），法國詩人、小說家。

Marc Saporta(1923-　)，土耳其新聞記者，作家。主要用法文寫作。

㉜Northrop Frye（1912-1991），加拿大文學理論家、批評家。早期潛心研究英國

詩人 William Blake，1957 年出版《批評的剖析》（*Anatomy of Criticism*），
在西方批評界產生重大影響。該書是神話學派、原型研究的一本極重要之作，
在此書的第一章中，他指出，西方文學是從神話經過傳奇(romance)，摹擬作
品發展到諷刺作品的。後來他還寫出了一本研究聖經和文學關係的大作《偉大
的法典》（*The Great Code*）.

㉝Faust 爲 Goethe 同名作品中的主人公；Endymion 爲 Keats 同名長詩中的主
人公；Alastor 爲 Shelly 同名長詩中的主人公；Don　Juan 和 Manfred 爲
Lord Byron 同名詩劇的主人公；Julian Sorel 爲 Stendhal 的《紅與黑》（*Le
Rouge et le Noir*）中的主人公；Axel 爲法國詩人、劇作家 Villiers de L'
Isle-Adam 的悲劇《阿克塞爾》（*Axel, 1885-1886*）中的主人公。

㉞法國詩人 Lautréamont 伯爵的本名叫 Isidore Ducasse，其《馬爾多羅之歌》
是象徵主義向超現實主義過渡的一個中介。

㉟Rainer Maria Rilke (1875-1926)，奧地利著名詩人。曾受法國象徵主義詩歌
的影響，創作了許多以直覺形象表達情緒的「物象詩」。主要作品有《新詩集》
（*Neue Gedichte*, 1907）、《杜伊諾哀歌》（*Duineser Elegien*, 1923）、《獻給奧
菲斯的十四行詩》（*Sonette an Orpheus*, 1923）等。

【第二部份】

後現代主義概念

第二章 後現代主義:
一份超批評書目

1 變化

狄奧尼索斯和丘比特都是變化的媒介。《酒神的伴侶》寫出城市的毀滅，而《變形記》(*The Metamorphoses*)①則說明自然各種惡作劇式的轉化和變形。有人可能會說，不論這變化表現為恐怖(horror)還是光怪陸離(high camp)，它都是暴力，而暴力是連續不斷的。可狡猾的奧維德(Ovid)只是簡單地說:

> 我的意圖是講述有機體轉變成
>
> 種種不同的形態；創造變化的諸神
>
> 會幫助我──但願如此──寫一首詩，
>
> 從世界的起源說到我們當今。

說到當今，自然或政治的各種機體盛衰榮枯，變化無常。造成變化的因素永遠存在，所以該拉忒亞(Galatea)②從象牙中獲得了形體，甚至岩石也能轉化成人形。也許愛是我們體驗變化的一個途徑。

那麼，如果沒有體驗變化的愛，人類怎麼能生活下去呢?

進化有自己的敵人，那位文靜的天才歐文‧巴菲爾德(Owen Barfield)很清楚這一點。在《並非祖先的聲音》(*Unancestral Voices*)中他稱這些敵人為路錫福(Lucifer)和阿利曼

(Ahriman)③。他們往往並存於我們身上。路錫福保存過去，
以免它解體；而阿利曼則摧毀過去，以利於他自己的創造。

a.這樣，在連綿不斷的編年史中，我們否定真正的變化。即使是
終結也變成了終結史(a history of endings)的部分。從政治組織、宗
教組織的分裂到各種詞性的變化，從啓示錄到原型，列國紛爭，災難
和飢荒，巨大的期望，遙遠的名字——基奧普斯(Cheops)、漢謨拉比
(Hammurabi)、大衛(David)、大流士(Darius)、亞爾西巴德(Al-
cibiades)、漢尼拔(Hannibal)、凱撒(Caesar)④——全都各得其所地
載入了史冊。

然而，連續性，「希臘的榮光到羅馬的輝煌」，只能在故事中、在
抽象敍述的某種層次上存在。連續性掩蓋著變化。

b.這樣，在另一種歷史中，我們不斷地重新創造過去。沒有奇蹟，
無休止的修正，《1984》⑤中黨的歷史。或者就個人來說，每一個人都
在夢想自己的祖先，以便重新塑造自己。「黑人穆斯林」(Black Mus-
lim)⑥起用一個新的名字，不顧死寂清晨的突然襲擊，在奴隸販子中
呼喚阿拉，穿過非洲在阿拉伯的山脈中旅行。

然而，相關性只能在故事中、在虛構的選擇性的某種層次上存在。
相關性掩蓋著變化。

在所有的歷史後面，不論是連續的還是斷裂的，不論是抽象的還
是孤僻的，都隱伏著本體對死亡的鬥爭。歷史常是史家的祕密傳記嗎？
是芸芸衆生想像的紀錄嗎？

你，沉默的形式，像永恆那樣
引我們出神：冷漠的田園詩。

2 分期

現代時期(modern period)將在何時終結？

歷史上有什麼時期等待過這麼久嗎？文藝復興(renaissance)、巴洛克(baroque)、新古典主義(neo-classical)、浪漫主義(romantic)、維多利亞時期(victorian)？恐怕只有黑暗的中世紀(the dark middle ages)。

現代主義將在何時結束？它的後面是什麼主義？

二十一世紀會叫我們這個時代什麼名字？它的聲音會來自我們墳墓的同一側嗎？

現代主義只是為了延續我們的生命才延續的嗎？或者它本身是可延續的？它會給我們一種新的時間感(sense of time)嗎？分期會從此結束嗎？會慢慢地產生同時性嗎(simultaneity)？

倘若變化來得異常迅猛，未來使人心驚膽顫，人們將比平常更堅決地抵制終結和發端(endings and beginnings)嗎？

> 童年是巨大的而青年是金色的。幾乎沒有人能恢復到那時的狀態。批評家也不例外。像普通人一樣，他們迷戀地回顧自己青年時代讀過的文學作品，以為它們永遠不會失去光彩。
>
> 「當孩童發蒙，偉人就使他們神往，
> 讓我們想想那些英雄豪傑吧。」

德爾莫·施瓦茨(Delmore Schwartz)這樣寫道。他把喬伊斯、艾略特(T. S. Eliot)、龐德(Ezra Pound)、里爾克、葉慈、卡夫卡、托瑪斯·曼稱作偉人。其實，他還可以加上普魯斯特

（Marcel Proust）、梵樂希（Paul Valéry）、紀德（André Gide）、
康拉德（Joseph Conrad）、勞倫斯、吳爾芙（Verginia Woolf）、
福克納（William Faulkner）、海明威（Ernest Hemingway）、歐
尼爾（Eugene O'Neill）⋯⋯

　　這座文學之城中的行人旣不會忘記，也不會寬恕。艾利
森（Ralph Ellison）、品特（Harold Pinter）或葛拉斯（Guetter
Grass）的同代人怎麼可以在這裏呼吸先人的空氣呢？然而我
們全都可以成爲看不見的人⑦，直到每個人成爲他自己的父
親。

3 創新

　　我們人人都在設計狡猾的祖先崇拜儀式。普洛透斯（Pro-teus）⑧
和畢卡索兩個人的生活爲我們提供了一個寓言。他們是創造新形式的
大師。他們的形式是自我轉變。他們懂得創新的祕密：運動。

　　　請注意，他們是把握可能性的大師。他們常說：死者的
　　王國比任何王國都要大。現在地球已爆炸了。活人比曾經活
　　過的人還要多的那一天很快就要來到了。
　　　當生者的人數大大超過死者時歷史會顚倒嗎？會終結
　　嗎？

　　我們在需要做出判斷的幌子下抗拒新事物。「我們必須有標準。」
可標準只有在能夠應用它的地方才起作用。這一直是新生事物能否被
接受的關鍵問題（Harold Rosenberg 語）。

　　誠然，標準是必不可少的。而且最佳的標準還會自我創造，以便
去迎接、創造新的契機。因此讓我們承認標準吧。但是也讓我們提出

這樣的問題：有多少文學批評家採納新的事物,即便是有選擇地採納?
而且以愉快的、理智的態度談論它們呢? 著名的批評家們極少甘願冒
險，他們總是在等待一般的論者為他們掃清道路。

　　對新生事物的反動總有自己的理由，然而這些理由卻總是理性很
難認同的。拒絕接受新事物還有種種巧妙的說法。

a. 一時的風尚(The Fad)

　—「那是一種正在過時的風尚，輕率無聊。如果我們不理睬它，它就
　　會消聲匿跡。」

　—這種說法暗示永恆才是絕對價值。還暗示要具備區別時尚和歷史
　　的能力，而不考慮時間或創造性直覺的利益。時下有多少這類看
　　法充斥在文人的煉獄裏呢?

b. 老調子(The Old Story)

　—「從前早就寫過，沒什麼新鮮的。讀讀歐里庇得斯、斯特恩(Laur-
　　ence Sterne)或惠特曼的作品，你就會發現原來前人已經寫過。」

　—這種說法強調似曾相識，以模稜兩可的相似為由拒絕接受新事物。
　　它還暗示新與舊相比並沒有發生真正的變化。因此，尚未確定的
　　事物何必要求立即做出反應呢?

c. 靠得住的版本(The Safe Version)

　—「不錯，這看起來很新，可是同一個類型裏我更喜歡杜象，他的作
　　品的確更好。」

　—這種說法暗示對創新有比較深入的了解。可謂已經入了「新」門，
　　然而門票一旦買過便可以永不再買。這樣，他便可以鄙薄時下最
　　新的事物而顯出毫無一點俗氣的樣子。

d. 藝術官僚的口吻(The Newspeak of Art)

　—「前衛派恰恰是新的學院派(the new academicism)。」

　—這種說法暗示,那些看起來傳統的藝術很可能是更具創新意味的。

這樣說有時是正確的。但也可能僅僅暗示某種忿然不平的情緒：用矛盾修辭法作為不信任新事物的手段。

關於真正的創新，我們沒有輕而易舉的先入之見。預見不過是推斷，或者說是蘭德(RAND)公司⑨冷漠的竊竊私語而已。然而未卜先知的能力卻近於瘋狂或者創造性的想像，它的途徑很少是線型的，而往往在變異或量子跳躍中斷裂、轉向、消失。因此，我們不能指望過去、現在和未來的前衛派都遵循同一個邏輯，採用同一種形式。例如，新的前衛派不必一定具有歷史意識、表達可以辨認的價值、或者贊同激進的政治。它不必一定要令人瞠目結舌，或者充滿抗議的聲音。新的前衛派甚至可以完全不是「前衛派」，而只是某種尚未分明的變化的媒介罷了。

> 參閱雷納托‧波吉奧里(Renato Poggioli)
> 《前衛派的理論》(*The Theory of the Avant-Garde*, Cambridge, Mass, 1968)。

我這裏所說的一切都可能被濫用。渴求變化的狂熱可能成為一種自怨自恨的形式。只要剖析一下任何「革命者」便可以明白，或者看看最近前衛派的種種極端形式也可以明白。維托‧漢尼拔‧阿康齊(Vito Hannibal Acconci)創造了所謂的「身體雕塑」(body sculptures)，在大批觀眾面前咬嚙、切割自己的肢體。魯道夫‧施瓦茨考格勒(Rudolph Schwarzkogler)慢慢地割下自己的陽物死去。在今天這個不再是線型的世界上，我們勢必會問：前進的路在哪裏？生命的路在哪裏？人的行動獲得的常常是飛鏢的邏輯(the logic of the boomerang)。

4　差異

現代主義的變化可以稱作後現代主義。用後者的眼光來看前者，我們開始發現，現在一些次要的人物比那些有一天「將會迷住小孩」的現代派大師離我們更近。

　　現代主義的經典文本是埃德蒙‧威爾遜(Edmund Wilson)的《阿克塞爾的城堡：1870-1930 年想像性文學研究》(*Axel's Castle:A Study in the Imaginative Literature of* 1870-1930) [1931]，其內容是：象徵主義、葉慈、梵樂希、艾略特、普魯斯特、喬伊斯、斯泰因(Gertrude Stein)。

　　四十年後的今天產生了我這本後補性的書：《奧菲斯的肢解：走向後現代文學》(*The Dismemberment of Orpheus: Toward a Post-modern Literature,* [1971])，其內容是：薩德，從帕塔費西學到超現實主義、海明威、卡夫卡，從存在主義到非文學，熱奈、貝克特。

更正：葛特路德‧斯泰因似乎應該放到後一本書中，因爲她的作品中既有現代主義又有後現代主義。

毫無疑問，最典型的文本是

如果我們可以人爲地宣稱文學上的現代主義包括從加里的《于比王》(1896)到喬伊斯的《芬尼根們的守靈》(1939)之間的某些作品的話，那麼，我們又該把後現代主義的開始人爲地定在什麼時候呢？是比《守靈》早一年嗎？那年出版了沙特的《惡心》(*La Nausee*, 1938)，還有貝克特的《墨菲》(*Murphy*, 1938)。無論如何，後現代主義應該包括一批風格迥異的 B 氏作家⑪，他們是：巴塞爾姆(Donald Barthelme)、貝克爾(Juergen Becker)、貝克特、伯恩斯(Max Bense)、勃朗肖、波赫士(Jorge Luis Borges)、布萊希特(Bertolt Brecht)、巴羅斯、布托爾。

　　質疑：難道《于比王》不旣是現代主義的又是後現代主義的嗎？

5　批評家

由本世紀前半期知識階層特別是形式主義者和神話派批評家精心概括的現代主義的那些基本思想今天依舊制約著文學研究的主要觀念。

　　例外：卡爾·夏皮洛(Karl　Shapiro)的《超越批評》(*Beyond*

Criticism, 1953)、《為無知辯護》(*In Defence of Ignorance,* 1960)。
這兩部作品對思想正統的學究們來說太「古怪」、太「脾氣暴躁了」嗎?

　　在英國和美國，著名的批評家們雖然年齡、信仰和特徵各不相同，
但都持有廣義的現代主義觀點。他們是：布萊克默(R. P. Black-
mur)、布魯克斯(Cleanth Brooks)、康諾利(Cyril Connolly)、燕卜
蓀(William Empson)、弗萊、豪(Irving Howe)、卡津(Alfred
Kazin)、克默德‧利維斯(F. R. Leavis)、勒文(Harry Levin)、普
利契特(V. S. Pritchett)、蘭色姆(John Crowe Ransom)、拉夫
(Philip Rahv)、理查茲(I. A. Richards)、蕭勒爾(Shorer)、泰特
(Allen Tate)、特利林(Lionel Trilling)、沃倫(Robert Penn War-
ren)、韋勒克(René Wellek)、威爾遜、溫特斯(Ivor Winters)等。

　　無疑，這些批評家的許多論述——例如利維斯或威爾遜的——可
以使不同年齡的讀者受到啓發。不過，對前衛派表示最大同情的還是
赫伯特‧里德(Herbert Read)。他那寬宏大量的直覺使他能夠接納新
事物而很少計較枝節上的不足。他把後現代精神融入自己無政府主義
的親和性以及對重大苦難的關注中、注入對更新事物的敏銳感受中。
他喊道：看看這孩子吧！通過藝術對他進行教育意味著向愛神致敬。
他相信想像力可以為道德上的善服務，因此希望把藝術完全置於現實
中，這樣，藝術的成分就會成為像麵包和水一樣的生活必需品。這是
一種神聖的希望，雖然現在不大被人提起，但仍活在我們心中。這讓
我們想起托爾斯泰的《什麼是藝術?》。我想不出還有哪一位年輕幾十
歲的批評家能夠寫出那樣出色的傳奇《綠色的孩子》(*The Green
Child*)。

　　今天，文學批評依舊受現代主義觀念的影響。在經院中尤其如此。
經院中的某些語言學派、結構主義學派或闡釋學派可謂例外。在嘈雜

不堪的大眾傳媒文化中也是如此。《紐約圖書評論》(*The New York Review of Books*)、《時代文學副刊》(*Time, The Literary Sections*)和《紐約時報書評》(*The New York Times Book Review*)都有共同的傾向，渴求辦得生動、活潑、機警、理智，往往掩飾對新事物的抵制。邏各斯文化(the culture of the Logos)在那些缺乏節制的時期表現出更多的疑慮，總是以聰明時髦的僞裝堅持舊秩序，通過便捷的傳播途徑阻撓新鮮事物。

自誠：提防傳媒巧舌如簧的抨擊。這些傳媒就像五○年代的最高法院那樣扮演著一個威嚴的全國性角色。它們故意製造種種公開的形象，先發制人。它們至今仍是某些集體的監護人。也要看到，你引用的出版物的質量正在上升。(此段文字寫於 1971 年。)

6 書目

下面是某些後現代批評一份有趣的繫年書目：

1. George Steiner, "The Retreat from the Word," *Kenyon Review* 23 (Spring 1961). 也參考其 *Language and Silence* (New York, 1967), 和 *Extraterritorial* (New York, 1971).

2. Ihab Hassan, "The Dismemberment of Orpheus," *American Scholar* 23 (Summer 1963). 也參考其 *Literature of Silence* (New York, 1967).

3. Hugh Kenner, "Art in a Closed Field," 收入 *Learners and Discerners*, ed. Robert Scholes (Charlottesville, Va., 1964). 也參考其 *Samuel Beckett* (New York, 1961; Berkeley and Los Angeles, 1968), 和 *The Counterfeiters* (Bloomin-

gton, Ind., 1968).

4. Leslie Fiedler, "The New Mutants," *Partisan Review* 32
   (Fall 1965). 也參考其 "The Children's Hour; or, The
   Return of the Vanishing Longfellow," 收入 *Liberations*,
   ed. Ihab Hassan (Middletown, Conn., 1971), 和 *Collected
   Essays* (New York, 1971).

5. Susan Sontag, "The Aesthetics of Silence" *Aspen*, nos. 5
   & 6 (1967). 也參考其 *Against Interpretation* (New York,
   1966), 和 *Styles of Radical Will* (New York, 1969).

6. Richard Poirier, "The Literature of Waste," *New
   Republic*, 20 May 1967. 也參考其 "The Politics of Self-
   Parody," *Partisan Review* 35 (Summer 1968), 和 *The Per-
   forming Self* (New York, 1971).

7. John Barth, "The Literature of Exhaustion," *Atlantic
   Monthly*, August 1967. 也參考其 *Lost in the Funhouse* (New
   York, 1968).

這些著述的一些主導動機是：探索中的文學及其對自身的質疑；
形式的自我顛覆和自我超越；大衆的變異；沉默的語言。

7 修正 (ReVisions)

對現代主義的修正正在緩慢進行。這是後現代主義的另一個證明。在
《表演的自我》(*The Performing Self*) 中，理查・波瓦利爾 (Richard
Poirier) 試圖溝通這兩個運動。這裏，我們需要回顧一下形式主義批評
的主張，回顧一下過去三十年中課堂上和季刊上的律條，咀嚼一下波
氏下面評述的滋味：

二十世紀最常用作批評文本的三部巨著《白鯨記》(*Moby Dick*)、《尤利西斯》(*Ulysses*)和《荒原》(*The Waste Land*)都是旨在嘲諷體制、反對任何消除不諧和因素以促進和諧的企圖、反對任何神話和隱喻模式的。……但是當這些想像的文學形式對體制進行非常激進的滑稽模仿時，它們的激進實質上是爲保守的感情服務的。

＊　　　　＊　　　　＊

二十世紀文學中最複雜的例子，例如《尤利西斯》、《荒原》和《羊童賈爾斯》(*Giles the Goat—Boy*, John Barth 作，它的結尾滑稽模仿了《荒原》的結尾)，都對自己的形式和文體表達了不同尋常的輕蔑。

本世紀一些深刻的哲人都十分關心語言的疾病。海德格、維特根斯坦和沙特都是這樣的哲人。後來的一些作家如約翰・凱奇、諾曼・奧・布朗和艾利・韋塞爾(Elie Wiesel)刻意傾聽藝術、政治、性、道德或宗教中沉默的聲音。從這樣一個背景來看，波瓦利爾的聲音不僅展示了一種修正的意願(a revisionist will)，而且導向一種後現代主義的美學。

我們離這樣的美學仍有一段距離，而後現代主義是否高度重視這種美學仍然未見分曉。也許我們可以從修正現代主義、從修正我們對它的虔誠起步。弗蘭克・克默德在《連續性》(*Continuity*)中審慎地做了這樣的努力。克默德是一位舉止高雅的批評家，他仔細地辨析了現代主義的不同類型，他所說的「原現代」(palaeo-modern)和「新現代」(neo-modern)大約相當於我們說的「現代」和「後現代」。他還注意到新的「反藝術」(anti-art)，並正確地指出它的淵源是杜象。可是對連續性的偏愛使他把現在的事物與過去的事物混爲一談。例如，他寫道：「隨意性藝術儘管極爲新穎，但仍是已往藝術的延伸、是已往藝術某一特徵的擴大。」這樣的說法難道不是阻塞了更多的可能性嗎？它決

不可能開創任何新的可能性。歌德曾從另一個角度闡述了同一問題：
「最重要的永遠是當代的事物，因為它們最純正地反映在我們心中，
正如我們最純正地反映在它們之中一樣。」我以為，如果我們堅持說新
藝術是「老現代主義外緣的發展」，或者說「藝術」和「玩笑」之間的
區別對任何未來的美學都至關重要，我們就無法把握當代的文化經驗。

　　不論我們打算從後現代主義去重新評價現代主義(波瓦利爾)，還
是從現代主義去重新評價後現代主義(克默德)，我們最終都必然要對
二者的某些方面加以研究。因為二者的聯繫和類似使我們產生這樣的
想法，即現代主義並非戛然而止，後現代主義也並非突然產生。現在
它們二者是並存的。新的東西是從舊的基礎上誕生的。每天清早我們
的眼睛都是以新的姿態睜開的。埃里希・海勒(Erich Heller)有一次
曾說，米開朗基羅(Michelangelo)或林布蘭(Rembrandt van Rijn)、
歌德或黑格爾(Georg Wilhelm Friedrich Hegel)、尼采或里爾克在
某種意義上都可以揭示後現代主義的某些特點。讓我們看看他在《藝
術家走向內心世界的旅程》(*The Artist's Journey to the Interior*)
中這段精彩的陳述吧：

> 米開朗基羅在逝世前六天耗費了全部心血，力圖完成那個聖母抱
> 著基督的雕像，這就是後人稱作「隆大尼尼的聖母」(Pieta Ron-
> danini)的著名作品。他沒有成功，後來林布蘭以繪畫的形式完成
> 了他不得不中斷的未完成之作。也許問題在他使用的石頭材質上：
> 他使用的材料否定了它自身。這一雕塑似乎在告訴我們，它的創造
> 者最後決定只使用一定量的大理石，以便說明材質並不重要，真正
> 重要的只是純粹的內在精神。

米開朗基羅在超越了與最堅硬的材料的爭鬥之後悟出了一種我們今天
十分關切的神祕的精神狀態。可是我們今天能理直氣壯地說他是後現

代的嗎?

現代和後現代在下列情況下可能匯合（你也可提出不同的看法）:

1. 布萊克(William Blake)、薩德、勞特萊蒙、韓波、馬拉美、惠特曼等。

2. 達達達(daDaDA)

3. 超現實主義(SURealism)

4. 卡　夫　卡(KA F KA)

5. 芬尼根們的守靈

6. 詩章(The Cantos)⑫

7. ?　　?　　?

8　現代主義

這裏不是給現代主義下一個寬泛定義的地方。(按姓氏的字母順序)從阿波里奈爾、阿爾普(Hans Arp)⑬到梵樂希、吳爾芙和葉慈——好像漏掉了姓氏以X和Z起頭的作家——的許多作家都就這一題目發表過令人難忘的見解。其中理查•埃爾曼(Richard Ellman)和小查爾斯•費德爾森(Charles Feidelson, Jr.)的《現代傳統》(*The Modern Tradition*)依然是「那份包括哲學、社會學、科學、美學、文學理論、種種宣言以及詩歌、小說、戲劇在內的巨大精神產業」的一部最佳綱要。

要想就現化主義達成共識似乎是最天真的幻想，更遑論給它下定義了。對於現代主義，即使在那些尊貴儒雅的學者中，意見相左也往

往而有，而在那些性情暴躁、狂妄自大的論者中，爭吵不休就是家常便飯了。下面是學者們見解不合的一個例子。萊昂納爾・特利林在《論現代文學中的現代因素》(*On the Modern Element in Modern Literature*)中說：

> 我所說的〔現代主義〕是使我們的文化解除魅力(disenchantment)。……〔在現代文學中〕始終存在著一條與文明敵對的線。……我敢說，個人的迷失直至自我毀滅、把個人完全交給經驗而不顧自我利益或傳統道德、全然逃避社會義務，正是每一個現代人頭腦中都有的思想「因素」。

而哈利・勒文在〈什麼是現代主義?〉(What Was Modernism?)1中反駁說：

> 我的觀點是，只要我們仍然是現代人，我們就是人文主義和啓蒙時代的子孫。從某種意義上說，辨認出非理性正是理性的一個勝利。但在另一個意義上，它卻強化了那股反理性的潛流，當這股潛流上升到表面時，我把它稱作「後現代的」(postmodern)。

　　當然，關於現代主義的爭論還有很多。蒙羅・斯皮爾斯(Monroe Spears)在《狄奧尼索斯和城市》(*Dionysus and the City*)中對日神精神的偏好就是一例。現代主義從歷史的矛盾中吸收能量，使自身也充滿了矛盾。

　　　　現在讓我們假定現代主義代表 X：人類通向瘋狂的一扇

---

1. 更確切地說，這段引文出現在該文前的註釋中。參看 Harry Levin: *Refractions* (New York, 1966), 271-273.

窗子，帕爾修斯(Perseus)擋住美杜莎(Medusa)目光的一面盾牌，⑭某些學識宏富、心懷不滿的謬斯的夢。下面我就現代主義提供一點零星膚淺的看法，同時提供一定的篇幅，讓讀者諸君帶著自己的疑問和不安來填充這些空白。我相信大家會珍惜自己的選擇。

　　a.城市主義(Urbanism)：從波德萊爾(Charles Baudelaire)的「擁擠的城」⑮到普魯斯特的巴黎、喬伊斯的都柏林、艾略特的倫敦、多斯·帕索斯(Dos Passos)的紐約、德勃林(Alfred Doeblin)⑯的柏林。這不是一個地點的問題，而是一個存在的問題。《魔山》(*The Magic Mountain*)中的療養院和《城堡》⑰中的村子依舊籠罩在一片城市的精神氛圍中。但也有例外，福克納的「約克納帕塔法」(Yokenapatawpha)和勞倫斯的「米德蘭」(Midland)⑱就都把城市看作邪惡的威攝力量。

＿＿＿＿＿＿＿＿＿＿＿＿＿＿＿＿＿＿＿

＿＿＿＿＿＿＿＿＿＿＿＿＿＿＿＿＿＿＿

＿＿＿＿＿＿＿＿＿＿＿＿＿＿＿＿＿＿＿

　　b.技術主義(Technologism)：城市和機器相互依存、相互創造，成為人的意志的延伸、瀰漫和異化。可是不能把技術只簡單地看作現代主義的一個主題，它也是現代主義藝術鬥爭的一種形式。我們可以從立體主義、未來主義和達達主義中找到證明。和技術主義相對的有：原始主義(primitivism)、神魔之道(the occult)、柏格森式的時間(Bergsonian time)、情感的斷裂(dissociation of sensibility)等。(參看威利·賽弗的《文學與技術》[*Literature and Technology*])。

＿＿＿＿＿＿＿＿＿＿＿＿＿＿＿＿＿＿＿

＿＿＿＿＿＿＿＿＿＿＿＿＿＿＿＿＿＿＿

＿＿＿＿＿＿＿＿＿＿＿＿＿＿＿＿＿＿＿

　　c.「人性的喪失」(Dehumanization)：奧特加‧伊‧加塞特 (Ortega y Gasset)實際上把它稱作菁英主義(Elitism)、反諷和抽象 (《藝術中人性的喪失》[*The Dehumanization in Art*])。藝術中的 風格佔據了主導地位。讓生活和大眾自己照顧自己。詩歌變成了隱喻 的高等代數。維特魯威(Vitruvius)和達芬奇(Leonardo da Vinci)按 照人的實際尺寸創造的著名形象已經被畢卡索⑲塗抹在許多層面上的 碎塊形象取代。畢卡索的形象並不缺少人的意味，只不過表達了另一 種人的觀念罷了。

菁英主義：	貴族的或隱祕的法西斯主義者：里爾克、普魯斯特、葉慈、艾略特、勞倫斯、龐德、鄧南遮(Gabriele D'Annunzio)、溫德姆‧劉易斯(Wyndham Lewis)等。
反諷：	遊戲、複雜性、形式主義。藝術有至上的氣派，但也狡猾地暗示自身的激進的不完滿。《浮士德博士》、《費利克斯‧克魯爾的自白》。反諷即意識到不存在(non-being)。
抽象：	非人格性(impersonality)、詭辯式的簡約、還原和建構、分解的時間和空間化的時間。蒙德里安(Piet Mondrian)這樣論述還原主義(reductionism)：「要以造型創造純現實，就必須把自

然形態還原成原色。」伽勃(Naum
Gabo)⑳這樣論述構成主義:「它說明
了一條普遍的原則, 即構成視覺藝術
的諸因素如線條、色彩、形狀等有它
們自己的表現力, 這種表現力與外在
世界的各種性質毫無關係。」文學上與
上述思想相應的大約是「空間時間」
的觀念。(參閱約瑟夫·弗蘭克[Joseph Frank]
的《現代文學中的空間形式》[Spatial Form in
Modern Literature], 載於《不斷拓展的圓環》[The
Widening Gyre] 上。)

附錄:　　除了「另一種人的觀念」之外, 人性
的喪失還有更多的內容。新近出現了
一種對人反感的情緒, 這種情緒有時
表現爲新的超人感。里爾克的《天使》
(Angels)、勞倫斯的《魚》(Fish):

我的心在譴責它自己
它想: 我不是創造的尺度
這超越了我的領悟力, 這條魚。
它的上帝站在我的上帝之外。

d.原始主義(Primitivism):抽象之後的、具有反諷意味的文明
之下的種種原型。一付非洲面具、一只野獸無精打朵地走向伯利恆。
祭儀和神話的結構、從人類集體的夢中採集的隱喻。文學時空種種精
製的形式, 文學靈魂的再生。還有酒神精神和被壓抑本能的回歸。(參
閱諾思羅普·弗萊的《現代世紀》[The Modern Century])

e.色情主義(Erotism)：一切文學都是色情的，但現代主義的性(sex)往往從內部抓破皮膚。它不僅是力必多(libido)的自由渲泄，還是憤怒或慾望的一種新語言。愛現在變成了疾病的密友。施虐─受虐狂(sadomasochism)、唯我主義(solipsism)、虛無主義(nihilism)、無法無天、雜亂無章的社會狀態(anomic)。愛神與死神鬥爭中一個新的、更加黑暗的階段。(參看萊昂納爾·特利林的《歡樂的命運》(*The Fate of Pleasure*)，載於《超越文化》[*Beyond Culture*]。)

f.非道德的唯信仰主義(Antinomianism)：超越法律、仰仗悖論。不連續性、異化、不侍候(non serviam)！藝術的傲慢、自我的傲慢支撐著這種思潮的體面。聖像的毀壞(iconoclasm)、政治組織和宗教組織的分裂(schism)、無節制狀態。超越唯信仰主義，接近神的啓示，故有頹廢和革新。(參看小納森·斯各特 [Nathan A. Scott Jr.] 的《打碎的中心》[*The Broken Center*])

g.實驗主義(Experimentalism)：一切審美形式中的創新、分化和輝煌的變化。新語言、新觀念、新秩序。在藝術奇蹟中語言開始對自己的奇蹟提出疑問。詩歌、小說、戲劇從此再不能使用原有的名字。

在上述七段零碎的文字中，我無意給出現代主義的定義，只是點出我認為重要的某些因素，並進一步把它們引向後現代主義。

9　難以想像之邦

難以想像之邦位於自鳴得意的王國和歇斯底里的汪洋大海之間。它沒有任何常規的地形地貌。常常誘騙不明智的過客穿越它的領土，從而混淆了時間。凡是能從它那兒回來向人們講述個人經歷的人都懂得如何理解人的命運。

我知道人有近於無限的資源，知道人的想像力仍舊是實現進化的工具。但我的心中充滿了這樣的感覺，在未來的幾十年中或者說在未來的半個世紀中，地球和地球上的一切將會完全改觀，或者被洗劫一空，或者走向某種惡夢般的烏托邦。我沒有信心用語言說清這種感覺，也缺乏想像力來設想這一特殊的情景。如今的生活時時有末世的傷感。我覺得有這種感覺的不是我一個人。

我們太熟悉消災免難的祈禱了。我們以非聖三位一體（unholy trinity）的名義背誦禱詞。人口、環境污染、權力（應讀作種族屠殺）希望平息我們的憤怒，但卻把我們的命運徹底顛倒了。我們的頭腦很快就用抽象的歌把自己催眠得昏昏睡去，少數人則以吸毒逃避現實。政治上致命的沉悶把我們推向死亡的邊緣。人類意識也不會出現驟然的變化。那麼，技術會帶給我們美好的允諾嗎？什麼樣的技術呢？富勒

(Fuller)㉑的嗎？斯金納(Skinner)的嗎？「奇異愛」(Stran-
gelove)博士的嗎？「否」(No)博士的嗎？是致力於解放的工程
師的呢？還是致力於控制的工程師的呢？這種允諾即便有，
對我們也是有條件的。我們處在一個似是而非、模稜兩可的
狀態中。

　　誠然，我們快活地生活在難以想像的國度裏。我們還執
著地從事自己的工作：文學。過去我能在監牢的囚室裏學會
俯臥撐，可今天卻再不能像過去那樣「研究文學」，彷彿地球
依然還在我們想像的軌道上似的。我希望這就是希望。

10　後現代主義

現代主義在最有預示力的時刻曾窺視過那個難以想像之邦的奧祕，而
後現代主義則可能是對這個王國直接或間接的反應。我們今天關注的
自然不是藝術中人性的喪失，而是我們這個星球的非自然化和人類的
末日。我相信，我們現在是另一種時間和空間的居民，我們不再知道，
什麼樣的反應對今天的現實才是充分的。雖然從某種意義上說，地球
已經變成了人類生活的一個小村落。可是大家都明白自己是屬於自己
的那個特定時空的最低限主義者(minimalist)。這就是為什麼把現代
派藝術家和後現代派藝術家加以比較，稱前者為「大師」而後者為「模
仿者」似乎無益的原因。後現代藝術家在本質上接近「零」，接近沉默
或枯竭。他們中間出類拔萃的人出色地表現了虛空的財富(the
resources of the void)。這樣，喬伊斯語言上的萬能就讓位於貝克特
語言上的無能。作為喬伊斯的繼承者，貝克特堪與他的宗師比肩而立，
不惟不少真誠，而且更多一份嚴謹。後現代藝術家們雖然進入了虛空
和沉默的境界，但有時也走到另一邊。後現代藝術中的完美之作往往

看似要取消它們自身（貝克特、廷格里、羅伯特·莫里斯［Robert Morris］㉒）或與生活完全混同（凱奇、勞申伯格、梅勒），但卻仍是藝術品。杜象冷靜地指出了後現代主義的創作途徑。

我們常常非歷史地使用虛無主義這個字來說明我們不喜歡的價值。有時也用它來指馬塞爾·杜象的追隨者們。

例如，當約翰·凱奇在《HPCSHD》中強調數量而不是質量時，人們說他並沒有屈服於虛無主義而是遠離了虛無主義。他提出的要求是：

——存在的豐盛、許可、寬宏大量。

——眾多數目中的發現，重大判斷的混淆。

——通過隨意性和多樣性產生感覺的變異、意識的變異。

凱奇懂得怎樣稱讚杜象：「他們其他人曾是藝術家，可現在不是。今天的藝術家是杜象，杜象收集塵土。」

我無法給現代主義下定義，更不能給後現代主義下定義。無疑，我們需要思索。我們愈是思索，就愈感到必須對我們所討論的內容加以限定。我將給後現代主義作一些註釋，也許採用省略的方法有助於限定下面這些註釋。

現代主義的零碎特徵	後現代主義的註釋
a.城市主義	——城市和地球村（麥克魯漢）㉓和空間飛船地球（富勒）。城市即宇宙。科幻小說。
	——同時世界分裂成難以盡言的集團、民族、無政府狀態和分崩離析。一種新的多樣性？或者世界走向極權或統一的一個新的序幕？

――自然在生態能動主義(ecological activism)、綠色革命、城市更新、健康食品等推動下部分恢復。

――同時酒神進入城市：監獄暴亂、城市犯罪、色情泛濫等。假如更糟的話，城市則會作爲大屠殺、大破壞的場所：廣島、德累斯頓、奧斯威辛(Auschwitz)。

b.技術主義　　　　――脫離控制的技術，從遺傳工程和思維控制到空間的征服。未來主義者，技術愛好者和田園歸隱者、機器破壞者的對立。

――藝術的一切媒材發生改變。新的傳播媒介、新的藝術形式。書籍能否成爲工藝品已成爲問題。

――媒體無邊無際的擴散。引起美感的客體變得「焦慮」乃至「定義解體」(dedefined [Rosenberg 語])。物質正消失在觀念中嗎？

――電腦作爲意識的替代物，還是意識的延伸？事實將說明它是多餘的嗎？它將依賴舊的秩序呢？還是新的形式呢？

c.人性的喪失　　　　――反菁英主義，反權力主義。本我的擴散。參加。藝術變成公社的、可選擇的、無政府主義的。接受。

――同時，反諷變成激進的自我消耗的遊戲、意義的熵(entropy of meaning)㉔。還有荒

誕的喜劇、黑色幽默(black humor)、瘋癲
的滑稽模仿和粗俗的滑稽戲(slapstick)。
否定。

——抽象走到極端，再回到新的具體性(New
Concreteness)：隨手拿來的實物、簽名的
布利羅(Brillo)盒子和湯罐頭、㉕非虛構小
說、作爲歷史的小說。其範圍從觀念藝術
（抽象的）到環境藝術（具體的）。

——沃霍爾要成爲一架機器、塞奧蘭(Emile M.
Cioran)充滿矛盾的生存誘惑。人文主義讓
住於次人文主義(infrahumanism)或後人
文主義(posthumanism)。甚至在科幻小說
及富勒、康斯坦尼達(Canstaneda)、布朗、
烏蘇拉‧勒圭(Ursula LeGuin)等人的著述
中變成宇宙人文主義(cosmic human-
ism)。

現代主義和後現代主義中「人性的喪失」最終意味著古老
的現實主義的結束。幻覺主義(illusionism)逐漸代替了它的位
置，不僅藝術中是如此，生活中也是如此。在後現代社會中，
大衆傳播媒介對這一過程的實現作出了異乎尋常的貢獻。哈
洛德‧羅森伯格在《表演和演員造就自我》(*Act and the
Actor making the Self*)中說，「歷史被完全顛倒了，寫作先
於事件發生，每一位政治家在胎兒期就是作者。」這樣，政治
上的幻覺主義就與通俗藝術和新現實主義結合起來。任何事
件從不需要發生就可以存在。

老現實主義的終結也對自我感發生了影響。現代主義和

後現代主義中「人性的喪失」要求對文學上的自我和作者的自我進行修正：

在現代主義中——通過超現實主義的原則（布列東［André Breton]）、藝術中的非個人化思想（葉慈的面具、艾略特的「傳統」）、超個人化的模式（喬伊斯、普魯斯特、福克納、尼恩[Anaïs Nin]㉖的意識流或勞倫斯的同素異構的本我）實現這一修正（見羅伯特‧朗鮑姆［Robert Laugbaum]的《現代精神》［The Modern Spirit] pp164 -184）。

在後現代主義中——通過作者自我的反身性、通過事實和虛構的融合（卡波特、沃爾夫［Tom Wolfe]㉗、梅勒）、通過現象學（胡塞爾、沙特、梅洛龐蒂［Merleau-Ponty]㉘、通過貝克特的意識虛構小說、通過形形色色的「新小說」（薩洛特、布托爾、羅勃－格里耶）和 Tel Quel 雜誌上的語言小說（索勒斯［Philippe Sollers]、蒂博德［Albert Thibaudeau]）實現這一修正（見維廷‧梅西埃［Vivian Mercier]的《新小說》［The New Novel] pp3-42）。

d.原始主義　　　　——遠離神話，接近存在。疲踏派和嬉皮士（Beat and Hip）、白黑人的能量和自發性（梅勒）。

　　　　　　　　　——後來，後存在主義的氣質、迷幻劑（李爾

　瑞)、酒神本我(布朗)、惡作劇者(凱西[Ken Kesey])、瘋狂 (萊恩 [R. D. Laing])、泛靈論與巫術 (康斯坦尼達)。

——嬉皮士運動。狂亂的群衆集會、搖滾樂和詩、公社。「全球目錄」(*The Whole Earth Catalog*)文化。通俗藝術。

——原始基督。新盧梭主義和新杜威主義：人的潛能運動、開放教室 (古德曼 [Paul Goodman]、羅杰斯[Carl Rogers]、萊納德 [George B. Leonard])。

e. 色情主義

——超越了《查泰萊夫人的情人》的實驗。審查制度的廢除。叢林出版社(Grove Press)和《長青評論》(*Evergreen Review*)。

——新的性行爲，從賴希的性高潮到多種形式的性變態以及集體心理治療中的體觸意識。

——同性戀小說 (巴羅斯、維達爾 [Gore Vidal]、西爾比 [Hubert Selby]、萊契 [John Rechy])。從女權運動到女子同性戀。走向一種新的雌雄同體？

——雜交群居和喜劇式的色情活動。性作爲一種唯我論的遊戲。

f. 非道德的唯信仰主義

——政治和其他方面的反文化。自由言論運動、學生爭取民主社會組織(S. D. S)、氣象派成員(Weathermen)、教會鬥士派(Church

Militant)、婦女解放運動、猶太人自衛同盟
(J. D. L)、黑人、印第安人、墨西哥人的權
力等。造反和反動！

——從整個文化超越異化、接受分離和不連續
性。像政治和道德中一樣，藝術中也產生激
進經驗主義的進化。

——反西方的「方式」和玄學、禪宗、佛敎、印
度敎。但也有西方的神祕主義、超驗主義、
魔法、祕術（參見上面的原始主義）。

——對啓示錄主義(apocalyptism)的廣泛崇
拜，有時表現爲一種革新，有時表現爲一種
滅絕，但往往二者兼有。

g.實驗主義　　——開放的、不連續的、即興的、不確定的或隨
意的結構。終局戰略(End-game Strat-
egies)和新超現實主義模式。有減縮的、最
小的形式，又有鋪張華麗的形式。總之，反
形式主義（參看加爾文·湯姆金斯〔Calvin Tom-
kins〕：《新娘和單身漢》〔*The Bride and the
Bachelors*〕）。

——同時性。現在。藝術的非永久性(乾冰雕塑、
紐約中央公園用土做的洞)、短暫無常的人
生、荒誕的時間。

——幻想曲、遊戲、幽默、偶然事件、滑稽模仿、
「大便」(巴塞爾姆)。還有正在流行起來的
自我反身性（參看上面「人性的喪失」條下的「反
諷」）。

——大衆傳媒的混雜(intermedia)、各種形式

的融合、各種領域的混淆。以藝術品的「美」或「獨特性」爲基本原則的傳統美學的終結？反對解釋（宋妲格 [Susan Sontag]）。

莫斯·佩克姆(Morse Peckham)在《人對混亂的憤怒》(*Man's Rage for Chaos*)中爭論說，「藝術是由傳統觀念建立起來的一個分離的範疇，它不屬於感覺領域，而屬於角色扮演的範疇。」邁克爾·克爾比(Michael Kirby)在《時間藝術》(*The Art of Time*)中說：「傳統美學要求一種特定的奧秘態度或心態，去感知藝術的美。……而（後現代）美學卻不要求任何特別的態度或心理定勢，它看待藝術就像看待生活中的任何東西一樣。」當藝術被看作生活中的「任何東西」一樣時，幻想就脫離了它的「客觀對應物」而成了至高無上的東西。

這就是從現代主義的觀點看爲什麼後現代藝術製造更多的焦慮而不是平息它們的原因嗎？或者它是走向一種新諾斯替主義的趨勢嗎？

11　其他可能性

現代主義對當今的滲透究竟有多少？當代包含了多少新現實的因素？無疑要讀者自己作出判斷。當然讀者的判斷並非總是理智的。這些判斷往往包含了許多自愛和對消解的恐懼，因此形成了文學上不同代之間多種多樣的分歧。然而，人們大都能夠同意，現代主義——除達達主義與超現實主義之外——正因爲「保不住中心」，才能夠創造出自己

權威的藝術形式，而後現代主義由於藝術上的無政府主義與現實的分崩離析緊密相關，則更接近了通俗藝術。

進一步思考，我們可以說，現代主義的權威——藝術的、文化的、個人的——植根於危機時代集中的、菁英的、自發的秩序中。海明威的原則也許是最嚴格的樣板，艾略特的「傳統」或葉芝的「儀式」是較偏遠的榜樣。這樣的菁英秩序也許是世上最後的神祕祭儀，在我們這些被末日災難和極權主義嚇得心驚膽顫的人心中它們已經不再有位置了。

可是，後現代主義的無政府狀態或通俗性或幻想是對人類命運一個更深的、在某種意義上更內向的反應嗎？儘管我對當代深表同情，但卻不能相信這樣的說法全然正確。的確，在某種無政府的精神狀態下，在幽默和遊戲中、在放縱的愛和超越自身的自由想像中、在既多樣又統一的宇宙意識中，生活是能夠提高的。我認識到，這些正是後現代主義藝術要實現的價值。我也看到，後現代藝術不僅在時間上，而且在主旨上更接近希望本身的轉變。但是我也存在著這樣的疑問：是不是任何藝術都能夠產生我們現在必須把握的動機？我們是不是能夠長期珍視那種令我們無法把握現實動機的藝術？

譯註

① 《酒神的伴侶》寫瘋狂的毀滅心理。《變形記》是古羅馬作家奧維德 (Ovid,［公元前 43-18]) 的名作，取材於古羅馬神話，寫自然界的種種變形。

② Galatea, 海中女神。據說由象牙變來。獨眼巨人波呂斐摩斯愛上了她，但她卻愛上了西西里的青年牧人阿咯斯。波呂斐摩斯出於嫉妒，用石頭砸死了阿咯斯，阿咯斯的血化作河流流入大海，Galatea 回到海中與他相會。

③ Lucifer 是中世紀用以稱呼魔鬼 Satan 的名字；Ahriman 是古波斯人的觀念中黑暗、邪惡的冥國統治者。基督教作家常把他與 Lucifer 混為一體。

④均爲歷史上的名人。Cheops 又稱胡福(Khufu)，埃及第四王朝(約公元前 2575
-2465) 的第二個國王，埃及最大金字塔的建造者；Hammurabi (約公元前
1792-1750)，巴比倫第一王朝第六個國王；David (約公元前 1000－961)，古
希伯萊國王；Darius (約公元前 522-486 在位)，古波斯阿契美尼德王朝國王；
Alcibiades(約公元前 450-404)，伯羅奔尼撒戰爭時期雅典的政治人物；Han-
nibal(公元前 247-183)，迦太基政治家和名將；Caesar, 古羅馬名將、政治家。

⑤英國小說家 George Orwell(1903-1950)的一部小說，內容是諷刺極權政治，被
人稱作現代反面烏托邦的代表作品。

⑥ Black Muslim 是非洲裔美國黑人的一個半宗教性極端主義組織。它的中心在
芝加哥，領袖是伊萊賈·穆罕默德。

⑦ Invisible　Man 是美國黑人小說家 Ralph Ellison(1914－　)的一部著名小
說的標題。

⑧ Proteus 是希臘神話中善知未來，變幻無常的海神。

⑨ RAND 是美國的一家思想庫，設在加州聖地莫尼卡，專爲政府特別是空軍做戰
略情報分析研究服務。

⑩從 F 開始順時針讀爲喬伊斯的《芬尼根們的守靈》。

⑪即姓以字母 B 開頭的作家。

⑫美國詩人 Ezra Pound(1885-1973)的一部重要作品。全詩包括 109 首「詩章」
和 8 首未完成的草稿，涉及了文學、藝術、建築、神話、經濟、政治、歷史等
許多領域，還穿插著中國文字、孔子思想等東方文化的成分。內容龐雜，語言
晦澀，形式新奇，具有較多後現代因素。

⑬Hans Arp(1887-1966)，法國雕塑家、畫家、詩人。現代派藝術中的代表人物，
以達達主義和超現實主義的原則創作，曾把自己早期的作品稱爲「具體藝術」。
他的繪畫擯棄了直線的、邏輯的形式，力圖按偶然性來佈局，他還常創作「拼
貼畫」、「碎紙畫」。他的雕塑往往把不像是真的對象並列在一起，「中性形式」
和「臍」最爲人稱道。他的詩把語言的意象和拼貼試驗相結合，產生一種「撕
碎般」的效果。

⑭希臘神話中說 Medusa 是戈爾工妖女之一，原是美女，因觸犯雅典娜，頭髮變

成毒蛇，面貌也變得醜陋無比，而且她看誰一眼，誰就會變成石頭。主神宙斯的兒子 Perseus 受命除掉她，他借得了 Hermus 的青銅盾，用光亮的盾牌擋住她的眼光，砍下了她的頭。

⑮法國象徵主義詩人 Baudelaire(1821-1867)的《七個老頭》(*Les Sept Viellards*)中的詩句。

⑯Alfred Doeblin(1878-1957)，德國小說家。在《柏林，亞歷山大廣場》(*Berlin, Alexanderplatz*, 1929)中描寫了柏林的情景。

⑰*Magic Mountain* 是 Thomas Mann 的代表作之一。《魔山》是作品中一個療養院的名字。*The Castle* 是 Kafka 的代表作之一。

⑱Yokenapatawpha 是 Faulkner 一系列作品中想像的一個縣名。Midland 是 Lawrence 作品中描寫的主要背景。

⑲Vitruvius 是公元前一世紀羅馬的著名建築師、藝術家。Leonardo da Vinci (1452-1519)，文藝復興時期義大利著名畫家、雕塑家，是最早用科學的透視法，按照物體實際尺寸的比例造型的藝術家。Pablo Piccaso(1881-1973)，本世紀最有創造性、最有影響的西班牙藝術家，立體派大師。

⑳Naum Gabo(1890-1977)，構成主義藝術家的先驅和領袖。出生於俄國。使用玻璃、塑膠、金屬和鐵絲等材料雕塑作品，並以此作為拋棄傳統的體積觀念和運用空間運動及時間等新觀念的標誌。代表作有《螺旋的旋律》、《球面主題的半透明變化》、《空間中的線條構成第四號》等。

㉑Richard Buckminster Fuller(1895-1983)，美國建築師、發明家、哲學家。以發明多面體穹窿和對世界資源、人類前途的思考飲譽全球。他的基本思想是以最少結構提供最大強度。最大限度地利用世界能源為人類服務。他首先提出建造能夠空運的預製裝配住宅、浴室和漂浮在水上的四面體城市等構想。

㉒Robert Morris(1931-　)，美國藝術家，最低限主義者的代表。他的作品高度個性化，在六、七〇年代頗有影響。

㉓Herbert Marshall McLuhan(1911-1980)，加拿大通訊理論家。認為現代電子的各種傳媒對社會學、藝術、科學、宗教發生了強烈的影響。他提出了「媒介即信息」的觀點。著有《機械新娘：工業人的民間傳說》、《人的延伸》、《媒介

即信息》和《全球村的戰爭與和平》等。

㉔熵(entropy)是物質系統的熱力學態函數。也可以是對一個系統的混亂狀態的描述性術語。熵值越大，系統中的無序狀態越強。有人根據熵的原理認爲，宇宙的熵在增加，因此宇宙最終將變成「熱寂」狀態。這裏所謂「意義的熵」是說意義將隨熵的增加而減小終至消失。

㉕Brillo 是一種商標名。這裏所列的物品都是後現代化藝術家常用來拼湊藝術品的材料。

㉖Anaïs Nin(1903-1977)，美籍法裔女小說家。作品深受超現實主義和精神分析學的影響，同時借鑒了意識流手法。她對女性心理具有敏銳的洞察力。

㉗Tom Wolfe(1931-　)，美國記者，新型新聞的鼓吹者，主張用小說手法報導實際事件。

㉘Merleau-Ponty(1908-1961)，法國哲學家、文學家，現象派的主要人物。認爲知覺是知識的源泉，要求人們在研究傳統科學之前先研究知覺。主要著作有：《行爲的結構》、《認識的現象學》等。

第三章　文化、不確定性和內在性：
(後現) 代的邊緣

論點：

　　不確定性和內在性對於認識後現代主義是至關重要的。現在，「後現代主義」這個術語可能已經度過了它的難堪階段。我們將以下述七個部分啓發問答式的片斷和不斷變化的頁邊註釋來討論當代的「不確定內在性」。

　　一、無政府狀態或不確定性？
　　二、認識論上的問題
　　三、新科學
　　四、關於鯡魚：紅色的、銀色的、紫色的
　　五、我們時代的文化事實
　　六、在藝術中
　　七、人的和沒有結論的

駁論：

　　這篇文字本身就是我們這個時代一個沒有結論的虛構。眼前這個時刻的眞相對我們來說總是掩蓋著的。眞正的預見性要求瘋狂，要在此刻作出某種預見是不合時宜的。況且，不確定性和內在性像語言一樣是超越時代的，而「不確定內在性」又是一個極不規範的說法。認識論上的問題脫離了我們這個世界的需求，也就是脫離了實踐的需求。總之，上述論點神祕或者說詭辯多於啓發，它本身就是邊緣性的，不

確定的。

1　無政府狀態或不確定性

我們有責任思考當代知識的有序和無序這樣一個問題。當代和人生有許多問題使我迷惑不解。我不知道當我們死後相遇時該怎麼稱呼自己。我們會笨拙地說我們是後現代的子女嗎？可是，何必要考慮這樣的問題呢？不管怎麼說，名字有什麼關係呢？也許它在一定意義上說明我們的存在，說明我們不完全的希望。叫它分娩和遊戲好了。我們總是大聲呼喚我們將要重新創造的祖先。

　　我呼喚馬修·阿諾德和弗里德利希·尼采。許多人都不斷地呼喚過他們，因此他們身上已經沒有絲毫的古味兒了。

　　在當代親英的學術界，阿諾德幾乎是最早提出文化觀念的人。他的著作《文化與無政府狀態》(*Culture and Anarchy*)對我這裏的討論有無法否定的影響。在阿諾德看來──我們也很清楚──文化是一種「內向的行動」(inward operation)，是一份富有成果的、充滿激情的「好奇心」，是一種「獲取人間最佳的知識，追求總體完滿」的理智。它要求「最佳自我」的溫文爾雅，要求人性的「和諧與全面發展」，要求社會的「和諧與

米歇爾·傅柯(Michel Foucault)說，知識的秩序是建立在排外因素的基礎上的。它的任務是揭示（包含）這些排外因素。(《論述的秩序》[*L'Ordre du discours*], Paris, 1971)

想想 Lucy 吧。三呎半高，不是現代人類，而是直立的人。她在阿法爾(Afar)平原躺了三百萬年。這位屬於人科的生物是我們大家的母親嗎？有人說不是。當我們「真正的祖先」在地球上直立行走時，她好奇地注視他們。隨著本章討論的深入，我們的「祖先」逐漸褪去；人類起源的虛構和人類差異的虛構匯合。從古生物學到書寫學。

《文化與無政府狀態》(ed. Ian Gregor, In-

全面發展」。在上述說法中，「和諧」、「總體性」、「完滿」是關鍵術語。沒有它們，我們就會走向無政府狀態，或者講得更糟一點，就會陷入嘈雜紊亂的道德之中。阿諾德認為，美國人極易陷入這兩種狀態。

此刻，我想到的正是美國文化。它比任何時候都更沉湎於超驗的希伯萊教義或者明顯的無政府狀態嗎？或者它已經把自己變成了阿諾德無法辨認的某種東西，某種不確定的、內在的、富有的、奇怪的東西了嗎？不確定性當然無需否定和諧完滿的理想，奇特性有時也不會否定和諧完滿的理想，可我們生活中未來的行動卻可能否定這種理想。阿諾德寫道：「所以，為了現在，也更為了將來，熱愛文化的人必須富有良知，堅定不移地反對無政府狀態。」這樣，就產生了如下的困難：應該怎樣來認識「無政府狀態」呢？因為無政府狀態像「虛無主義」一樣能夠僅僅成為對新生事物的譴責力量。

尼采輝煌地提出了另一種說法。這一說法中沒有甜美、沒有光明，有的只是鐵錘和從砧子上打出的垂死的火花。下面我將做些較為詳細的引述：

這裏我們看到的依然是人的雙曲線形的天真(hyperbolic naivete)；把自己既看作萬

---

dianapolis and New York, 1971) 5－8.

阿諾德抱怨說(p.15)：「從緬因到佛羅里達，然後再返回緬因，整個美國都希伯萊化了。」他說這話是 1869 年。他會如何看待今天的南加州呢？

(p.17)

我們富有智慧的修辭中有多少是具有魔力的，是能夠驅魔避邪的呢？

《權力意志》（ed. Walter Kaufmann, New York, 1967) 13, 39, 149, 163, 181, 199, 267, 283, 291, 309, 380, 418, 548.

物價值的意義，又看作萬物價值的尺度。

*

清晰的時期：人們認識到舊事物與新事物在
根本上是對立的。……所有古老的理想和生
活是敵對的（在那些即使穿著合乎道德原則
的體面的星期日禮服但卻生於頹廢、長於頹
廢的人眼中，這些古老的理想是充滿敵意
的）。

*

我主要的命題是：根本就不存在什麼道德現
象，只有對這些現象的道德解釋。這一解釋
本身具有超道德的起源(extramoral ori-
gin)。

*

戲劇表演即「自由意志」的道德的結果。……
個人的完滿是由意志制約的，作為意識，作
為使用特定語言的理性判斷，它是一幅漫畫、
一種自相矛盾———定程度的意識使完滿成
為不可能———種戲劇表演的形式。

*

對我來說（為什麼突然謙遜起來？）重要的是
人應該擺脫一切，擺脫統一性，擺脫某種力
量，擺脫某種無節制的事物，否則，他就永
不會停止把這些看作最高法庭和「上帝」。

*

「主體」只是一種虛構：當一個人指責本我

後現代主義的許多特徵
蘊含在他 1883-1888 年
寫的這些片段中。例如：

a. 人的中心位置的喪失

b. 新鮮事物的活力

c. 解釋學

d. 理性的非神秘化

e. 拒絕承認統一性

f. 空虛的主體

g. 事實—虛構，透視主
　義

主義時，他所說的本我根本就不存在。

*

「只有事實」——我要說：不，事實只是那些根本不存在的東西，沒有事實，只有解釋。……只要「知識」這個詞還有任何意義，世界就是可知的。從另一面說，世界是可解釋的，在它的後面沒有一個統一的意義，但卻有數不清的種種意義。——「透視主義」。

*

語言依賴於最天眞的偏見。

現在我們在事物中讀出不諧和問題，因爲我們只是用語言的形式思考——因而相信「理性」的「永恒眞理」。……

當我們在語言的強制（用別的話來說是「語言的牢房」）下拒絕這樣做時，我們就停止了思考；我們幾乎沒有這樣的認識，即看到這種侷限性是一種侷限性。

*

巴門尼德斯（Parmenides）說：「人不能想出不存在的事物」——而我們卻站在另一個極端。我們說：「凡是能想出來的東西都是虛構的。」

*

知識正在回歸：在本質上回歸到無限。那些趨於靜止的東西（在某些假定上、在某些無節制的事物上，等等）便是懶惰、疲沓。……

*

h. 語言的閾限性

i. 虛構的思維

j. 否定淵源

k. 價值的動能學

l. 荒誕的藝術，遊戲的形上學

m. 存有與變化的解體，一種新的存有論

我們往往忘記尼采的同代人威廉‧詹姆斯，事實證明，他也是後現代潮流的一個源頭。例如，他說：「心靈的每一個階段都是同時存在的種種可能性的劇場。」甚至拉爾夫‧華爾多‧愛默生也有後現代的因素，他說：「人和萬物都是不固

價值是一個人———個人，而不是人類！
———能夠賦予的力量的最高份額。……人類
只不過是實驗的材料，是失敗的巨大餘額：
是一片坍塌的廢墟。

定的、分離的、逃逸的。」

＊

世界是一件自然產生的藝術品。……「遊戲」
是無用的活動，是精力過剩者的理想，是「幼
稚的」。

＊

新世界的觀念——世界存在著；它不是發展
變化的，也不是消逝的。……——它是一種
既不發展變化，也不消逝的存在。它依靠自
身的力量維持自己的存在：它的排泄物就是
它的食糧。

　　無疑，有些人會認爲這些思考多半不近
情理，不管怎麼說都教人討厭。不過我卻對
這兩位偉大的、近乎同代的歐洲人——阿諾
德死後一年內尼采發了瘋——的思考感到某
種程度的高興。他們對人類狀況的思索竟然
如此不同。阿諾德希望建立一種普遍文化以
及以「集中的趣味和權威」爲基礎的批評，
與此相反，尼采以尖刻的諷刺和詩的語言稱
頌一種激進的透視主義，這種主義是那樣激
進，好像用虛無主義也難以說明它。

　　當然，現在有許多個尼采。德國的那個

瓦爾特·考夫曼：「尼采
最後一部自成體系之作
《權力意志》的出版模
糊了他的著作和他的筆
記之間的區別，製造了
某種假象，讓人覺得他
所有書裏的格言都是這
種斷斷續續的句子。」
(p. xix)

「在十九世紀的所有思
想家中，也許除了陀斯
妥也夫斯基(Dostoevs-
ky)和祁克果(Soren

尼采是殺死上帝的人、超人的使者、具有酒神精神的心理學家、所有價值轉變的預言家。佛洛依德、史賓格勒（Oswald Spengler）、海德格、雅斯貝斯（Karl Jaspers）和維特根斯坦都非常了解他。里爾克、格奧爾格（Stefan George）、卡夫卡、托瑪斯·曼、穆斯爾（Robert Musil）、貝恩（Gottfried Benn）、恩斯特·庸格爾（Ernst Juenger）也都了解他。可現在還有一個法國的尼采，他也許比那個德國的尼采更多一些後現代的色彩。他是解構主義的魔術師、取消中心的幾何學家、語言的哲學家。喬治·巴達伊（Georges Bataille）和皮埃爾·克勞索夫斯基（Pierre Klossowski）寫過他，最近的雅克·德希達、吉爾·德勒茲（Gilles Deleuze）、讓-弗朗索瓦·李歐塔、亨利·列伏斐爾（Henri Lefebvre）、米歇爾·傅柯和別的許多人也都寫過他。

不論我們打算召喚哪一個尼采的化身，我們都必須承認現在有一種激進的反傳統，要為我們重新界定文化和無政府狀態。對於這樣的反傳統，阿諾德的追隨者們只能感到沮喪。這個反傳統的任務是避免一種傳統陷入虛無主義的時髦而另一種傳統陷入虔誠的慈善——也就是說，避免我們的理智行為陷入傲慢和混亂。

Kierkegaard）之外，他（尼采）是對我們正在走向的驚人前景唯一不感到吃驚的人。對他來說，許多事情已經看到了：是的，他早已預見到了這一切，他會理解……」埃里希·赫勒（Erich Heller）：《藝術家走向內心的旅程》（p. 173）尼采喊道：「偉大的瘋狂啊，你這上蒼的力量！我最終會相信這種瘋狂就在我身上，……」（同上書，p.197）

可把諾曼·奧·布朗的〈啟示錄：神祕在精神生活中的位置〉（Apocalypse: The Place of Mystery in the Life of the Mind, *Harper's* May, 1961）和萊昂納爾·特利林的《現代世界的精神》（*Mind in the Modern World,* New York, 1972）對照閱讀。

啓發

信仰是怎樣中止的? 欲望是怎樣延宕的? 影響是怎樣轉移或受到控制
的? 也許是通過想像, 通過想像的一切遁詞和比喻吧。尼采説:「解釋
世界的願望來自我們的需要, 來自我們贊成什麼和反對什麼的種種衝
動。我們的每一個衝動都是一種要控制事物的強烈欲望。……」(p.267)
那麼, 學術會議是什麼? 是一個思想的公共娛樂場, 或者一場格鬥表
演嗎? 不同民族的鬥士在那裏混戰, 人人都想取勝, 即使失敗了, 也
希望獲得大家的讚許嗎? 那麼, 爭鬥的結果會是什麼呢? 是我們大家
半心半意地期望的、幾乎沒有什麼人相信的那種「明晰」〔的結論〕嗎?
或者存在著一種學術討論的存有論? 更確切地説, 存在著一種愛欲存
有論, 政治存有論(onto-erotics and onto-politics)嗎? 也即存在著一
種形成我們的認識並溫和地嘲弄我們的認識的本體存在嗎?

2　認識論上的問題

尼采激進的透視主義(不僅是他的懷疑主義)
向從柏拉圖到黑格爾以來的傳統哲學基礎發
出了挑戰。自然、語言、心靈不再是和諧一
致的了, 它們公然蔑視「明確表述」這樣一
個最高法典, 這樣的觀點現在已毫不新鮮。
但是問題仍然是存在的: 這種不確定性本身
是一種新認識的部分嗎?

《名稱和事物》(*Les
Mots et les choses*,
Paris, 1966) 219-221,
313.

　　米歇爾・傅柯在《名稱和事物》(英譯為
The Order of Things)中提出, 西方歷史
中有三種主要的「認識」; 最後一種從十九世

紀初開始，就是所謂的「現代」認識。那時產生了兩種現代的思維方式：一種是科學〔的方式〕，探索邏輯對存有論的關係；另一種是歷史〔的方式〕，探索意義對時間的關係，不過，具有決定意義的是：現代主義對存在和意義的相互關係發生懷疑，最後產生了一種反身(self-reflexive)的論述、一種絕對不及物的語言，這種語言只能肯定它自身「岌岌可危的存在」和荒誕的「分散」(precipitous existence, its ludic dispersal)，我們把這種語言稱作現代文學。

語言的分散——可不可以稱作近似的內在性呢？——在傅柯看來標誌著人的「消失」。這當然不是說人當真消失了，而是一個比喻，一種對歷史作出具體說明的特別觀念。這種「消失」居然成了另一種尼采式的預言，這一預言正在詞彙遊戲中一天天變成現實。傅柯說：

在人們經驗和穿越過的語言內部、在延伸到極點的語言遊戲的種種可能性中，一個聲音宣佈說，人已經「走到了盡頭」。在到達一切可能的言語的頂峰時，人並沒有到達他自己的中心，而是來到了限制他自身的邊緣上：在這個區域，死神在徘徊，思維枯竭了，尋根探源的希望徹底破滅了。

傅柯問道，在我們日常舒適的人文主義中，「難道我們不應該記住我們注定要回到老虎背上去嗎？」(p.333)這隻老虎是正在出現的後人文主義嗎？

(pp.394 ff.)

傅柯是一個唯物主義者，但他這裏的想法卻與德日進(Teilhard de Chardin)的觀點如出一轍。然而他畢竟看出，在每一種文化裏，在對語言偏愛的背後隱藏著對語言莫名的恐懼。也就是對「嘈雜的、紊亂的、連續的論述」的一種朦朧的恐懼。(L'Ordre du discours, p.53)

這裏尼采很可能又是一個例外。不過現代性總是很複雜的。正如保爾‧德曼(Paul de Man)所說：「現代性把它的信任寄託在作為淵源的現

傅柯提到了阿爾托、魯塞爾(Raymond Roussel)、巴達伊、勃朗肖和卡夫卡，暗示另一個言語的頂峰，一個光輝的轉變即將來臨。在現代主義的認識開始消解，人的面貌在面具下伴著嘲笑爆炸開來的時刻，傅柯看到語言中某些難以言傳的力量的回歸，因而問道：「難道這不是整個大廈將要倒塌，人隨著語言生命的越來越輝煌而逐漸走向死亡的跡象嗎？」這樣，我們所有語言的生命似乎要召喚出心靈未來的內在性。

可我們需要停下來問一問，傅柯的論點究竟以什麼為依據？我們不妨直截了當地說：十九世紀初開始的現代認識將要走完它的歷程，在這一歷程中論述的分散、知識的不確定性、人的消失漸次發生了。我們現在可能正在接近一種新的邏各斯、一種新的語言內在性。傅柯認為，這種論述的分散經歷了兩個世紀，文學史家所說的浪漫主義時期、維多利亞時期、現代主義時期和後現代主義時期都包括在內。當然這是宏觀的歷史(macrohistory)，也是後設歷史(metahistory)。因為倘若傅柯不是以吉朋(Edward Gibbon)、米什萊(Jules Michellet)、亨利‧亞當斯(Henry Adams)、或史賓格勒①不可能有的事後認識來著述的話，他原是很難表演他那套令人眼花繚亂的知識考古學的。②阿

代力量中，但卻發現，在將自身與過去相分離時，也將自身與現在相分離。尼朵的《歷史的功用和濫用》(*The Use and Abuse of History*) 使他必然作出這樣的判斷。……」(*Blindness and Insight*, New York, 1971, p.149)

諾德看到的無政府狀態正是傅柯看到的標誌另一種論述秩序的不確定性。因此他的分散的觀念本身就是後現代精神的一部分。然而人們對後現代主義是否有一個有效的認識，對文化和精神是否有一個新的組織原則，目前仍是一個衆說紛紜，懸而未決的問題。

但是現在無疑是該探討不確定性這一術語的時候了。這個術語一直是不明確的。我們應該討論它，直到它成爲一個明確的批評術語。

啓發

一切思維都會僵化；而抽象的思維則絕對要僵化。即便是隱喻也會變成原型(archetype)、新型(neotype)、定型(stereotype)。「解構主義」會很快變成一個比列寧墓的墓基更僵硬的模式。語言中會不會有永遠的革命呢？我們認爲這個永遠的革命會發生在詩歌中。可是詩歌在批評中的位置和作用是什麼？假如它在批評中的位置變得十分微弱，怎麼辦？我們是否必須在批評的意識和批評的打油詩之間做出選擇？也許我們需要一種能夠表達批評家的苦難的形式：如果痛苦的根源莊

重、優雅，痛苦就來得輕鬆流暢。不過，看起來這是一個太過分的要求，因而不能成爲批評的方式。那麼，我們能不能這樣問呢：批評文本的快樂是什麼？我們怎樣確定批評論述中詩、痛苦、快樂的存在呢？

3　新科學

我想在這裏特別提請人們注意一篇精彩的論文：泰萊莎·艾伯特（Teresa Ebert）的〈含混的極限〉（The Tolerance of Ambiguity）。

按照傅柯的意見，科學是兩種「思考」的方式之一（另一種是歷史），它標誌著現代認識在十九世紀的興起。可我們這個世紀的科學卻與衆不同，它足以使自己在認識論上有一個清晰的界限。胡塞爾在三〇年代後期寫的《歐洲科學的危機和先驗現象學》（*The Crisis of European Sciences and Transcedental Phenomenology*）中已經開始在認識論上界定科學，雖然這種界定並不這麼有利。

我們可以把 1905 年作爲一個轉折點。那一年阿伯特·愛因斯坦（Albrt Einstein）發表了關於狹義相對論的論文。這個理論說，事件總是在一個特定框架中被感知的，在另一

套座標體系中「同樣的」事件就不再是相同的了。恰如愛因斯坦簡潔地說明的那樣：「沒有絕對的運動」，也沒有絕對的時空。一座行走的時鐘會越走越慢，一根運動的棒會越量越短，因為它們的速度在眞空(C)中接近恆定的光速。這一說明了麥克斯韋(James Clerk Maxwell)和洛倫茨(Hendrik Antoon Lorentz)變換③的理論並不是戲法，它導致了對空間、時間和運動的新的理解；排除了絕對同時性的觀念；澄清了電磁學的方程組；統一了動量和能量的傳統法則；而且像我們大家知道的那樣，證明了物質和能量的相當性。

$$\ell = \sqrt{1 - \frac{v^2}{c^2}}$$

$$t = \frac{1}{\sqrt{1 - \frac{v^2}{c^2}}}$$

1915 年，愛因斯坦提出廣義的相對論，把重力和慣性系統看作一個統一場的成分：「根據這一理論，空間的物理性能受可衡量物質的影響。」這一理論還廢棄了歐幾里德幾何學，採用了「曲線」空間或者黎曼④空間的觀念。愛因斯坦說，

$$E = mc^2$$

《我的晚年》(*Out of My Later Years,* New York, 1950) p.41.

《科學論文》(*Essays in Science,* New York, 1934, pp.52, 58)

愛因斯坦還說：「在這種新物理學中沒有場和物質的地位，因為場是唯一的眞

「直線」、「平面」等基本概念失掉了它們在物理學中的精確意義。當然還有許多許多東西都是靠不住的，包括空間黑洞的「獨特性」。現在我們至少可以這樣說，由於這兩個相對論的提出，愛因斯坦使伽利略和牛頓的空間展示了完全不同的面貌。

但正如愛因斯坦所說的，上帝並沒有「和宇宙賭博」。這句俏皮話是對量子力學的新理論家們的嚴厲指責。特別是針對「哥本哈根解釋」的兩位作者尼爾斯·波爾和韋爾納·海森伯⑤的。海森伯在 1927 年發表著名論文，論述「測不準原理」（Uncertainty Principle）：我們只能精確測定一個粒子的動量或者位置但不能既測定其動量又測定其位置。這就推翻了觀察者和被觀察者、測量系統和測量場所之間不可避免的同謀關係。同一年波爾提出了併協原理(Principle of Complementary)：由於

尼爾斯·波爾 (Niels Bohr)對此的反應是:「告訴上帝如何管理世界不是我們的事。」（Werner Heisenberg: *Physics and Beyond*, New York, 1971, p. 81）

實。」轉引自 Fritjof Capra: *The Tao of Physics*, Boulder, Colorado, 1975, p. 211.

韋爾納·海森伯: 「我們觀察的並不是自然本身，而是暴露在我們的研究方法之前的自然。……因此，量子力學正如波爾所說讓我們想起了古老的智慧。……在存在的戲劇中我們既是演員又是觀眾。」（*Physics and Philosophy*, New York, 1962)葉慈:「我們怎麼能從舞蹈了解舞者呢?」（"Among School

光似乎既像波，又像定量的粒子，某些現象中的邏輯矛盾就可以從併協原理的角度加以考察，獲得啟示。我選用了一些很不準確的詞彙來說明上述兩個原理，然而它們的數學表達式卻有令人敬畏的優雅，儘管它們的哲學含義是什麼至今仍爭論不休。

新物理學的某些特徵好像暫時是清楚了。作為一種非偶像的科學，物理學排除了幾何學的模式，以便描述比原子更小的世界。作為一種基本上非語言的學科，它避免了自然語言的含混性和觀念上的強制性。這一新科學不談孤立的、分離的客體，而是談存在的種種概率和趨勢，這樣就模糊了存在的存有論輪廓。正如海森伯所說：

Across the Frontiers (New York, 1974) p. 115.

新實驗告訴我們，我們可以把兩個看來相互衝突的聲明結合起來而不致陷入邏輯困境。這兩個聲明是：

Children")
當波爾被封為爵士時他選擇的座右銘是：對立即互補。1957 年他曾訪問中國，對太極很感興趣。

愛因斯坦對雅克·哈德馬說：「當語言中的詞彙被寫下或講出時，它們在我們的思維機制中似乎不起作用。」莫札特在一封真偽難定的信中說：「我不能在想像中聽見連續的部分，好像一下子同時聽到了它們。」（轉引自 Brewster Ghiselin 編的 *The Creative Process* [New York, 1952] p. 43)

「物質是無窮可分的。」和
「物質中存在著最小的單
位。」

事實證明因果論是一個模稜兩
可的概念，而「物質波」中的
連續性似乎也只是有名無實。
所以，電子可以從一個「軌道」
「跳到」另一個軌道而無須穿
越中介的空間。至於說到客觀
性，那也好像是從經典的觀念
移入的一個虛構，只有當一個
客體與宇宙中的其餘物體而不
是與主體相區別時，它才是有
用的。機械論、決定論和唯物
論在意識流之前，也即在一種
赫拉克利特式的智力之火之前
退卻了。這樣一種認識裏既有
恐懼也有歡欣，海森伯這樣說：

是芝諾(Zeno)⑥
式的悖論嗎？
不，不過是概率
函數 Ψ 解釋了
突然的扭曲。在
我們雲彩的各種
小屋裏也充滿了
「迷人的」、「和
諧的」、「奇特的」
夸克、中子和物
質的其他魔鬼。

*Physics and
Beyond*, p.61.

起初我頗感吃驚。我覺得
透過原子現象的表層我看
到了一個奇特而又美麗的
隱密世界。我覺得眼花繚
亂，對於自然如此寬宏大
量地展現在我眼前的這些
數學結構的寶藏，我感到

> 自己有義務去探索、去開
> 掘。

關於戈德爾證明的附錄

即使是「數學結構的寶藏」也有它們的侷限。在海森伯提出「測不準原理」之後三年，庫爾特·戈德爾(Kurt Goedel)⑦宣稱，每一個邏輯結構都是一個更大的、「更強更力的」結構的部分，沒有一個結構是完整的。斯特羅瑟·帕迪(Strother B. Purdy)這樣說：根據戈德爾(1930)和阿隆佐·丘奇(Alonzo Church, 1936)的有限性定理，可以清楚地看出，某些問題的不可解決性、某些問題的不可回答性對數學的本質來說是根本的，對此我們應有明確的認識。在這些領域裏，數學似乎更像人創造的一種遊戲，而不像對現實的揭示(*The Hole in the Fabric* [Pittsburgh, 1977] p.5)。這就暗示了人的心靈和整個現實之間的不可比較性。讓·皮亞傑(Jean Piaget)⑧認識到這一論點具有神學氣味，異想天開地解釋說：「自從戈德爾提出他的定理以來，上帝本人中止了他靜止不動的狀態。他現在是活生生的上帝，比先前任何時候都生氣勃勃，因爲他在不停地建造『更強有力的』體系。」(*Structuralism* [London, 1968] p.141)。

我以爲這一切很難符合阿諾德關於神的感覺，反倒更接近我們的觀點：因爲從所有可能的結構中建造一個結構的理想似乎是無法實現的，所以知識最終只能停留在不確定的狀態。

> 在一個精密高貴的理性王
> 國裏，任何人文主義者（不論
> 是現代的還是後現代的）都會
> 感到窒息。這裏我們需要回到

我們的主要論點上來：當代文化及其獨特的不確定性。假定我們既不居住在一個牛頓式的宇宙中，也不居住在一個拉普拉斯式的宇宙中，這些新科學能夠怎樣幫助我們建立後現代主義的定義呢？

要回答這個問題，首先要承認回答它是十分困難的。人們告誡我們說，科學上的概念不應和文化上的比喻、文學上的修辭手段混爲一談，而且即便在科學的圈子裏，科學家們對他們自己的種種發現也常常各執一詞，爭論不休。愛因斯坦始終堅持現實主義，反對波爾的工具主義。而薛丁格爾（Erwin Schroedinger）⑨卻不好意思地採取了中間立場。當我們強迫數學形式屈服於關於現實本質的哲學聲明時，我們遇到了另一個困難。數學形式很容易消失，只留下一個抽象的苦笑（在這一方面，卡爾·弗里德利希·封·韋茲塞克〔Carl Friedrich von Weiz-

薛丁格爾關於貓的悖論：

「假定一隻貓被關在一間屋裏，屋裏有一些貓自己無法操縱的『刑具』。屋子裏還放著一個蓋格計數器（Geiger Counter）和少量的放射性物質。大約一個小時後

saecker]爲修改經典邏輯，並把語言模式和數學模式相互聯繫在一起的努力已被證明毫無結果。）最後，我們還必須記住，無論科學對含混有多大程度的容忍，都無法輕易地拋棄它自身賴以存在的內在性前提。「量子論迫使我們不把宇宙看成由客體組成的一個集合，而把宇宙看成由統一體中部分之間的關係構成的一張複雜的網。」這是一位當代物理學家的見解，它應和了懷特海⑩半個世紀之前在《科學與現代世界》（*Science and the Modern World*）中精闢地闡述過的有機主義。

也許在這些令人感到迷惘的理論中暗含著對我們最初的問題的一些答案。那問題是：物理學中的種種悖論能夠怎樣有助於我們理解當代文化？雖然物理學中關於類星體或夸克等新發現在那些人文主義者看來極其陌生──我則以爲它們並不比我們生活於其中的某些社會結構陌生多少──但事實

Capra: *The Tao of Physics*, p. 138.

一個原子可能發生衰變，這時計數器啓動並通過一個繼電器激發一個錘子的開關，發射出一粒含氰化物的子彈。假如一小時後沒有原子衰變，貓就仍活著，可當第一個原子衰變時貓就被毒彈打死。這樣整個系統就說明了這樣的情形：活貓和死貓混淆在相等的部分裏，……原先存在於原子王國中的不確定性，現在變成了一個宏觀的、可感知的不確定性。」轉引自 Jagdish Mehra: *The Quantum Principle*（Dodrecht, Holland and Boston, 1974), 72 ff. 可這隻貓是黑貓？薑黃色貓還是暹邏貓？

卻越來越清楚地表明科學通過它在技術上的延伸已經成爲我們生活中並不陌生的部分。此外，新的普羅米修斯仍像在宙斯時代那樣試圖統一人們的精神。這種努力並不全然是神話的，它就朦朧地藏在我們之中。可以更加肯定的是：我們對科學在認識論上的興趣比科學家們更濃厚，這種科學的認識論可以幫助我們克服認識上的困難。它堅持哲學化，採用自然語言而不是數學語言。連海森伯都承認：

Physics and Philosophy, pp. 201 ff.

我們知道任何理解最終都要訴諸於自然語言，因爲只有通過自然語言我們才能肯定地接觸現實。因此我們必須對懷疑自然語言及其實質觀念的懷疑主義表示懷疑。……這樣，通過自然語言現代物理學也許在人類精神和現實的

「在精神世界的秩序中欲望和事

關係方面開拓了更加廣闊的視野。

簡言之，相對論、測不準原理、併協原理以及不完全性不僅是數學上的觀念，也是構成我們的文化語言的觀念，它們是建立在不確定性和內在性之上的知識的新秩序的部分。在它們之中我們看到了「論述分散」的符號例證。在它們和其他的思維實驗——觀念科學似乎已經走在觀念藝術的前面——中我們也可以發現符合我們這一歷史時代的模式。人們都承認，現在談論科學、文化、各種藝術現象和精神現象之間的類似顯然是太輕易了，但在從認知的角度探索這些同源相似的可能性時完全可以十分嚴謹，十分小心。符號學家烏姆貝托·艾柯（Umberto Eco）這樣說：

當類似被用作進一步求證的起點時，它就不再是不恰當的了。

轉引自 Teresa de Lauretis 譯 "Semiosis Unlimited"，載於

件之間似乎有著十分神祕的關係。……因爲當心靈還原到它最基本的物質狀態時，它已沒有完成的力量，絕對無法維繫自身的完整。」—Paul Valéry 語，引自《創造過程》p. 101.

「一個文學客體永不會到達它多側面的確定性的終點。」「因此通過不確定性能夠超越時間和書面文字的侷限，給不同年齡和背景的人提供進入另一些世界的機會，從而豐富他們的生活。這也許是文學的主要價值之一。」Wolfgang Iser: "Indeterminacy and the Reader's Responce in Prose Fiction," in Hillis Miller ed., *Aspects of Narrative* (New York, 1971) p.10,45.

Journal for Descriptive Poetics and Theory of Literature 2 (1967), 367 ff.

現在的問題是把各種現象（美學的或其他的）還原成更嚴謹的結構模式，不是在它們中尋找模式的類似而是尋找結構上的相似和同構性。

這些同構性不僅可以幫助我們更好地認識文化現象，而且可以幫助我們認識其他模式的不足，包括科學本身的不足。今天的科學既飽含著希望也飽含著威脅。

啓發

這番在科學領域中嚴肅的旅行究竟要把我們引到哪裏去呢？要把我們引向對內在性和不確定性、整體論和自形論、一體化和偶然性、總體性和自由的接受嗎？物理學家和生物學家發現這些術語是兼容的，那些和想像中的矛盾生活在一起的人文主義者也應該看到這一點。

爲什麼批評家們必須在天眞的研究和令人困擾的解構主義、存在和遊戲、「認知的信仰」和「認知的無神論」（E. D. Hirsch 語）之間作出取捨呢？難道不是觀念陳舊得令人生厭的人文主義，就得是沉悶乏味的語言遊戲嗎？人文主義大談「人」、「價值」、「卓越性」、「批評的智力」等，好像這些東西可以由國家人文基金會定爲法規似的。解構主義興高采烈地採用詭辯派的手法，使所有的「文學比喻」變形，使

所有的「本文」非神秘化，最終退化到一種可笑的、令人作嘔的狀態。一方面表現爲理智的懶散，有時甚至表現爲「邪惡的信念」(Sartre 語)；另一方面表現爲荒蕪和不育，表現爲一種失去眞正「歡樂」的「科學」(Nietzsche 語)這兩方面最終喪失的是什麼？是詩、直覺、某種神聖感嗎？

讓我們再想想我們的天才尼采吧：難道他不是勝利的戰士、冷嘲者和「藝術上的蘇格拉底」(Walter Kaufmann 語)嗎？文化是怎樣建立起來的？尼采在他那篇預駁性的文章〈超道德感中的眞理與謬誤〉(Truth and Falsity in an Ultramoral Sense)中說：

> 曾有一個時期，理性的人和直覺的人同時存在，他們一個充滿對直覺的恐懼，另一個充滿對抽象的輕蔑；後者的非理性正像前者的非藝術性一樣嚴重。他們都渴望駕馭生活。……無論何時，只要直覺的人揮舞的武器比他的對手更有力、更成功，就會出現有利於文化和藝術發展的環境，文化和藝術就能夠在生活中起主導作用。希臘早期就是這樣一個典型的例子。(Geoffry Clive 編 *The Philosophy of Nietzsche* [New York, 1965]，514 ff.)

一種「文化可以自己發展」，克服我們自己的「延宕」(Harold Bloom 語)並用那創造了我們的科學和詩的力量重新塑造我們自己的時候已經到來了嗎？

4　關於緋魚：紅色的、銀色的、紫色的

我們正確定無疑地接近後現代主義中有爭議的問

題。不過，有些問題是我一開始就打算澄清的，而
另一些問題卻是準備放到括號中去的，或者在上下
文中略而不談的。（參閱下文頁145～151）

啓發

毋庸置疑，就我們的願望來說，後現代主義只能是一個很糟的術語，
它根本不足以描述我們想要把握並留給後代的生活。那麼，我們該怎
樣稱呼我們這個時代呢？稱它爲不確定的時代嗎？內在性的時代嗎？
或者不確定內在的時代嗎？或者乾脆稱它原子時代？

5　我們時代的文化事實

我們能夠指望從我們這個（後現代的）文化中獲得
什麼樣的事實和證據呢？我們也許只能得到一些偶
然的說明：社會的小古玩、理智的零碎物、過時的
想像力的閃光的碎片，這一切都以刺耳的不諧和音
表達出特別的主題和變奏。我想在這裏冒然提出七
個主題來說明這文化上的刺耳聲。

a.不確定性。在文化思想中像在科學思想中一樣，不確定性充滿
了力圖瓦解（分散、解構、切斷連續性）事物的意志和力圖整合事物
的意志之間的空間。不過，文化上的不確定性表現出更大的狡詐和結
合力；選擇、多元性、分裂、偶然性、想像只是它含混特徵中的一小
部分。我將在後文適當的地方談到這些特徵。

b.過程和變化(Process and Change)。在一個技術的世界上，一
切都是流。時間機器已經是後工業機器，它既加速生命，也加速死亡。

從最壞處說，過程可以把邏各斯轉變成「工具理性」（instrumental reason）；使人變成「單向度的」（one-dimensional）人（Herbert Marcuse 語）。從最好處說，過程允許發生變化、驚奇、創新；宣佈存有對時間的開放性（Martin Heidegger 語）。可是這種形而上的直覺極少滲入我們的政體，在那裏，客體甚至各種組織和體制都只是曇花一現轉瞬即逝的。在一個「感覺的時代」（age of sensation）裏（Herbert Hendin 語），人們追求滿足卻不願付出與承諾。物化（reification）變得很可疑。正在興起的未來學（Herman Kahn & Co.）使目的論過時。這樣，過程就比任何共同的目標或變化形式更容易成為歷史上價值的唯一源泉。

　　c.自我的衍射（The Diffractions of the Self）。從「自我的喪失」（loss of self ［Wylie Sypher 語]），經過「酒神式本我」（Dionysian ego ［Norman O. Brown 語]）和「分裂的自我」（divided self ［R. D. Laing 語]）到「變幻無常的人」（protean man ［Robert Jay Lifton 語]）和「解構的自我」（deconstructed self ［Leo Bersani 語]），個體的本質特徵已經衍射了。有些人搞變換面具的「神話療法」（mythotherapy ［John Barth]）；有些人仿效老辦法搞「新實變體」（new mutants [Leslie Fiedler]），完全沉溺在性、迷幻劑、瘋狂的放蕩狀態中；還有許多人則培植出一種「新的自戀癖」（new narcissism ［Peter Marin]），靜靜地消失在他們自己的銀色折光裏。這就是「人們玩的遊戲」（games people play ［Eric Berne]）。不過，在當代所有的藝術領域裏，自我這種荒誕的衍射卻產生了輝煌的新結構。

　　d.欲望的位移（The Displacements of Desire）。欲望在所有暴力的、五花八門的形式中得到解放。歷史上別的時代很有可能荒淫無

度，但沒有一個時代像當代這樣如此敏銳地感受到欲望的內在性，也沒有一個時代如此全面徹底地把欲望變爲反映的對象。的確，今天欲望已變成了一種享有特權的理論論述，變成了我們文化中喋喋不休的談資。國內外的新佛洛依德主義者和後佛洛依德主義者（桑道爾・弗蘭采［Sandor Ferenczi］、威廉・賴希［Wilhelm Reich］、米蘭妮・克萊因［Melanie Klein］、雅克・拉岡［Jacques Lacan］，吉爾・德勒茲、費利克斯・瓜塔里［Felix Guattari］、讓-弗朗索瓦・李歐塔等）大大促進了欲望語言的傳播，甚至也許把它們譯成了密碼，植入了人的肉體中。美國最近出現的一些觀念，如「剩餘壓抑」(surplus repression)和「壓抑的倒昇華」(repressive desublimation ［Herbert Marcuse 語])、「多種形態的性變態」(polymorphous perverse sexuality ［Norman O. Brown 語])、「文本的愛欲」(the erotics of texts ［Susan Sontag 語])、「分裂的、斷續的慾望的心理學」(psychology of fragmentary and discontinuous desires ［Leo Bersani 語]) 等，可能暗示了愛的向性(tropism)以及它在個人生活和文化生活中的位移。

　　e.傳媒的內在性(The Immanence of Media)。我們可以從固騰堡(Gutenberg)開始，不過，卻不會在麥克魯漢那裏結束。「機械複製時代的藝術品」(work of art in an age of mechanical reproduction ［Walter Benjamin 語])和「沒有圍牆的博物館」(museum without walls ［André Malraux 語])預示了「大衆文化」(mass culture)和「中間崇拜」(mid-cult) [Robert Warshaw, Dwight Macdonald 語] 將呈現更大的勢頭，指向了「第一號旅行者」(Voyager 1 ［Carl Sagan 的作品])，把巴哈(John Sebastian Bach)、貝多芬(Ludwig von Beethovan)和查克・貝里(Chuck Berry)⑪的

音樂帶入了宇宙的虛空中。傳媒就近在我們身邊，成了我們日常生活
中的全部內容。傳媒溶入了各種結構、事件和「形象」(Daniel Boorstin
語)，或者像在水門那樣，永遠消失在「傳話」(mid-speaking)和私人
的錄音帶之間。歷史被置於舞台上，不像是一場演出，倒更像是一個
偶然發生的事件，呈現在它自己面前。「幻像的政治」(politics of illu-
sion [Harold Rosenberg 語])取得了勝利。從射電天文學到我們最
隱祕的心臟的醫療處置，傳媒的內在性導致了邏各斯的分散(the dis-
persal of the Logos)。

　　f. 天地的交合(The Marriage of Earth and Sky)。宗教和科
學、神話和技術、直覺和理性、通俗文化和高級文化、女性原型和男
性原型開始相互限定，相互交流信息。不論在哪裏，我們都可以看到
「跨越界限，彌合裂縫」(Leslie Fiedler 語)的努力。在「兩種文化」
(two cultures [C. P. Snow 和 F. R. Leavis 語])之外，在「神祕
主義者和機械論者」(mystics and mechnists [William Irwin
Thompson 語])之外，在「田園隱居者和技術熱衷者」(arcadians and
technophiles [Ihab Hassan 語])之外，一種新意識的輪廓開始形成。
於是，生態學上並不「沉默的春天」(silent spring [Rachel Carson
語])、「新點金術士」(new alchemists [John Todd 和 William
McLarney 語])、意識形態的或夢幻的「雌雄同體」(androgyny
(Carolyn Heibrun 和 June Singer 語])、「物理學之道」(Tao of
physics [Fritjof Capra 語])、甚至「單一的感受性」(unitary Sensi-
bility [Susan Sontag 語])都要求我們的知識系統中有一個認識論上
的轉變。

　　g. 新的諾斯替主義或存在的非物質化(The New Gnosticism,
or the Dematerialization of Existence)。這裏我們遇到的是邏各斯

分散中最思辨的階段。自然變成了「歷史」(Karl Marx 語)，文化變成了「象徵性語言」(Lewis Mumford 和 Ernst Cassirer 語)，而語言開始變成「非感覺性交流工具」(nonsensory communication[Jose Delgado 語])，這種「諾斯替敎式的傾向」(gnostic tendency [Ihab Hassan 語])表現爲存在的逐漸「稀薄化」(etherealization [Arnold Toynbee 語]或「短命化」(ephemeralization [Buckminster Fuller 語])或「觀念化」(conceptualization [Ervin Laszlo 語])。智力結構——按尼採的說法是「虛構」——成了地球上的主要資源，成了人們知識的源泉。心靈堅持要包含更多的心靈，堅持要毫無中介地把握更多更多的現實。在這一點上，物理學家(Gerald Feinberg)、神秘主義者(Theilhard de Chardin)、寓言家(Olaf Stapledon, Arthur Clarke, Alfred Bester, Theodore Sturgeon, Ursula LeGuin, Samuel Delany, 等)好像來自具有相同想像的同一個集團。然而我們必須提出這樣的問題：這種意識的延伸究竟在多大程度上是成問題的？在多大程度上像惡魔似的？在多大程度上是幻覺的？

了解了上述七個方面的主題之後，我們即便不是總能聽到或看到也可以常常推導出不確定性和內在性的作用。然而，這些主題不也是我們自己想像的地毯上的線條、符號和圖畫嗎？我想不完全是。現在，我要回到關於不確定性的第一個主題上，讓我們看看我們的文化在其祈願的、偶然的、多樣的情緒中具有多少種不確定性。下面是以隨意的順序列出的十二種文化的不確定性：

其一：社會鼓勵人從政治、宗敎等組織脫離。不同的種族、性、階級、語言、年齡集團提出各自的要求和相反的要求。不同的價值之間互相碰撞。恐怖主義和極權主義、無政府主義和官僚主義同時並存。不過，美國的多元主義仍能夠在這樣的形勢下盛行。但是丹尼爾，貝

爾(Daniel Bell)的觀點卻比較陰暗，他認為，經濟、政體、文化這三個社會領域之間的不協調產生了危險的矛盾；「現代主義已經山窮水盡，形形色色的後現代主義……都是自我的解體，其目的是抹掉個體的本我(individual ego)」。(*The Cultural Contradictions of Capitalism*[New York, 1976] 29.)

又：在宗教領域，全基督教主義(ecumenism)和祕教主義(esotericism)盛行。佛教禪宗(Zen Buddhism)、瑜珈派(Yoga)、密宗派(Tantrism)、錫克教派(Hari Krishna)、超在禪定派(Transcendental Meditation)、「阿里卡」(Arica)和「納羅巴」(Naropa)學院派、畢達哥拉斯派(Pythagoreanism)、蘇菲派(Sufism)、德日進派(Teilhardism)⑫、卡巴派(Kabalism)、哈西德派(Hassidism)、諾斯替派、靈智學派(Anthroposophy)、薩滿教派(Shamanism)、黑白巫術派(Black and White Magic)、煉金術士派(Alchemy)、占星術派(Astrology)、唯靈論派(Spiritualism)、迷幻劑派(Psychedelism)等等祕傳教派包圍著我們怯生生的靈魂。教會承認婦女有當牧師的權利，可原旨基要派教徒卻對此大發雷霆。也許這一切都很好地總結在戴維‧密勒(David L. Miller)的著述中了。他曾引述尼采(「在多神教裏，人的自由思維和多面性思維具有一種原型的性質：成了一種創新的力量和富有個性色彩的眼睛……」)並宣佈了許多男女神歡樂的再生(*The New Polytheism*[New York, 1974] 1)。

又：世俗心理中的男女諸神也大量復活了：伊薩林集體心理治療(Esalen)、格式塔心理學(Gestalt Psychology)、人的潛能運動(Human Potential Movement)等。更有意義的是，亞伯拉罕‧馬斯洛(Abraham Maslow)探索了人性中最遠的邊界；詹姆斯‧希爾曼(James Hillman)揭示了心理分析的單一神話，倡導一種多神教的心理學。我們知道，

在他們之前，諾曼・奧・布朗曾用頗富詩意的語言寫道：「每一樣事物都是隱喻，這個世界上只有詩。」他的目的是使身體從生殖系統的專制下解放出來，同時也讚頌破碎的開放狀態。不過，布朗也曾不合時宜地談論過一切事物的同一狀態，說過「治癒就是使完整」之類的話。（*Love's Body* [New York, 1966] 266, 80）

又：莫斯・佩克姆（Morse Peckham）認為，人對混亂的憤怒可能是一種生理機制，其作用在於抵制強加於人的秩序和封閉狀態的社會需要。他說：「用一句老話來說，形成秩序的力量是一種陷入污泥中的力量。」藝術可以起抵抗這種趨勢的作用，它將自身作為一種遊戲的、分離的調整手段奉獻給了人們。「藝術是一種暴露，它把自己暴露在虛假（想像）世界的張力和問題面前，這樣，人就能夠忍受自身被暴露在真實世界的張力和問題面前的［窘態］。」（*Man's Rage for Chaos* [Philadelphia and New York, 1965], xi, 314）

又：一位科學哲學家保爾・法伊爾阿本德（Paul Feyerabend）爭論說：「科學在本質上是一種無政府主義的事業；理論上的無政府主義比起它的替補者法律和秩序更具有博愛精神，更能鼓勵進步。」學識宏富、頭腦清醒但行為古怪的法伊爾阿本德把自己看成一個新的達達主義者，「隨時準備進行愉快的實驗，即使是在那些不可能發生變化和進行實驗的領域，他也願意試一試。」（*Against Method* [London, 1975] 17, 21）

又：萊布尼茲（Gottfried Wilhelm Leibniz）相信，我們的世界只是無窮的可能世界中的一個，是這個時代的一個數學奇觀。索爾・克利普克（Saul Kripke）從萊布尼茲的思想獲得啓示，引申了模態邏輯的疆界，以便區別不同「可能世界的語義中」真實陳述的種類。這樣，思維中

最形式的方式似乎會接納祈使語氣。像克利普克這樣的數理邏輯學家也因此向分析哲學的正統性提出了挑戰。（Taylor Branch: "New Frontiers in American Philosophy" [*New York Times Magazine,* 14 August 1966]）

又：每一個領域中的獨創性現在都被看作對含混的一種容忍，看作走向複雜性和不對稱性的一種趨勢。弗蘭克‧巴龍（Frank Barron）曾為研究獨創性進行過許多精巧實驗。他說：「獨創性在（不統一）的中止（suspension〔of disunity〕）處於最低水平的地方，在為了獲得更高水平的整合而容忍某種程度的解體的地方能夠繁榮起來。」（*Creativity and Personal Freedom* [New York, 1968] 212）

又：在今天的批評理論中，爭論的中心議題是「多元化的限度」許多人都在討論「批評家即革新家」的說法（*Critical Inquiry* 3, nos. 3 & 4 [Spring and Summer 1977] and 4, no. [Autumn 1977]；and the *Chicago Review* 28, no.3 [Winter 1977]）。心理分析批評家講分析中的「第三階段」，這個階段冒著被說成是個人和不完全見解的危險，以便恢復個人解釋的地位。諾曼‧荷蘭德（Norman Holland）說：「有多少讀者就能有而且應該有多少種讀解法。」（"Literary Interpretation and the Three Phases of Psychoanalysis" [*Criticl Inguiry* 3, no.2 〈Winter 1976〉 233]）。總之，對立批評家（antithetical critics）、解構批評家、批評小說家（critifictioneers）、超批評家（paracritics）──都願意處於匿名狀態──爭相表達自己的憤恨和不滿，而傳統派批評家們也橫眉冷對，毫不示弱，溫和派批評家們則疲憊不堪地尋找可能，要重新肯定批評的「責任」。

又：在事實中像在虛構中一樣，在社會中像在文學中一樣，事實

和虛構相互碰撞，相互混合，因而有卡波特的「非虛構小說」、斯泰龍
(William Styron)「對歷史的沉思」(meditation on history)、梅勒的「作
爲傳記的歷史」、和湯姆·伍爾夫的「新新聞」，不一而足。這些事實與
虛構相混的新類型的出現促使馬薩德·查瓦查德(Mas'ud Zavarzadeh)
在理論上提出了一種「虛實」(fictual)類作品的概念。這樣的作品拒絕
「總體化」、整合化。這些作品呈現出「一片經驗的區域，在那兒事實
不再是牢靠的、清晰的，而是顯出異常的古怪和恐懼，可虛構卻好像
並不全都那樣遙遠和陌生，反而與日常生活顯出某種神秘的類似。」
(*The Mythopoeic Reality* 〔Urbana, Ill. 1977〕 56)

又：現在，歷史學家寧願替卡利俄珀(Calliope)服務，而不願爲克
利俄(Clio)⑬服務。按照海登·懷特(Hayden White)的說法，歷史是由
詩學和形上學組成的：「起主導作用的比喻形式及其伴隨的語言體系不
可還原地構成了每部歷史著作『後設歷史的』基礎」(*Metahistory*
〔Baltimore,1973〕, xi；還可參見安格斯·伏萊契〔Angus Fletcher〕
編：*The Literature of Fact* 〔New York, 1976〕和 *New Literary
History,* 8, no. 1〔Autumn 1976〕)。關於新修辭學家，暫時就講這些。

又：空間修辭學家是建築師，他們也談論新「語言」，這種語言與
現代主義繁榮時期語言那種嚴峻的、銳利的、純潔的、線型的風格大
相徑庭。查爾斯·詹克斯(Charles Jencks)在談到後現代建築時說：「現
在的形勢容忍種種相反的方法。……如果說只有一個方向的話，我希
望讀者發現它是一個多元的方向：建築師必須掌握數種傳達思想和信
息的風格和方式，以便適應他爲之設計的某種特定文化的需要。我過
去稱這一想法爲「特定主義」(adhocism)，現在採用「激進的折衷主義」
的說法。(*The Language of Post-Modern Architecture* 〔New York and
London, 1977〕7)的確,正像詹克斯後來說的那樣，建築已經變成各種

次文化和「符號組合」(semiotic groups)的機智的大廈。

又：即便是符號學(所有符號的科學、也是我們這個時代的符號)也導向了社會現實的全面含混，並認識到一種文化中語義領域必然要出現不斷的轉變，這種轉變儘管會受到語言規範的制約，仍能成爲一種創造，仍能改變符號遊戲的規則。烏姆貝托‧艾柯感覺到符號學正處在某種不確定性的控制下。他說，「符號學並不像勘探海洋那樣，當船駛過後船後的踪跡消失得無影無踪，而像勘探森林那樣，後面留下的車印和人的腳跡清晰地標示出被勘探的土地，這樣，勘探者就必然能夠在描述勘探的情況時把他所造成的種種生態變化也考慮在內。」(Umberto Eco: *A Theory of Semiotics* [Bloomington Ind, 1976] 29)

毫無疑問，這些文化主題的變化是難以數計的。當心靈變成了它所理解的事物的一部分時，這種種變化就會在心靈中應運而生。現在看來，其中一些變化可能仍是六十年代的遺跡。那個奢華的十年已經消失在它自己的辭藻和我們的侷促不安中了。我終究相信，不確定性既不會是一個時髦的術語，也不會是一個人爲的術語，而是我們的知識新秩序中的一個決定性因素。在不確定性的另一面即是內在性。內在性特別明顯地表現在藝術中。

啓發

在我們這個世界上有許多選擇或不確定性,是不是也有同樣多的控制、操縱和折磨呢? 這種不確定性和內在性的結合不是也曾出現在浪漫主義大師的頭腦中嗎? 一位年輕的詩人在一八一七年十二月二十七日的一封信中說:「突然我產生了這樣一個想法, 一個有成就的人特別是一個有文學成就的人該有怎樣的品質呢? ……我指的是負面的能力(Negative Capability), 即一個人在充滿不確定、神祕、疑慮的處境

中，無法弄清事實和獲得理性之際所具有的生存能力。」講這話的人是英國詩人濟慈。自從濟慈的時代以來世界發生了什麼樣的變化呢？

　　也許我們對內在性的感覺突然變得更具有符號和技術的意味了，同時我們對不確定性的感覺也不再只是一種推測，而幾乎成了我們文化良心的一條法則。現在流行的一些說法像「非連續性時代」(The Age of Discontinuity)、「不確定性時代」(The Age of Uncertainty)、「焦慮的時代」(The Age of Anxiety)、「藝術定義的瓦解」(The De-Definition of Art)究竟還有什麼別的含義呢？為什麼查爾斯・奧爾森(Charles Olson)要在他那篇論特別史觀的文章中提出，負面能力對今天的「後現代人是至關重要的」呢？

　　燕卜蓀的含混、布魯克斯的悖論曾從現代主義者的眼光描述了風格主義文學的風格，那麼，不確定性和內在性是不是從另一個（後現代主義的）角度暗示出我們對自我和世界、語言和現實的看法呢？

6　在藝術中

維吉妮亞・吳爾芙知
代主義開始的準確時
十二月前後」。我承認
念在我的頭腦中從來
要問我不確定內在性
的，我實在答不出。
候開始的，藝術中的
目前批評界關注的首
僅出現在國內外的前
出現在國內外大學和

例 如: Terma, I
(1976); Amerikastud-
ien, 22 no. I (1977); Kri-
tikon Litteratum, 2
(1973)和 5 (1976)，這

道人性發生改變和現
間:「大約一九一〇年
，事物開始的時間觀
都是模糊不清的。若
藝術是什麼時候開始
然而不論它是什麼時
（後現代主義）正是
要問題。評論文章不
衛派雜誌上，而且也
學術機關的學報上。

份刊物刊登了 Manfred Püts 和 Hartwig Isern-hagan 的文章。

讓我們先來考慮一般文化中一樣，藝許多樣式，不一而足句式(parataxis)，應盡數的藝術形式：雜蒙太奇式(montages) Music)、偶然事件機和拓樸藝術(com-cal art)、地景藝術(ea-(body art)、動態和process art)、觀、最低限主義藝術(mi-歌(concrete poetry) (found objects and 雕塑 (auto-destruc-派藝術 (absurdists) (uncanny and fan-形色色不完全的(par-continuous)、減少

「我們發現當代有成就的人——貝克特、羅勃-格里耶、葛拉斯、巴羅斯、戈達爾之輩——的主要品質似乎是一種負面能力，因為他們代表了這個時代人類生活中拒絕改造、征服的力量和反對消解意識中不確定性和含混性的努力……」(Nathan A. Scott, Jr. *Nagative Capability* [New Haven, 1969] xiv)約翰·凱奇也是一個關鍵人物。

＊

關於黑色幽默和「多樣性的形上學」：「我把它稱作皮朗主義(Pyrrhonism)……激進的詭辯論。」(Max Schultz: *Radical Sophistication* [Athens and Ohio, 1969] viii)

一下不確定性：像在術中的不確定性也有。從負面能力到排比有盡有，形成了難以亂拼湊式(collages)、、偶然音樂(Aleatory (happenings)、計算puter and topologi-rth art)、身體藝術過程藝術(kinetic and念藝術(concept art) nimalism)、具體詩、隨手拈來的藝術品ready mades)、自毀式tive sculpture)、荒誕、古怪和奇異的形式tastic modes)以及形tial)、不連續的(dis-的(decreative)、荒

唐的(ludic)、反身的
…形式。上述種種「
同的方式延緩封閉、
、保持一種嬉戲的多
中的意義場。

*

「荒誕時代反形式主
義的需要」（William
Spanos: *Existential-
ism* 2〕169）

*

「機會是必然性的補
充, 而必然性是機會的
決定因素, 它們的相互
關係則是一場遊戲。」
(Jacques Ehrmann:
"Introduction:
Games, Play and
Literature" 〔*Yale
French Studies*, no.
4l, 1968, p.5〕)

*

論遊戲理論和文學的
系統研究:「我們把潛
在文學叫做形式研究,
即對作家可以隨意地
採用的新結構的研
究。」(Raymond
Queneau in *OULIPO*
〔Paris, 1973〕 38)

*

「變化……是藝術和
藝術家的分離－藝術
品中一種全面的、訓練
有素的缺失, 正如我們
從藝術家有意創造的

(self-reflexive)、…
藝術」都力圖通過不
挫敗期望、鼓勵抽象
元角度、轉換觀衆心

種種形式中體驗到的那樣。」(Louis Mink: "Art without Artists" in Ihab Hassan ed., Lib-erations〔Middletown, Conn., 1971〕80)

*

「現代主義似乎強調創造性情感和藝術品之間的關係、講話者和信息之間的關係：而後現代主義卻強調信息和講話對象之間的關係。」(Gerhard Hoff-mann, Alfred Hormung, Ruediger Kunow: "Modern, Postmodern, Contemporary"〔Am-erikastudien, 22, no.1, 1977〕40)

*

「這個世紀富有創造性的藝術家和思想家們反叛的是按照句法組織起幻象的原則、是要把現實組織成服從與操縱的意識。……無關聯詞的排列句式力圖抵制將形象和感覺安排成等級體系的衝動。」
「無關聯詞的排列文體是一種複雜的團體

風格而不是一種社會風格：它在本質上是民主的、平等的，而不是貴族的、菁英的。本世紀藝術和思想中這種無關聯詞的併置法則的再生可能並不意味著向神話的倒退，也不意味著一種新的極權主義的來臨，而是一種意識變化的需要，這種需要最終將使人性的統一成為可能。」
（Hayden White: "The Culture of Criticism" in *Liberations*, ed. Hassan, 67, 69）

這樣，不確定性的法則和不以個人喜喜歡採用無關聯詞的前法國批評古怪的修而少用隱喻；常用無tagmatic）而少用詞句式（paradigmatic）少用實在的方式；在間裏」喜用孩子的方。

在藝術中就有它自己愛為轉移的品質。它排列並置文體。在目辭中，它常用轉喻，關聯的併置句式（syn-義關聯和詞形變化的；多用遊戲的方式而一個「排斥父母的空式而少用父母的方式

這裏最有代表性的說法是「排斥對根源和父母的追尋，更多地依賴遊戲而不是不同層次

的象徵；更願意接受不在(absence)而不願接受一種沉悶的、否定的神學；語言成爲我們唯一的「主子」，成了遊戲、歡樂而不是符碼——所有這一切可以歸納爲一句破除神祕的話：人高於一切。」(Michel Benamou: "Displacement of Parental Space: American Poetry and French Symbolism" [Boundary, 2, 5, no. 2, Winter, 1977] 483)

在差不多所有的人——這一點總是可疑的——看來, 詩界主要的非父母是斯蒂文斯、龐德、威廉斯。在約瑟夫·瑞德爾(Joseph Riddle)看來, 從父親到兒子是 Paterson, 或者就是語言。(The Inverted Bell [Baton Rouge, 1974], Ch. 1, esp. 83ff.)

不過, 在不確定意義上的沉默狀態——、蘇珊·宋妲格和我性的遠端, 一種比喻——格奧爾格·施泰納都從不同的角度對這

種沉默狀態做過闡釋
。沉默始於文學中的
提出疑問，進行論爭
模仿、顛覆、激烈反
在那裏，即在意識黑
要完全消耗掉或超越
成功。正是在那裏，
性的夢逗弄著文學、
它們回到甦醒狀態，
守靈》中那樣。

——佔據了主導地位
「實驗」，即對自身
，通過對自身的滑稽
諷到達言語的邊緣。
暗的邊緣區域，文學
它自身——但卻不能
在沉默的邊緣，內在
逗弄著一切藝術，使
就像在《芬尼根們的

《芬尼根們的守靈》有
意搞語言的自由遊戲，
它是一間符號的老古
玩店、博物館、客棧、
夢的空間。我們怎樣來
讀解這部作品呢？
……我們和你們發現
了什麼？「我們」和「你
們」意味著什麼？一種
對話式嗎？第一人稱
和第二人稱、文本和讀
者——就像 Shem 和
Shaun 溶入 HCE, Issy
再溶入 ALP, 而 ALP 最
終溶入 HCE⑭那樣
——溶入一片相互主
體性的領域，永遠不斷
地閱讀自已，或者說溶
入了一片文本之間的
領域，永遠不斷地膨脹

著：也即永遠不斷地讓「人人閱讀我」(all-read-I)嗎？(Charles Caramello: "Postface" in Michel Benamou and Charles Caramello eds., *Performance in Postmodern Culture* [Madison, Wis., 1977] 222)

內在性確實暗含伸的最遠端。它已經了包括文學在內的一統的性質。說到文學(Charles Altieri)曾，柯勒律治和華茲華義和內在性兩種模式成了(後現代)詩學的

在符號分散、意識延毫無形上意味地變成切不斷擴張的符號系，查爾斯・阿爾蒂里頗有說服力地爭論說斯分別預見了象徵主，如今正是內在性構基礎。

「後現代詩人們一直在尋求揭示人與自然統一的方式，這樣就可以把價值看作各種內在過程的結果，在這個過程中人既是客體又是創造的代表。」

「在現代人看來，化身樹立了形式和有意味的價值相結合的典範，否則自然世界就是一片空虛和渾沌，而在當

代（後現代）人看來，
上帝說明自己是能量，
是內在力量的強烈表
現。」
不相信象徵主義，從而
也不相信媒介——「後
現代主義詩學具有激
進的新教意味」
——「後現代人尋求使
一般事物具體化的途
徑，這樣，個別事物就
是超自然的，而不是典
範的。」(Charles Altieri,
"From Symbolist
Thought to Immanen-
ce: The Ground of
Postmodern American
Poetics" 〔 Boundary,
2, 1, no. 3, Spring
1973〕 608, 610, 611)

這一點實際上可
後現代主義的）藝術
向體系而不是客體的
常使用這些體系裏的
以交流的經驗流成型
這樣，它就變成了信
entropy）而不是歷久

「換言之，如果我
們把軟體的含義擴展
到包括整個藝術信息

用來說明其餘一切（
。在一個不斷地被引
社會中，藝術必須經
透明因素；必須使可
、變化、明顯可見。
息系統中的負熵(neg-
不衰的傑作。

的處理過程的話，藝術
書籍、藝術目錄、藝術
訪談錄、藝術評論、藝
術廣告、藝術銷售和藝
術合同就都是藝術軟
體的延伸，這樣，它們
就都合法地體現了藝
術品。所以，藝術客體
實際上成了一個信息
『觸發器』。」（Jack
Burnham: *Great West-ern Salt Works* ［New
York, 1974］ 28）

藝術作為一種內在性
了藝術的每一個領域
，並再次想到了自己
：為語言和藝術創造
成一個巨大的指符，
始講話。可是在許多
Newton)和海倫・哈
)的生態藝術或者達
pien)和邁克爾・辛
的祭儀藝術──中，
激的行動變成了一個
、非個人的幻象的一
況下，藝術中奧祕的
出了某種古怪的一致
義的《創世之書》(

體系或場的概念預示
不斷增長的抽象能力
那個頗為自信的事業
條件，使人類環境變
使一切沉默的物質開
藝術──譬如紐頓(
利遜(Helen Harrison
里爾・薩平(Daryl Sa-
頓(Michael Hinton)
引起官感快樂甚至刺
神聖的、彷彿泛神的
部分。在另外一些情
方法和系統的方法顯
。例如，猶太神祕主
Sepher Yetzivah)裏

的希伯萊字母以令人
類所有符號系統和創
(Jack Burnham) 研
、諾斯替神祕主義的
說,在神祕主義的某
象的作品之間發現了
些類似似乎隱祕地暗
是集中表現在「無動
ics of indifference
合: 不確定性和內在
智和瀰漫的愛欲的混

蘇珊·宋妲格強調了諾
斯替神祕主義和猶太
神祕主義對阿爾托的
影響。(參見她的
*Antonin Artaud:
Selected Writings*
[New York, 1976]
xiv-liii)阿爾托和杜象
是我們的兩位先驅、兩
位超自然的神祕藝術
家。一位衝動,一位冷
靜。他們都是擺弄破碎
物的大師,爲一切服務
的侍者。
「從本質上說,《大鏡
子》⑮說明了形成希伯
萊字母力量的那種方
式,而『現成物作品』
則使用希伯萊字母的
力量產生將要形成的
藝術。」
「在猶太神祕主義文
學和傳說中,物質的四
大要素通過不同的排
列組合形成固定的形
式。這就是說,它們具
有數學和心靈上的有
機性,不可能把語言和
藝術形式分開。……杜
象所作的正是這些。」
「所以在杜象的隱秘
體系中,感到上帝存在

費解的組合構成了人
造的法則。伯納姆(
究了猶太神祕主義的
、煉金術士的某些傳
些智慧和馬塞爾·杜
某些驚人的類似。這
示出杜象的謎,那就
於衷的美學」(aesthet-
)裏的一種獨特的混
性的混合、斷續的機
合。

於一個偶像中的觀念
是很弱的，而感到上帝
存在於一切中的觀念
卻是很強的——這正
像在透視法中看到的
上帝是聖像畫法中低
劣的形式一樣。」

「採用猶太神祕主義
設計的分類原則，我們
發現『新娘』可以被分
割成不同的『活的物質
要素』：

火：藝術包含互補性

氣：藝術採用不確定
　　性

水：藝術使用因果律
　　和含蓄的方法

土：藝術與眞正的物
　　質和精神發展的
　　原則相關。」

（Burnham:　*Great
Western Salt Works*,
75, 79, 93, 115）

　　對這位《塩販子
du Sel）就說這麼多
不懂得這樣一個煉金
素的智慧達到頂點時
重新結合（通過揮發
和吸入原理）。可是

》作者（Marchand
吧。他也許懂得也許
術的三角：在雄性激
，塩可以使水銀和硫
和分散原理以及凝固
杜象和那些不同流派

的奧祕主義者怎麼能
詩學呢?

夠真正地代表我們的

「許多後現代的小說
都是奧祕的作品,等待
著人們去解密,就像在
一場原始的儀式中那
樣:要想讀解它,我們
必須具有洞穿一切的
眼光和能力,這種能力
能使我們把我們的讀
解轉變成世界的文
本。」(Campbell Tath-
am: "Mythotherapy
and Postmodern Fic-
tions" [*Performance*]
153)

*

「除了對創作中的精
神狀態有直接的描述
之外,猶太神祕主義還
提供詩產生影響的過
程模式和種種可商榷
的解釋途徑的地圖。猶
太神祕主義比近來法
國批評中的各種流派
更大膽,它是一種關於
寫作的理論,它取消寫
作和富有靈感的演講
之間的絕對界限,甚至
取消存在與不在(pres-
ence and absence)之

間的人爲界限。」（Harold Bloom: *Kabbalah and Criticism* 〔New York, 1975〕52）

我們無須再舉出
種已足以說明我們這
體系太多太多，這些
脫另一種體系的奴役
太神祕主義比對解構
。當然，我無意強迫
選擇。不過這裏有一
，那就是無論我們的
們對杜象的態度是什
到不確定內在性的藝
中心和邊緣地帶發揮
身和自我投降之間發

更多的例子，上述種
個時代產生的隱喻和
體系可以幫助我們擺
。坦白地說，我對猶
主義懷有更多的同情
任何人在二者間作出
個更值得注意的問題
哲學見解是什麼，我
麼，我們仍然可以看
術怎樣在我們的文化
作用，怎樣在自我反
揮作用。

下面按字母順序列出
一些名字：A. R.
Ammons, David Antin,
John Ashbery, John
Barth, Donald Barth-
elm, Christine Brooke-
Rose, John Cage,
Christo, Merce Cun-
ningham, Jasper
Johns, Allan Kaprow,
Robert Morris, Alwin
Nikolais, Nam June

Paik, Thomas Pynchon,
Robert Rauschenberg,
Michael Snow, Robert
Wilson, Andy Warhol,
LaMonte Young, etc.

啓發

　　雖然杜象頗具諷刺意味的泥土占卜（geomancy）並不能代表我們
所有的藝術，更不消説我們包含不同成分的文化，但他那藝術家的形
象卻依然挺立在我們心中。可是我們現在仍可以提出這樣的問題：我
們這樣時而談論科學，時而談論神祕是否是一種惱羞成怒或自我放縱
的標誌？

　　這確實是不確定内在性的危險：它造成每一種意識形態的恢復、
吸收和同化。它未獲得明確的説明，但又廣爲傳播，那就可能給需要
或奇思異想以過分廣大的空間。不過需要也是一種慾望、一種期待。
那麼，我們應該怎樣在這種在認識論上等同於暴力，可以不斷使我們
從混亂中獲得新知的不確定内在性下生活呢？

7　人的和沒有結論的

　　「人是衡量一切事物的尺度。」「世上奇跡千千萬，沒有任何奇跡
比人更奇妙。」「人是一件多麼了不起的作品」。自從普羅塔哥拉
（Protagoras）、索福克勒斯、莎士比亞對人作出上述評價以來，人的
外觀尺寸並沒有多大改變，但在總體上畢竟是發生了變化。

　　讓我們看看尺度標準的簡單概念：一米。自密封在塞夫爾（Sèvres
）的眞空玻璃箱中的鉑銥尺被定爲一米以來,它作爲長度標準已經爲人

類服務了一個多世紀。可今天的長度標準卻是光譜儀上光的波長，氪86 的一條橘紅色的線。這種改變可以說是一種非物質化。我們不妨進一步看看杜象的「罐裝的機會」，這個作品有三條線，每條一米，分別由金屬、煤氣、卷繩製成，從一米高處自由垂下，用膠十分仔細地黏在後面的深藍色帆布條子上。這樣，杜象就為我們提供了一個理想長度的三種形式（這幅作品被凱塞琳・德萊爾［Katherine S. Dreier］收藏，題為《三截標準》［3 Standard Stoppages]）。也許我力圖說明的不確定內在性的全部含義就隱藏在這三截長度標準之內。

我想可以結束本章了，我們可能生活在一個閾值（liminal）的時代，處在變化的門檻上。在這個時代裡，人的尺寸的變化比我們想像得要深廣得多。或者我們生活在歷史的一個普通的、永不會醒來的惡夢中。

Arthur C. Clarke：「關於未來，我們可以肯定的一個事實是：它將全然是奇幻的。」（*Profiles of the Future*［New York, 1972］ xv.）Kenneth E. Boulding：「二十世紀標誌著人類狀況大轉變的中期，我們可以把它稱作人類歷史上的第二個大轉變。」（*The Meaning of Twentieth Century*［New York, 1965］ I）。請注意，Clarke 和 Boulding 的上述著作首次問世的時間分別是 1963 年和 1964 年。

從艾文・托佛勒（Alvin Toffler）之類的未來主義者到戴維・安丁（David Antin）之類的詩人，許多作者都看到了我們這個時代對時間的開放性以及在未來的易受攻擊性。有些人——像斯坦福研究所的威里斯・哈蒙（Willis W. Harman）——甚至說：「當我們盡力要弄清楚當代革命力量的意義時，我們開始感到，嚴重的分歧不是存在於這代人與那代人之間，也不是存在於自由黨與保守黨之間，而是存在於那些堅持說現在的潮流在未來具有連續性的人與那些堅持說未來必將發生巨大

變革的人之間。」(*The Futurist* 11, no. 1 [February 1977] 8)

　　藝術家（文學比其它藝術門類中少些）也同樣感到了西方歷史中這個終結階段。列奧納德・梅爾(Leonard B. Meyer)這樣說：「人不再是萬物的尺度，不再是宇宙的中心……對那些激進的經驗主義者來說，文藝復興時代已經一去不復返了。……文藝復興是對我們這些人一去不復返還是對我們的整個文化一去不復返，只有未來可以說明。但是，不論文藝復興是否結束，嚴肅地思考激進主義的藝術和美學都有好處。那就是，它激勵我們去發現，我們一向無意識地視爲當然的信仰和價值其基礎究竟是什麼。」(*Music, the Arts and Ideas* [Chicago, 1967] 83ff.)。梅爾此文第一次發表於 1963 年，那時他已看出了不確定性，但沒有看出內在性。

　　毫無疑問，全國全世界的人文主義者心中都懷有忿忿不平的痛苦，他們納悶：這些災難和苦惱是哪裏來的？那些在社會學和經濟學領域比我學問大的人也許能夠回答這些問題。而我之所以想到這一點，只是想要人們注意某種文化精神、某種認識論上的轉變。我以爲這種轉變和我們知識中的那種令人焦慮的秩序有關，我指的是那種不確定內在性的秩序。這（不確定內在性）是一個比「後現代主義」並不高明多少的術語，我希望用我們歷史能量中更精確的符號來置換它。

　　當然問題並不會因此就解決了，它依然存在：怎樣在實踐中確立一種「人的」或者說「後人的(posthuman)」──可以不作結論地稱作「人的」──觀點，或者說確立一種令人焦慮的知識秩序？雖然我可以提出一些預感和推測，但我沒有答案。我們可以從承認變化的現實起步，目的是向這種現實挑戰，但我們任何時候都不要忘記，眞正的挑戰需要自我暴露。我們也可以堅持把我們的道德和智力雄心放到一個更大的範圍內。人文主義者曾經爲能把整個人的宇宙及其一切奇

跡、殘忍和怪誕作爲發揮自己想像力的領域而自豪，可今天還有多少人能夠以此爲驕傲呢？

Walter Kaufmann：「經院哲學家們在其嚴肅之作中喜歡對贊同他們觀點的人發表意見，這樣，我們就要失去論述的整個領域。」；「那些眞想在知識的邊界上工作的人必須穿越他們所在部門的疆界。」（The Future of the Humanities〔New York, 1977〕42, 43）

Arthur Schopenhauer 使用了更加冷漠和挖苦的調子：「那些有職業的人可以說是在馬廄中接受食物，這是那些反芻動物進食的最佳方式。」他還說：「那些永不會成爲專家的頭腦是第一流的頭腦，因爲他們的頭腦是對整個存在提出疑問。……」（The Art of Literature〔Ann Arbor, Mich. 1960〕40, 42）

與此相隨的是，我們可以恢復自己作爲一個聽衆的感覺、作爲我們將要對之發表見解的另一個人的感覺，只要我們的目的是超越期望、是「不！別想輕易理解我！」的呼喊。這就是說，人文主義者可以尊崇能夠引起反響的理智、尊崇那些反對行話、反對詭辯的眞正的文體。同時，我們還要在不使自己的頭腦變得殘忍的情況下留心生活中行爲的需求、留心相互衝突的需求，例如正義和自由的需求。是什麼沉默的意識形態構成了不確定內在性的文化？它要求我們進行怎樣的實踐？承擔什麼樣的義務呢？最後，我們可以學會作夢。

要人文主義者去作夢是什麼意思？也許這意味著坦白地承認人的欲望，並把這種欲望轉變成生活中仍未創造出的形式。宏偉的夢！謙虛一點說，這也可能意味著承認想像力、同情心，承認我們自己的希望和怨恨。我們記得葉慈曾責備學者們是：「忘記自己罪惡的禿頭。」然而人文主義是學者，但也大於學者：他們知道要使精神完整會造成

什麼樣的騷亂。人文主義者的主要目的是獲取知識，這一點不錯，但在這個正在變得超人化(transhumanized)的地球上他們也可以像藝術家一樣在文化和欲望、歷史和希冀之間起居間的中介作用。誰能說，在某種臨近終極的體系中，人類求知的衝動——那樣深沉、那樣神秘、甚至那樣瘋狂——不會是諾斯替主義者很久以前稱之爲愛的那種衝動呢？

譯註

① Edward Gibbon (1737-1794)，英國偉大的歷史學家。以《羅馬帝國衰亡史》著名。

　Jules Michelet (1798-1874)，法國偉大的民族主義和浪漫主義歷史學家。寫有《法國史》、《法國革命史》等名作。

　Henry Adams (1838-1918)，美國歷史學家。著有九卷本《美國史》。

　Oswald Spengler(1880-1936)，德國哲學家、歷史學家。以《西方的沒落》一書聞名於世。

② Michel Foucault 的《名稱與事物》一書的副標題爲「人類科學的考古學」。

③ James Clerk Maxwell (1831--1879)，英國物理學家。他創立了電學和磁學中關於「場」的理論，被人稱作「麥克斯韋方程組」。

　Hendrik Antoon Lorentz (1853-1928)，荷蘭物理學家。他的電磁輻射理論啓迪了愛因斯坦的相對論。

④ Bernhard Riemann (1826-1866)，德國數學家。非歐幾里德幾何的創建者，他所創立的幾何又稱「黎曼幾何」。

⑤ Niels Bohr (1885-1962)，丹麥物理學家。量子力學的主要創立者之一。一九二二年獲諾貝爾物理學獎。

　Werner Karl Heisenberg (1901-1976)，德國物理學家、哲學家。量子力學的主要創立者之一。提出著名的「測不準原理」，一九三二年獲諾貝爾物理學獎。

⑥ Zeno of Elea (約公元前 495-430)，希臘哲學家和數學家。以提出悖論著名。

其主要悖論有：任何一個作爲整體的單位都有大小，任何一個作爲整體的單位都是無窮可分的，任何一個作爲整體的單位都是不可分的。

⑦ Kurt Goedel (1906-1978)，奧地利數學家。他給出了著名的戈德爾證明，其內容是：在任何一個嚴格的數學系統中，必定有用本系統內的公理不能證明其成立或不成立的命題，因此，不能說算術的基本公理不會出現矛盾。

⑧ Jean Piaget (1896-1980)，瑞士心理學家。主要研究兒童的思維過程，提出發生認識的四個階段：感覺運動階段（2歲前）、前運算階段（2-7歲）、具體運算階段（7-11歲）、形式運算階段（11歲-成年）。

⑨ Erwin Schroedinger (1887-1961)，奧地利物理學家。與愛因斯坦、玻爾、海森伯、德布羅意、狄喇克等一起發展了量子力學。因建立描述電子和其它亞原子粒子的運動狀態的波動方程式與狄喇克一起獲一九三三年諾貝爾物理學獎。

⑩ Alfred North Whitehead (1861-1947)，英國數學家、哲學家、教育家。與羅素合著《數學原理》，標誌著人類思維的空前進步。創立了二十世紀最龐大的形上體系。其教育思想也對西方產生了廣泛的影響。

⑪Chuck Berry (1926-)，美國著名搖滾樂歌手和作曲家。

⑫Teilhard de Chardin (1881-1955)，法國哲學家、古生物學家。宣稱人類在思想和社會生活方面都在進化，最後將達到精神的統一，力圖將科學和基督教相結合，認爲人類歷史與十字架的道路十分相似。

⑬Calliope是希臘神話中主管史詩的謬斯，Clio是主管歷史的謬斯。

⑭Sham, Shaun, Issy, ACP, HCE 均爲 *Finnegans Wake* 中的主要人物，身分變幻不定。·

⑮《大鏡子》和下面將要提到到的《新娘》（全名是《新娘的衣服被單身漢們剝光》）都是 Duchamp 的代表作。

第四章　後現代主義概念試述

從薩德到貝克特，文學中沉默的曲調表達了語言、文化和意識的複雜性。而語言、文化和意識不僅和自己競爭，也相互競爭。這種怪異、恐懼的音樂可以使人獲得一種後現代主義的體驗和直覺，但卻不能獲得後現代主義的概念。我們也許可以用提問題的方法來接近這一概念。我們不妨先從最明顯的問題開始：我們能不能從西方社會和它的文學中發現某種和現代主義不同並需給以命名的現象呢？如果能，那麼，「後現代主義」能不能作爲一個暫時性的名字來說明它？我們能不能——現在應該不應該——從這一現象中建立某種既是歷時的又是類型的檢測系統，以便解釋它的種種潮流和反潮流，解釋它的藝術、認識和社會特徵？這一現象——且讓我們暫時稱它爲後現代主義——和前一個階段的種種思潮如世紀之交的前衞派、二〇年代的盛期現代主義有什麼關係？最後，在力圖賦予它一個嘗試性的、啓發性的概念時存在著怎樣的困難？

我不能肯定我是否能完全滿意地回答自己提出的問題，但是我將盡力而爲，找出一些有助於說明後現代主義的答案。我認爲，歷史的進程既是連續的又是不連續的，因此後現代主義在今天盛行——如果說它確實佔據了主導地位的話——就不意味著歷史的中斷，也不意味著舊的觀念和體制對今天已不再起作用了，相反，傳統在發展，甚至類型的巨大變化也發生在延續中。由達爾文、馬克思、波德萊爾、尼采、塞尙(Paul Cézanne)、德布西(Claude Debussy)、佛洛依德、愛因斯坦等人的思想形成的那些強大的文化觀念至今仍在西方人的頭

腦中起主要作用。然而不可否認的是，這些觀念已經多次地被後人重新思考過、修改過，否則，歷史就將不斷地重複自己，永無變化。從這個角度看，後現代主義即便不是二十世紀西方社會富有獨創性的思潮，也是對西方文化傳統意義深遠的修定。

下面隨意拈出一些名字以便勾勒後現代主義的輪廓，至少暗示出它的大致範圍：雅克・德希達、讓─弗朗索瓦・李歐塔、(哲學)；米歇爾・傳柯、海登・懷特 (歷史)；雅克・拉岡、吉爾・德勒茲、萊恩、諾曼・布朗 (心理分析)；赫伯特・馬庫色、讓・波德希雅爾(Jean Baudrillard)、于爾根•哈伯瑪斯(政治哲學)；托馬斯•庫恩(Thomas Kuhn)、保爾・法伊爾阿本德 (科學哲學)；羅蘭・巴爾特、朱麗亞・克麗絲蒂娃(Julia Kristeva)、沃爾夫岡・伊瑟爾(Wolfgang Iser)、「耶魯批評家們」(文學理論)；梅爾斯・庫寧漢(Merce Cuningham)、阿爾文・尼古拉(Alwin Nikolais)、梅瑞狄斯・蒙克(Meredith Monk) (舞蹈)；約翰・凱奇、卡爾海因茲・斯托克豪森、皮埃爾・布萊(Pierre Boulez) (音樂)；羅伯特・勞申伯格、讓・廷格里、約瑟夫・巴耶斯(Joseph Beuys) (藝術)；羅伯特・文圖里(Robert Venturi)、查爾斯・詹克斯、布蘭特・鮑林(Brent Bolin) (建築)，以及從貝克特、尤涅斯柯、波赫士、馬克斯・本斯和弗拉基米爾・納博科夫(Vladimir Nabokov)到品特、約翰森(B. S. Johnson)、雷納・海彭施塔爾(Rayner Heppenstall)、克里斯汀・布魯克─羅斯(Christine Brooke-Rose)、赫爾姆特・海森伯特爾(Helmut Heissenbuettle)、于爾根・貝克爾、彼特・漢克(Peter Handke)、托馬斯・伯恩哈特(Thomas Bernhardt)、恩斯特・揚德爾(Ernst Jandle)、加布里埃爾・加西亞・馬爾克斯(Gabriel García Márquez)、朱里奧・考塔查(Julio Cortázar)、阿蘭・羅勃─格里耶、米歇爾・布托爾、莫里斯・羅歇(Maurice Roche)、菲利浦・索勒斯、美國的約翰・巴思、

威廉・巴羅斯、托馬斯・品欽(Thomas Pynchon)、唐納德・巴塞爾姆、瓦爾特・艾比什(Walter Abish)、約翰・艾什貝里(John Ashberry)、戴維・安廷(David Antin)、塞姆・謝潑德(Sam Shepard)和羅伯特・威爾森(Robert Wilson)。毋庸置疑，這些名字之間存在著巨大的差異，很難形成一個運動、一種模式或一個流派，可我們仍可以從它們看出有關的文化趨勢、價值、過程和態度並把這種趨勢、價值、過程和態度稱作後現代主義。

後現代主義這一術語是從哪裏來的？它的起源現在很難確定。就我所知，費德里科・德・奧尼斯(Federico de Onís)在一九三四年出版於馬德里的一本《西班牙與拉美詩集：1882-1932》(*Antología de la poesía española e hispanoamericana*)中曾使用過這個字(post-modernismo)；達德里・費茨(Dudley Fitts)在他的《當代拉美詩選》(*Anthology of Contemporary Latin-American Poetry*, 1942)中再次用了這個字。1 他們兩個人都用這個字來說明現代主義中潛藏的一股與二十世紀早期的思潮完全相反的小潮流。這一術語還出現在湯恩比的《歷史研究》(D. C. Somervell 1947年的節本第一卷)中。湯恩比用這個字(Post－Modernism)說明西方文明中從一八七五年開始的一個新的歷史循環，對此我們今天還尚無認識。後來到五〇年代，查爾斯・奧爾森常常使用這個字，不過，他用得很隨便，並沒有什麼

---

1. 關於「後現代主義」這一術語的最佳歷史性描述可參看 Michael Köhler, "'Postmodernismus': Ein begriffsgeschichtlicher Überblick," *Amerikastudien*. vol 22, no. 1 (1977)。同一期還載有其他的精彩論述和書目，參看 Gerhard Hoffmann, Alfred Hornung, and Rüdiger Kunow, " 'Modern,' 'Postmodern,' and 'Contemporary' as Criteria for the Analysis of 20th Century Literature"。

明確的意義。

　　預言家和詩人往往對時間有一種極敏銳的感覺，可文人學者卻似乎很少有這樣的感受力。一九五九年和一九六〇年，歐文・豪和哈利・勒文才在文章中使用了這個字眼(postmodernism)，他們心情沉重地把 postmodernism 看作是偉大的現代主義運動的一個衰退。2 直到六〇年代，萊斯利・費德勒、我和其他人才從正面的意義上開始使用這個術語，不過，當時仍顯得不夠成熟，未能獲得大家的認可，且有一點虛張聲勢的味道。3 萊斯利用它的目的是以通俗文化的名義向現代主義盛期的菁英主義(elitism)挑戰；我自己則想探索作爲沉默文學一部分的自我解體運動。我以爲，通俗文藝和沉默文學、或者說大衆文化和解構主義、或者說超人(Superman)和果陀(Godot)①——或者像我後來提出的內在性和不確定性——可以涵蓋後現代主義思潮的一切特徵。當然，這一論點仍需等待更細緻的分析，等待歷史作出判斷。

　　在我看來，文學術語的歷史不過是爲了證明那些非理性語言天才的存在。如果我們能認識到學術生活中存在著某種心理政治

2. Irving Howe, "Mass Society and Postmodern Fiction," *Partisan Review,* vol. 26, no. 3 (Summer 1959), 後來收入其 *Decline of the New* (New York, 1970), 190-207; 參閱 Harry Levin, "What Was Modernism", *Massachusetts Review,* vol. 1, no. 4 (August 1960), 後收入 *Refractions* (New York, 1966) 271-295.

3. Leslie Fiedler "The New Mutants," *Partisan Review.* vol. 32, no. 4 (Fall 1965), 後收入其 *Collected Essays,* vol.2 (New York, 1971), 379-400; 參閱 Ihab Hassan, "Frontiers of Criticism: Metaphors of Silence," *Virginia Quarterly,* vol. 46, no. 1 (Winter 1970). 在早期的文章中我還使用過「反文學」、「沉默的文學」之類相近的術語，可參看 "The Literature of Silence." *Encounter,* vol. 28, no. 1 (January 1967) (即本書第一章)。

（psychopolitics）的話，我們就可能接近後現代主義本身的問題，倘若能進一步認識到學術生活中存在著某種心理病理學（psychopathology）的話，那就更好。讓我們且承認這樣一個事實；在術語中正像在人群和文本中一樣，存在著一種要獲取權力的意志。一個新的術語的出現，立即為它的提出者開闢出一片語言空間。一個批評概念或批評體系是智力想像中一首「糟糕的」詩。書籍之戰（the battle of the books）也是一個與死亡的實體戰，也許正因為如此，馬克斯·普朗克（Max Planck）才相信，一個人永遠無法使他的論敵信服自己的觀點——即使在理論物理中也做不到！——只能力爭比論敵們活得久長些。威廉·詹姆斯說得更委婉些：新的觀點總是首先被指斥為無稽之談，過一段時間之後就會被說成明白淺顯，不足掛齒，最終被先前的論敵們說成是他們自己的發現。

這麼說絲毫也不意味著我要站在後現代人一邊反對（老的）的現代人。在一個以瘋狂的理智為風尚的時代，價值可能極易失去效用，明天會很快地取代今天或昨天。這不僅是一個時尚的問題，也是一個需要的問題。因為意外感能表達某種緊急的文化需要，即一種帶有較多恐懼和較少希望的文化需要。這使我們想到許多學者採用意外的術語表達緊急需要的情形。萊昂納爾·特利林把他最富思想內涵的一本著作題名為《超越文化》（*Beyond Culture*, 1965）；肯尼思·布爾丁（Kenneth E. Boulding）論證說，「後文明」（postcivilization）是《二十世紀的意義》（*The Meaning of the 20th Century*, 1964）中的一個重要部分；格奧爾格·施泰納給他的文章《在藍鬍子城堡裏》（*In Bluebeard's Castle*）起了一個這樣的副標題：「後文化定義試說」（Notes Toward the Definition of Postculture）。在他們之前，羅德里克·賽登堡（Roderick Seidenberg）在本世紀中期出版了《後歷史的人》（Post-Historic Man）；我自己則在一九八〇年出版的《真正的

普羅米修斯之火》(*The Right Promethean Fire*)中論述了後人文主義時代(posthumanist era)來臨的問題。丹尼爾・貝爾說得好：「'beyond' 這個字過去是文學上最常用的一個限定語，……可今天人們好像已經用盡了它的含義，而'post'卻成了社會學上最常用的一個限定語。」4

這裡，我個人的看法是兩點論的：在後現代主義的問題上，有一種要在知識階層取得權力的意志和反意志(Will and counter-will)、一種偉大的心靈慾望，可這種意志和慾望深陷在一個倘若不是廢棄的也是意外的歷史時刻。這樣，對後現代主義是接受抑或拒絕就是一個取決於學術生活中的心理政治而非文化本身需要的偶然事件。這種心理政治包含我們大學中人事的不同關係、權力的不同配置、批評流派的不同走向、以及人為地劃出的不同界限等。反身性(reflexivity)似乎一開始就要求我們考慮這一切。

但是，反身性的思考也要求我們說出那些一方面構成了後現代主義另一方面又掩蓋了它的觀念。下面我將從十個方面由易到難地加以論述。

1.後現代主義這個術語聽起來不僅笨拙、粗俗，而且帶有一種想要超越或壓制現代主義的意味，這樣它就自然而然地包含了自己的敵人，而浪漫主義、古典主義、巴洛克(baroque)、洛可可(rococo)等術語卻不是這樣。此外，這個術語還表示了一種線型的時間關係，內涵著任何一個後現代主義者都不會接受的延誤、甚至墮落的意思。但是，捨此而外我們還能給這樣的時代起一個什麼更好的名字呢？原子時代？空間時代？或者電視時代？這些技術性的術語顯然缺乏理論上的

---

4. Daniel Bell, *The Coming of Post-Industrial Society* (New York, 1973), 53.

概括。或者像我半開玩笑地提出的那樣，我們可以稱之為不確定內在性（不確定性＋內在性）時代？5 更好的辦法是乾脆什麼也不叫，讓我們的後人愛叫它什麼就叫它什麼好了。

2.像別的範疇術語（例如後結構主義、現代主義或浪漫主義等）一樣，後現代主義的不足是缺乏語義上的穩定性，也就是說，學者們對它的意義沒有明確一致的看法。這裏的主要困難來自兩方面：a.這個術語還比較年輕，處在浮躁的青春期；b.與它關係密切的許多當代術語在語義上同樣不穩定。一些學者講的後現代主義，另一些學者卻稱之為前衛主義，甚至新前衛主義(neo-avant-gardism)，還有一些人則寧願稱之為現代主義。這樣的交叉和混亂必然導致激烈而有趣的爭論。6

3.許多文學上的概念也缺乏歷史上的穩定性，許多老的概念在隨著時間發生變化，因而給後現代主義這一概念的形成和穩定帶來了困難。在這樣一個充滿誤解的時代，誰敢說柯勒律治、佩特(Walter Pater)、洛夫喬伊(Arthur O. Lovejoy)、阿布拉姆斯(M. H. Abrams)、佩克姆、勃魯姆(Harold Bloom)等人理解的浪漫主義是同一種浪漫主義呢？現代已經有一些證據可以說明後現代主義和現代主義在時間上開始滑動，因此要在時間上把它們明確區分開就顯得既艱難又危險。7 不過這種類似天文學上的哈勃(Edwin Powell Hubble)「紅移」(red shift)現象總有一天會成為衡量文學概念在歷史上存在多久的一個標準。

4.現代主義和後現代主義並沒有被鐵幕或中國的長城分成兩段；因為歷史是一塊可以擦掉舊的字跡重寫新的石板，文化可以滲透時間

5.見本書第三章。

的過去、現在和未來。我覺得，我們大家既是維多利亞人，又是現代
人，還是後現代人。一位作者在一生的創作中既可以寫出現代主義的
作品也可以寫出後現代主義的作品（對比一下喬伊斯的《一個青年藝
術家的畫像》[*Portrait of the Artist as a Young Man*]和他的《芬
尼根們的守靈》便可以明白。）一般地說，在敍述性抽象的層面上，現
代主義可以恰當地化入浪漫主義中,浪漫主義又可以化入啓蒙文學中,
而啓蒙文學則聯繫著文藝復興，如果我們繼續追根溯源，倘若不是追

---

6. 例如，Matei Calinescu 曾試圖把「後現代」併入「新前衞」甚至「前衞」等
術語中，見 *Faces of Modernity: Avant-Garde, Decadence, Kitsch*
(Bloomington, 1977)。不過，後來他卻力圖對這些術語作出明確的區分，見
"Avant-Garde, Neo-Avant-Garde, and Post-Modernism"（未發表的手
稿）。Miklos Szabolcsi 把「現代」和「前衞」看作一回事，把「後現代」稱作
「新前衞」，見 "Avant-Garde,Neo-Avant-Garde, Modernism: Questions
and Suggestions, " *New Literary History,* vol. 3, no. 1 (Autumn 1971)。
Paul de Man 把「現代」稱作「革新的因素」和每一個文學時期中永恆的「危
機時刻」，見"Literary History and Literary Modernity," 即 *Blindness
and Insight* (New York, 1971), chapter 8. William V. Spanos 用「後現
代主義」來指稱「一種永恆的人類理解模式，而不是歷時的事件」，見 "De-
Struction and the Question of Postmodern Literature: Towards a Defi-
nition," *Par Rapport,* vol. 2, no. 2 (Summer 1979), 107。甚至連對後現代
主義有相當理解的 John Barth 最近也說後現代主義是一種尚未到來的綜合，
我們過去所說的後現代主義不過是後期的現代主義而已，見 "The Literature
of Replenishment: Postmodernist Fiction," *Atlantic Monthly* 245, no.
1 (January 1980).
7. 在我早期和後來關於這一問題的討論中可以看出這種觀點上的細微變化，參看
"POSTmodernISM"（本書第二章），"Joyce, Beckett, and the Postmodern
Imagination," *TriQuarterly* 34 (Fall 1975), and "Culture, Indeter-
minacy, and Immanence"（本書第三章）。

到奧杜威峽谷(Olduvai Gorge)②，也得追到古希臘。

　　5.這就意味著一個時期必須像我說過的那樣從連續性與不連續性兩個不完全的、互補的方面來認識。游移不定而又抽象的日神觀點只能看到歷史的連續性，而以官感為主甚至近於半盲的酒神感覺則只能體驗到歷史上的斷裂時刻。後現代主義同時乞靈於這兩位神祇，因而能夠取得兩面觀。我們必須對同一和差異、聯合和分裂、忠誠和叛逆給以同樣的尊重，才能真正理解歷史、才能把變化看作（通過感覺和理解）既是空間的、精神的結構，又是時間的、物質的過程，既是一種模式，又是一個獨特的事件。

　　6.按照這樣的理解，一個時期(period)就根本不是一個「時期」了，而是一個歷時的和共時的結構(a diachronic and synchronic construct)。後現代主義像現代主義和浪漫主義一樣正是這樣一種結構。它需要歷史和理論兩方面的界定。我不想像維吉妮亞‧吳爾芙給現代主義規定具體的發端時間那樣也給後現代主義規定一個開始的「日期」，不過有時候我們也禁不住猜想，也許後現代主義開始於「一九三九年九月前後」。我們還繼續在一些人身上發現後現代主義的「先兆」。他們是：斯特恩、薩德、布萊克、勞特萊蒙、韓波、加里、查拉、霍夫曼斯塔爾(Hugo von Hofmannsthal)、斯泰因、後期的喬伊斯、後期的龐德、杜象、阿爾托、盧塞爾、巴達伊、勃洛赫(Hermann Broch)、奎諾、卡夫卡。這說明我們在自己的心目中創建了一種後現代主義的模子，一種文化和想像的特別類型，並進一步「重新發現」了形形色色的作家與這個模子的類似和差別。這樣，我們就重新創造了自己祖先，而且將繼續這樣做下去。這樣，我們發現，「較老的」一代作家——如卡夫卡、貝克特、波赫士、納博科夫、貢布羅維奇(Witold Gombrowicz)——可以是後現代主義的，而「較年輕的」一代作家——如斯泰龍、厄普代克(John Updike)、卡波特、歐文(John Irving)、多托洛夫(E.L.Doctorow)、加德納(John Gardner)——卻未必一定是後現代主義的。

7.任何後現代主義的定義，正如我們所看到的那樣，都需要包含四重相互補足的觀察角度，即連續性和不連續性、歷時和共時。此外，它還需要一種辯證的觀點，因為具有界定意義的特徵往往是對立的，忽視這樣一個歷史事實必將墮入單一的觀察角度和牛頓式的睡眠中。具有界定意義的特徵是辯證的，也是多元的，只挑出其中的一個特徵作為後現代主義的絕對標準就會使其餘所有的作家成為不合時宜的過時人物。8這樣，我們便無法像我有時所作的那樣僅僅假定後現代主義是反形式主義的、無政府主義的、或者反創造的，因為雖然它的確是如此，而且有一種要解體的瘋狂意志，但畢竟也包含了要發現一種「單一感性」(unitary sensibility)的需要(Sontag 語)，包含了一種要「跨越疆界，彌合裂痕」(to cross the border and close the gap)的需要(Fiedler 語)，包含了一種要獲得論述的內在性（如我所說），也即擴展的智力介入、心靈的新神秘直覺性(neo-gnostic im-mediacy of mind)的需要。9

8.這一切又把我們引向前面提出的分期問題。分期是文學史上理解變化的一個特殊角度。確實，後現代主義的概念蘊涵了某種革故鼎新、推陳出新，或者簡潔地稱之為變革的理論。然而它是哪一種變革

8.有些批評家說後現化主義主要是「時間的」，另一些人則說後現代主義主要是「空間的」，但正是在這二者特定的關係中後現代主義揭示了它自己的特色。可參看下面兩篇看似對立的文章：William V. Spanos, "The Detective at the Boundary," in *Existentialism* 2, ed. William V. Spanos (New York, 1976), 163-89, and Jürgen Peper, "Postmodernismus:Unitary Sensibility," *Amerikastudien,* vol. 22, no. 1 (1977).

呢？赫拉克利特式的？維柯式的？達爾文式的？馬克思式的？佛洛依德式的？庫恩式的？德希達式的？折衷主義的？10 也許「變革的理論」本身就是那些不能忍受時間含混性的理論家們最適合採用的矛盾修辭法？這麼說，是否不應該讓後現代主義形成概念，至少時下不要，而只讓它成爲一種文學史上的「差異」或「痕跡」？11

　　9.後現代主義還可以擴展爲一個更大的問題：它只是一種藝術傾向？抑或也是一種社會現象？甚至還是西方人文主義中的一個變異？

---

9. Susan Sontag, "One Culture and the New Sensibility," in *Against Interpretation* (New York, 1967), 293-304; Leslie Fiedler, "Cross the Border-Close the Gap," in *Collected Essays,* vol. 2 (New York, 1971), 461-85; and Ihab Hassan, "The New Gnosticism," *Paracriticisms: Seven Speculations of the Times* (Urbana, 1975), chapter 6.

10.關於這一方面，可參看 Ihab Hassan and Sally Hassan, eds., *Innovation/ Renovation:Recent Trends and Reconceptions in Western Culture* (Madison, Wis., 1983).

11.這裏危險的是關於文學時期性的觀念，它遭到了當代法國思想的挑戰。至於包括時間的「等級分明的組織」等有關文學和歷史變遷的其它論點。可參看 Leonard Meyer, *Music, the Arts, and Ideas* (Chicago, 1967), 93, 102; Calinescu, *Faces of Modernity,* 147ff; Ralph Cohen, "Innovation and variation: Literary Change and Georgic Poetry," in Ralph Cohen and Murray Krieger, *Literture and History* (Los Angeles, 1974)；和本人的 *Paracriticisms,* chapter 7。這裏 Geoffrey Hartman 提出了一個不易回答的問題：「既然我們具有這麼多歷史知識，我們怎麼能夠避開歷史主義呢？怎麼能夠不把歷史作爲戲劇（在這場戲中認識的欣悅將取代靈悟的欣悅）在舞台上搬演呢？」或者說，我們怎麼能夠「形成一種歷史的而不是歷史主義的閱讀理論呢？」參看 *Saving the Text: Literature/Derrida/Philosophy* (Baltimore, 1981), xx.

如果這一問題的答案是肯定的,那麼這一現象的各個方面——心理的、哲學的、經濟的、政治的——怎樣結合或者分離? 簡言之,假如我們不試圖了解後現代社會的種種特徵, 譬如, 湯恩比提出的後現代性、傅柯提出的未來認識等, 我們能夠真正理解文學中的後現代主義嗎? 要知道, 我們這些年來一直在討論的文學思潮不過是後現代社會特徵中一個獨特的、菁英的方面而已。12

10.最後一個問題同樣讓人感到費解。後現代主義是一個表示尊敬的術語嗎? 因此我們可以用它偷偷摸摸地補償那些我們尊敬的、不管何等不同的各色作家嗎? 或者可以用它偷偷摸摸地歡呼那些我們贊同的、不管多麼不和諧的種種潮流嗎? 或者相反, 後現代主義是一個表示輕蔑的術語嗎? 簡言之, 後現代主義是一個描述性的、評價性的、或規範性的文學思想範疇呢? 還是像查爾斯‧阿爾蒂里指出的那樣, 屬於在哲學上永遠無法窮盡其根本性的含混、「本質上不斷相互競爭」的概念範疇呢? 13

無疑, 後現代主義中還潛藏著其它概念上的問題。然而不論還有

---

12. 像 Marshall McLuhan 和 Leslie Fiedler 這樣不同的作家曾用二十年的時間專門研討後現代主義中的媒介和通俗性的問題, 不過, 他們的觀點在今天的某些批評圈子裏已經不再受到重視。Richard E. Palmer 曾對作爲當代藝術發展趨勢的後現代主義和作爲一個文化現象甚至歷史時代的後現代性作過區分。可參看他的 "Postmodernity and Hermeneuties," *Boundary* 2, vol. 5, no. 2 (Winter 1977).

13. Charles Altieri, "Postmodernism: A Question of Definition," *Par Rapport,* vol. 2, no. 2 (Summer 1979), 90. 這使 Altieri 做出了如下的結論:「一個相信自己是後現代人的人能做的充其量……是在心靈中劃出使那些糊塗的東西不致麻痺的空間, 因爲他讚賞那裏的能量, 窺見了這些能量產生的人生狀況。」(p.99)

多少問題，都終究不能遏制理智的想像，不能遏制人們理解各種理智結構中歷史存在的慾望。正是這些理智結構向人們揭示了他們自身的存在。基於這樣一種慾望，我將對從薩德到貝克特的沉默文學提出一個暫時性的看法，嘗試性地把百餘年來的藝術演變歸納成三種模式，即「前衛模式」、「現代模式」和「後現代模式」。當然我也看到這三種模式聯合起來創造了「新事物的傳統」(tradition of the new)，這種新事物的傳統自波德萊爾以來「產生了一種無視其實踐者信條的藝術，形成了多次從一個前衛向另一個前衛的跳躍，包含了種種不僅要全面革新社會體制，而且要徹底革新人自身的群眾性政治運動。」14

　　我所說的「前衛模式」，指本世紀初引起巨大震動的那些運動，包括：帕塔費西學、立體主義、未來主義、達達主義、超現實主義、至上主義(Suprematism)、構成主義(Constructivism)、梅茲主義(Merzism)③、風格派(de Stijl)④。其中的一些我在前文中已經討論過。這些運動以無政府主義的態度攻擊資產階級及其藝術、宣言和古怪行為。然而它們的行動也可以轉向內在世界，變成自殺性的行為，例如像魯道夫·施瓦茨考格勒之流的後現代主義者後來的行為即屬此類。上述運動曾經生機勃勃，盛極一時，而今早已煙消雲散，成了曇花一現的樣板。歷史證明，現代主義比前衛派更穩定、更高雅、更神聖一些，它的源頭法國象徵主義也是如此。就是現代主義的實驗今天看來依然是莊嚴的、高深的。它的代表人物像梵樂希、普魯斯特、紀德、早期的喬伊斯、葉慈、勞倫斯、里爾克、托瑪斯·曼、穆斯爾、早期的龐德、艾略特、福克納之輩都是「天才的個人」，因此它取得了很高的權威，致使德爾莫·施瓦茨唱出了這樣的讚歌：「讓我們想想那

14. Harold Rosenberg, *The Tradition of the New* (New York, 1961), 9.

些偉人吧／他們使學齡兒童入迷。……」如果說現代主義是神聖的、採用主從關係句法的(hypotactical)、形式主義的，那麼，後現代主義就是嬉戲的、採用無關聯詞的並列句法的(paratactical)、解構的。在這一點上，它讓我們想到前衛派瀆神的精神，所以有人稱它爲「新前衛派」。不過，照麥克魯漢的說法，後現代主義比那些老的前衛派顯得「更冷靜」，就是說更少集團性，對它自己所在的那個通俗的、電子的社會更少厭惡感，因此，也更容易接受矯揉造作的低劣之作。

我們能不能對後現代主義進一步做些區分呢？也許我們可以把它和現代主義加以對照。且看下表：

↕	↔
現代主義	**後現代主義**
浪漫主義／象徵主義	帕塔費西學／達達主義
形式（關聯的、封閉的）	反形式（斷裂的、開放的)
目的	遊戲
設計	機會
等級森嚴	無政府主義
講究技巧／邏各斯	智窮力竭／沉默
藝術客體／完成之作	過程／表演／發生的事件
距離	參與
創造／整體性	反創造／解構
綜合	對立
在	不在
有中心	分散
體裁／邊界分明的	文本／文本間的
語義學	修辭

語句組合	符號組合
主從關係句法	無關聯詞並列句法
隱喩	轉喩
選擇	組合
根／深層	塊莖／淺表
解釋／閱讀	反對解釋／誤讀
意符	指符
可讀的（爲讀者的）	可作爲手稿的（爲作者的）
敍述的／正史	反敍述／野史
偉大的密碼	個人習慣語
症狀	欲望
類型	變異
生殖的／陽物的	多形態的／兩性的
妄想症、偏執狂	精神分裂症
淵源／原因	差異—延異／痕跡
上帝即父親	神聖的鬼魂
玄學	反諷
確定性	不確定性
超越	內在性

　　上表列出的對照點來自許多不同的領域：修辭學、語言學、文學理論、哲學、人類學、心理分析、政治科學，甚至神學，同時也來自許多不同的作者，有歐洲的，也有美國的，還與許多不同的運動、流派、觀點相一致。它所採用的二分法仍然是靠不住的、語義模糊的，因爲二者之間差異在不斷變化，甚至崩潰。任何一個豎欄中的概念並不完全是對等的，不論是現代主義還是後現代主義，其中到處都有顯

倒轉化和例外。我想進一步對右邊說明後現代傾向，也即不確定內在性傾向的一欄發表一些零碎的見解，以便使我們接近其歷史的、理論上的定義。

現在可以對這一新造的術語「不確定內在性」稍做一些解釋。我以為，這個術語說明了後現代主義具有的兩種根本傾向：即不確定性和內在性。這兩種傾向並不是辯證的，因為它們並不處於嚴格的對立位置上，也不可能導向一種綜合。每一種傾向包含著它自己的矛盾，暗示出另一種傾向的因素。它們二者的相互作用暗示了後現代主義中瀰漫著的「多種排列組合」(polylectic)的關係。由於前文對此已有相當的論述，這裏只作簡略的討論。15

所謂不確定性，或者說種種不確定性，我指由種種不同的概念幫助描述出的一種複雜的現象。這些概念是：含混(ambiguity)、不連續性(discontinuity)、異端(heterodoxy)、多元性(pluralism)、隨意性(randomness)、叛逆(revolt)、變態(perversion)、變形(deformation)。「變形」還可以進一步用目前流行的十餘種表達解體的術語來說明：反創造(decreation)、分裂(disintegration)、解構(deconstruction)、離心(decenterment)、位移(displacement)、差異(difference)、不連續性(discontinuity)、分離(disjunction)、消失(disappearance)、分解(decomposition)、解定義(de-definition)、解祕(demystification)、解總體化(detotalization)、解合法化(delegitimation)。另外，還有許多技術術語也能說明反諷、斷裂和沉默的含義。上述符號凝聚著一種要解體(unmaking)的強大意志，影響著政體、認知體、愛欲體和個人心理，影響著西方論述的全部領域。

15. 參閱本書第三章第 5 節，並參考拙著 "Innovation／Renovation：Toward a Cultural Theory of Change," *Innovation／Renovation,* chapter 1.

在文學中，關於作者、聽衆、閱讀、書籍、體裁、批評理論、甚至文學觀念都突然變得靠不住了。在批評的領域中，羅蘭·巴爾特說文學是「迷失的」、「變態的」、「消解的」；沃爾夫岡·伊瑟爾提出了一種建立在文本「空白」基礎上的閱讀理論；保爾·德曼(Paul de Man)認爲修辭——即文學——是一種力量，它「激進地中止了邏輯，開創了心理失常令人眩暈的可能性。」杰弗瑞·哈特曼(Geoffrey Hartman)肯定說：「當代批評的目的就是要對不確定性作出解釋。」16

這樣不確定的衍射(diffraction)造成了廣泛的分散(dispersal)。我把後現代主義的第二種主要傾向稱作內在性。我使用這一術語並不包含任何宗教意味，只是想指明心靈的能力。這種能力在符號中概括它自身，越來越多地干預自然，通過抽象對自身產生作用，因而不斷強化地、直接地變成自身的環境。這一智性的傾向可以由下列概念進一步說明：散佈(diffusion)、傳播(dissemination)、推進(pulsion)、相互作用(interplay)、交流(communication)、相互依存(interdependence)。自從人類成爲能運用語言、具有形象思維能力、能使用符號、具有神祕傾向的生物並用他們自己創造的符號構成他們自身及其宇宙以來，這些概念就隨之產生了。傅柯曾提出過一個很有名的問題:「這不是整個大廈將要傾覆的徵兆嗎？人不是隨著語言越來越輝煌逐漸走向死亡嗎?」。17 同時隨著事實和虛構的混同，大眾的世

---

16. 可參閱 Roland Barthes and Maurice Nadeau, *Sur la littérature* (Paris, 1980), 7, 16, 19f., 41; Wolfgang Iser , *The Act of Reading* (Baltimore, 1978), *passim*; Paul de Man, *Allegories of Reading* (New Haven, Conn., 1979), 10; and Geoffrey H. Hartman, *Criticism in the Wilderness* (New Haven, 1980), 41.

17. Michel Foucault, *The Order of Things* (New York, 1970), 386.

界消溶了，歷史被種種媒介剝奪了眞實而變成了偶發事件，科學的模
式成了唯一可接近的現實，控制論把人工智能的謎擺在我們面前，技
術把我們的感覺力推到正在撤退的宇宙的邊緣或推入物質幽靈般的間
隙。18 在所有的地方——甚至在拉岡提出的那個比空間黑洞更稠密的
「文化人的無意識」深處——我們都會碰到那個叫做「語言」的內在
性及其在文學上的含混、認識上的困惑、政治上的渙散。19

　　毫無疑問，上述兩種傾向在英國似乎不像在美國和法國那樣盛行，
在美法兩國，「後現代主義」這個術語成了對後結構主義潮流的一個反
撥，正在大行其道。20 看來在最發達的社會中這樣的事實是無法改變
的: 後現代主義已經成了一種藝術現象、哲學現象、社會現象，成了
開放的 (在時間、結構、空間上) 遊戲的、祈願的、臨時的、分離的、

---

18. Daniel Bell 評論說:「就像 Pascal 尋找機會要和上帝擲骰子一樣，那些做決
　　定的理論家和新技術階層也要尋找他們的全景－理性的指南針。」可參看他的
　　 "Technology, Nature, and Society," in *Technology and the Frontiers
　　of Knowledge* (Garden City, 1975), 53. 也可參看 Jean-François Lyotard
　　關於「l'informatique」更爲敏銳的分析，見 *La Condition postmoderne*
　　(Paris, 1979), *passim.*
19. 這一傾向也表現出後現代藝術抽象、觀念化和非現實主義的特徵。參看 Suzi
　　Gablik, *Progress in Art* (New York, 1977)，他的論點可以在 Ortega y
　　Gasset 的論述中找到雛形 (*The Dehumanization of Art* [Princeton,
　　1968])。Ortaga 還預見了我這裏提到的後現代主義神秘的、智性的趨勢:「人
　　使世界人性化，他把自己理想的觀念注入世界，使其孕育於世界中，因而能夠
　　想像在遙遠的未來總有一天，這可怕的外在世界將充滿人的一切，這樣，我們
　　的後人將能夠像我們今天神遊自己的內心世界那樣暢遊外在世界。他還能夠想
　　像總有一天世界能在不改變外觀的情況下變成一個物質化的靈魂，就像在莎士
　　比亞的《暴風雨》中那樣，風可以按照觀念的精靈阿麗爾 (Ariel) 的吩咐吹起
　　來。」(p.184)

不確定的形式，成了一種反諷的、破碎的論述方式、一種不在的、斷裂的「白色意識形態」、一種衍射的慾望、一種對複雜的、清晰的沉默的呼喚。同時，後現代主義又暗含著一種如果不是對立至少也是不同的運動，這一運動導向瀰漫於全社會的種種程序、無處不在的相互作用、內在的種種規範、媒介、語言。在這樣的情勢下，我們的地球似乎已經陷入了行星化和超人性化(planetization and transhumanization)的過程中，甚至分裂成各式各樣的宗派、部落、集團，恐怖主義和極權主義、宗教分裂和全基督教主義相互召喚，種種權威自我消滅，而社會卻不斷地尋求新的權威作爲依托。人們也許會驚訝地問：「那些具有決定意義的歷史變化——藝術和科學、高級文化和低級文化、男性原則和女性原則、部分和整體以及蘇格拉底之前的人所講的『一與衆多』——今天還起作用嗎？奧菲斯的被肢解只不過證明心靈只需要創造另一個有限的生命變異體嗎？」

在這樣一個有限的生命變異體之外、之後、之中還有什麼樣的結構呢？

20.雖然後現代主義和後結構主義不能混同，但二者之間顯然有許多的類似。因此，Julia Kristeva 在一篇短文中用她自己的話討論了內在性和不確定性：「後現代主義是這樣一種文學，它用或多或少有意擴展可意指的、也即是人的王國的態度來寫自己。」她還說：「在這一點上，我們面臨的是極富個性色彩的語言和表達方式、無限增殖的不可控制性。」參看 "Postmodernism?" in *Romanticism, Modernism, Postmodernism,* ed. Harry R. Garvin (Lewisburg, Pa, 1980), 137, 141.

譯註

① Superman 是尼采作品中的人物。Godot 是貝克特《等待果陀》中的一個不出場的人物。

② Olduvai Gorge 是坦桑尼亞北部的一個考古遺址，據說是人類最早化石的發掘地。

③ Merzism，德國達達主義藝術家 Kurt Schwitters 創造的一個術語。他以拼貼火車票、報紙、木杓、香煙、郵票之類的畫聞名，他也寫拼湊新聞標題、廣告語句之類的詩歌。他稱自己的活動爲 Merz，稱自己的那些拼貼作品爲 Merzbilden（即 Merz Pictures），甚至稱自己的日常活動也爲 Merz。Merz 是德語 Kommerz（即 Commerce, Kommerz 也是德國的一大銀行）中的一部份，像達達（dada）一樣沒有什麼字面意義。

　　Suprematism 是俄國繪畫中的一個前衛派，1913 年由 Kazimir S. Malevich 首先提出，倡導繪畫中純幾何圖形的抽象，認爲繪畫必須充分表達感覺，無須顧及客體原貌。他的第一張畫即在一個白的背景上畫一個黑色方塊，宣稱黑方塊表達感覺，而白背景則表達感覺之外的虛空。1915 年他發表至上主義宣言，得到了詩人馬雅可夫斯基等人的支持，對康定斯基等畫家產生了影響。關於「構成主義」可參閱第二章譯註⑳。

④ de Stijl（荷蘭文，即 Style），一九一七年畫家蒙德里安（Piet Mondrian）、胡薩爾（Vilmos Huszár）、德斯堡（Theo van Doesburg）、建築家烏德（Jacobus Jahannes Pieter Oud）、詩人考克（A. Kok）等在阿姆斯特丹倡導的一種前衛派藝術風格，主張純藝術抽象，把繪畫縮減爲直線、平面、長方形和三原色。他們還創辦了以 de Stijl 命名的雜誌，宣傳自己的藝術主張，在一段時間內形成了較大的影響。

【第三部份】

後現代文學和批評

第五章 （ ）：《芬尼根們的守靈》和後現代的想像

緒　言

這一章沒有標題，只有一個通過雄心勃勃的連接詞連接起來的短語作爲副標題。這個短語是一封邀請信，它把《芬尼根們的守靈》請到了我們的意識中。《芬尼根們的守靈》是所有書中最令人憤怒的一本書，也是所有神話中滑稽模仿而成的神話，還是語言中無休止的聲音、病態的模擬語言。

這封邀請信是集體發出的，我只是主人之一，因此可以告一會兒假，離開正題，在我的時間和大家的忍耐允許的限度內做些討論。我想提出幾個問題，其中有一些無疑是自發的、難纏的。不過，我所有的問題都可以最終歸結爲一個：

> 《芬尼根們的守靈》怎樣和後現代的想像協調一致？
> 它怎樣爲後現代的想像服務？

討論這一問題顯然不是要說明影響的問題，而是要說明它們之間的一致性。

坦白地說，我沒有深刻專研過這本書，也缺乏那種對於密碼的感覺力，就是說，缺乏使用「提供的線索」(628.15)①的能力，也講不出什麼有助於人們理解書中的雙關語、俏皮話、句式、呢喃、典故等的新意來。但我（從許多專家的研究中獲得啓發，）深信這本書是一部古

怪的預言。我們已經開始看到了這個預言，但卻沒有給予足夠的重視。

　　應該承認，喬伊斯是一個充滿玄想和迷信的人。他曾不止一次地告訴斯圖亞特·吉爾伯特(Stuart Gilbert)，《守靈》預示了「後來發生的一系列事件」，但喬伊斯又不僅是迷信的，同時還有不斷增強的預言力。他曾是斯蒂芬(Stephen)，是德達路斯(Dedalus)，後來變成了勃魯姆(Bloom)和尤利西斯(Ulysses)。他的珀涅羅珀(Penelope)一直是諾拉(Nora)和福樓拜(Flaubert)。他最後在《守靈》中瞥見了赫拉克勒斯石柱(the Pillars of Hercules)②之外的巨大神秘。這樣，老問題又出來了：在喬伊斯看到的海天之外我們能看到什麼呢？

　　現在讓我以說明本章論述方法的一個小注來結束這個緒言。我打算圍繞中心論旨提出七個觀點，並說明與每一個觀點相對應的觀點(counterpoint)。這些對應的觀點或採自道聽塗說的片斷，或發自隨心所欲的遐想。人們可以由此引出思考，當然也可以不予理睬。最後我將以一個表達個人意見的跋結束全文。

對應的緒言

我的筆記中有對自己這樣的一段忠告：「別去管那些雙關語、俏皮話、混成詞；不要理睬喬伊斯那些模仿的形式；一定要抗住誘惑，別去引述你一九六九年寫的電影劇本；密西西利菲河(Missisliffi)③只有在月光下才回流。但是如果可能，可引述一九七三年喬伊斯學術研討會與會者的發言。」當然這些只是個人的意願。形式中存在的真正的快樂會使它自己驚嘆不置。

觀點一：一本死亡的書和生命的書

這本書比起維柯(Giovanni Battista Vico)的循環論和我們這個地

球上的四季循環還要更多一層循環的色彩。可以說是一次「新的地震」
(215.22)，這就有時掩蓋了它深層的死亡的色調。《守靈》不僅是喬伊
斯「為那些被理想的失眠症困擾的理想讀者」設計的一場「玩笑的葬
禮」(funferall)④，而且也是一個終結的預感。喬伊斯說過：「《芬尼根
們的守靈》將是我最後的一本書，此後，除了死之外我便沒有什麼事
好做了。」說來也巧，這本關於黑夜的書出版於一九三九年，那年黑暗
籠罩了全世界。

　　對於人文主義的讀者、對於理性、歷史和中產階級的子女們來說，
這部小說沒有明確說出的暗示就是自我的死亡、老派讀者的死亡。後
面我還會談到這個問題，這裏只想說明《守靈》秘密的威脅力。不過，
請不要誤會。這本具有普遍意義的書只是說明了人必有一死的道理。
奧利弗・高加蒂(Oliver Gogarty)⑤出於變態心理經常有趣地誤解喬
伊斯，但也正因為心理變態，它的看法有時卻又是正確的。在談到《守
靈》時，他說：「在我看來，這本書就像一座坍塌的教堂，斷壁殘垣深
深地、緘默地埋在瓦礫堆下，風琴依舊在其間回響，可風琴的所有音
栓都拉了出來。」我覺得只有于比王(Père Ubu)對此有進一步的認識，
他喊道：我們還必須摧毀這些斷壁殘垣。

　　對那些既是作者又是讀者的人來講，《守靈》就好像一座迷宮，它
的所有出口都封死了，人們都清楚，這本書遭到了何其頑強的抵制。
對它表示嚴重不滿的不僅有阿爾弗雷德・諾伊斯(Alfred Noyes)、阿
諾德・班納特(Arnold Bennett)、威爾斯(H.G. Wells)、蕭伯納(G.
B.Shaw)、代斯蒙德・麥卡錫(Desmond McCarthy)、蕭恩・奧弗
蘭(Sean O'Faolain) ⑥和奧利弗・高加蒂，還有像葛特路德・斯泰
因、溫德姆・劉易斯(Wyndham Lewis)⑦等現代主義者。這些現代
主義者的攻擊更惡毒。甚至就連支持者們也難免說些不利的話，瑪麗・
考勒姆(Mary Colum)說這本書將長期處於「文學之外」；哈麗葉特・

韋弗爾(Harriet Weaver)⑧抱怨這部書是一個「批發雙關語的工廠」，她像一個善良的英國家庭女教師那樣責備喬伊斯說：「我看你是浪費自己的天才。」

《守靈》真是處於文學之外了嗎？或者它為文學指明了超越自身的道路？或者它像我們已經認識到的那樣預示了文學的終結？這三個問題實際上是我在本文開始時提出的那一個問題。我對這三個問題的回答都是肯定的。這就是為什麼我要把這本書不僅稱作死亡的書而且也稱作生命的書，或者說不僅稱作終結而且也稱作進步的道理。

對應的觀點

說這本書也是一個進步嗎？向哪裏進步呢？向一種宇宙意識的新觀念嗎？

我應該怎樣表達我的厭惡、絕望和奇怪的忠誠呢？這一切都是由這本書引起的嗎？學者和專家們——例如恩斯特・羅伯特・庫爾提烏斯(Ernst Robert Curtius)和卡爾・居斯塔夫・容格(Carl Gustav Jung)——曾經很不理解喬伊斯，更不喜歡他。而今，人們對這本書的理解並沒有增加多少，卻都紛紛轉而談論它、稱頌它，就像向日葵轉向神秘的太陽那樣。

就以諾曼・奧・布朗、馬歇爾・麥克魯漢、米歇爾・布托爾——或者比常人更冒失、更愛趕潮流的泰奧多爾・羅扎克(Theodore Roszak)和威廉・歐文・湯姆森(William Irwin Thompson)——來說吧，他們都就這本書發表過意見。布朗說：「〔這本書的第一個景象是〕正午的黑暗。日常世界越來越濃的黑暗。芬尼根們的守靈。第二個景象是深沈的暗夜。」| 麥克魯漢說：「《守靈》⋯⋯是一個語言的宇宙，在那裏新聞、電影、廣播、電視和世上的種種語言混雜在一起，構成了一個免費的遊樂場或變形場。」布托爾把《守靈》稱作用語言超越語言

自身的一種最偉大的努力。

　　現代主義者諾斯羅普・弗萊稱這本書是「我們這個時代一部主要的反諷史詩」，不論我們贊成他的看法，還是贊成形形色色的後現代主義者——布托爾、麥克魯漢、布朗——這樣那樣的看法，這部作品依然像一座充滿詞彙的巴比倫古廟屹立在那裏，撩撥逗弄著人類感覺的種種可能性。是的，它比《追憶逝水年華》（*A la Recherche du temps perdu*）、《喧嘩與騷動》（*The Sound and the Fury*）、《魔山》（*Der Zauberberg*）、《戀愛中的女人》（*Women in Love*）、甚至《城堡》（*Das Schloss*）⑨蘊含著更多的可能。

　　有多少人讀過《芬尼根們的守靈》呢？哦，懷爾德(Wilder)先生，雖然你說有些作品可以在無人閱讀的情況下滲入文化，可問題並沒有解決，它依然困擾著我們。

觀點二：高級藝術、通俗文化及其他

《畫像》只描寫藝術家個人；《尤利西斯》力圖表現藝術家尋求每一個普通人獲得拯救的途徑，而《守靈》則給一切人「阿門」(Allmen)。⑩這至少是對喬伊斯作品的一個可信的看法。下面是使人相信這一看法的悖論：喬伊斯是藝術家中最富有自傳性但又最沒有個人色彩的一位；也是最自我迷戀但又最富有普遍意義和戲劇性的一位。其實這裏根本就不存在悖論。他只不過在實踐自己的主觀意志，把這種主觀意志推到了極遠的程度，以致若再勉強區分主觀和客觀、自我和世界就會顯得格外淺薄罷了。他像一個伯克萊⑪式的上帝，希望在自己心靈的語言中、在那本囊括一切但消滅了上帝的書中創造宇宙。保爾・萊昂

---

1. Brown 的 *Closing Time* (1973)發表在此文的寫作之後。

(Paul Léon)用另一種說法表達了同樣的意思：「對喬伊斯來說，不斷的自白意味著不斷的創造。」在喬伊斯的藝術和生平中有一種服從某種意志的統一性，它來自一個無家可歸的心靈。正是這種統一性迫使我們不僅從自我和世界的範疇也從高級藝術和通俗文化的範疇來看待喬伊斯。

我們都知道，沒有任何人比「太陽般的吐杰姆」(211.07)⑫具有更高雅的志趣了。他說「我對讀者提出的要求是他應以畢生的精力來讀解我的作品。」儘管他說這話帶著微笑，但因為說的次數太多，居然把一個糟糕的玩笑變成了絕對嚴肅的事。這樣，高級藝術成了服不完的苦役，要解開「Anna Livia Plurabelle」構成之迷用了 1200 個小時，這說明讀者必須以苦行主義者的態度來對待它是不無道理的。赫伯特·里德這樣說：「文學是神聖的事業，它的聖殿比西藏的神廟還難接近，正因為如此，我們才說喬伊斯先生是現代文學的高級牧師。」但這幅喬伊斯的肖像還有另外一面，那就是刊登在《時代》雜誌封面上的喬伊斯畫像。在狡黠大大多於沉默的流放生涯中，他成功地使《守靈》成了不可讀書籍中最著名的一本。

也許我們會覺得很荒謬，喬伊斯本人也相信《守靈》會引起不同層次各種讀者的廣泛興趣，相信他那「偉大的語言」(Big Language)既能夠贏得不普通的讀者，也能夠贏得普通的讀者。當然能夠。為什麼不能呢？不管怎麼說，這本書畢竟充滿了機智和感傷，隨處可見對民俗民風的描摹、粗俗的玩笑、音樂廳的歌聲、街頭巷尾的嘈雜、小酒館的喧鬧。稀奇古怪的、低級庸俗的、過於多情的、日常瑣碎的、淫穢猥褻的東西在他這本後期的作品中可以說比比皆是。嘈雜、喧囂、紊亂和最純的詩意揉合在一起，於是，崇高和可笑之間的距離最終凝縮成一個雙關語，擴展成一篇沒完沒了的滑稽模仿。萊斯利·費德勒認為通俗文化就是後現代主義，說通俗文化從來沒有離開過《守靈》

的邊緣。

　　不過，《守靈》和通俗文化的親和性仍然是複雜的。喬伊斯曾對喬拉斯(Eugene Jolas)說：「這本書正在由我碰到或認識的人們寫。」這並不是說他突然變得謙虛起來了，他說得不錯，這本關於「一切人」的書的確需要一個集體的作者，至少在理論上我們應該這樣說。從另一個角度看，它還需要一個集體的讀者。除了這樣的讀者外，「喬伊斯產業」(Joyce industry)還能產生出別的什麼呢？米歇爾‧莫斯(J. Mitchell Morse)較爲歡快地說：「讀解《守靈》是一樁不同尋常的集體事業，它不僅是量的結合，不僅是把小零件變成大件的機械組合，還是主客觀因素的混合，是一種交流融匯，在這種融匯中，一個人的信息從另一個人的潛意識中引出一種推論，這一推論又證實了第三者的猜想。喬伊斯復活了古老的遊吟詩人和薩滿教巫師的魔法，這種魔法在我們習慣上認爲最不可能的地方即研討會的會場上發生作用。」

　　也許在研討會的會場上我們中的多數人較爲接近通俗文化。也許沒有圍墙的研討會將變成「解除學校的社會」(a deschooled society)的文化。我想要表達的論點是：《守靈》把高級藝術和通俗文化兩種傾向引向了外在的極端，在那裏心靈中的種種傾向融爲一體、靈悟(epiphany)和下流的笑話融爲一體。如果說這仍然可以稱作菁英主義的話，那也是一種特殊的菁英主義。

對應的觀點

我不知道宴會上是不是會爲喬伊斯一類人提供瑞士白葡萄酒，提供晚宴上常見的那種「女大公爵」牌葡萄酒？

　　我還對關於「廢物」(dreck)的說法懷有疑問。唐納德‧巴塞爾姆在《白雪公主》中說：「我們喜歡那些講了許多廢物的書，所謂「廢物」就是不甚相干甚至毫不相干的東西，但我們只要細心去讀，就會發現

這些東西可以提供一種事物在前進的『感覺』。」《守靈》是不是充滿了具有魔力的廢物呢？舊意識的遺物能把自己重新造成有用的磚石嗎？

還有一些事情也須說明。在我們看來，《守靈》向現代主義高級藝術的觀念發出了挑戰，並以某種方式預示了後現代主義關於通俗文化的思想，這不僅因為它有一種雅俗混合的調子（不管怎麼說，在它之前畢竟已有「麗兒的丈夫讓軍隊給發回來了」⑬之類的語調），也不僅因為它充滿了粗俗滑稽和淫穢猥褻的內容，而且還因為它是一個集體心靈創造的神話，在這樣的集體中萬能的作者必須消失。

不，我這裏並不是像休姆(T. E. Hulme)、艾略特和龐德等人那樣來談「非個人化」(impersonality)，而是像羅蘭·巴爾特那樣思考「作者的死亡」。作為一個冷靜而又精明的符號學家，巴爾特看上去很像通俗文化一個奇特的同盟者。且讓我們聽聽他說些什麼吧：「一旦作者消失，要『解讀』一篇文本的要求就變得毫無意義。而賦予文本一個作者就意味著給這篇文字一個結束句、給它一個最終的意義，因而也就結束了寫作。」對巴爾特——莫斯在這裏不明智地和他站在一起——來說，寫作的真正核心不是寫作而是閱讀。這樣，「一個文本就包含了多種寫作，它們來自不同的文化，然後進入相互對話、相互滑稽模仿和相互競爭。這一文本的多樣性只在一個地方集合起來、統一起來，這個地方不是我們過去一直說的那個作者，而是讀者。……」

哪個文本能夠比《守靈》更好地慶祝作者的「死亡」和一位新的讀者的「誕生」呢？也許在另一種文學中作者和讀者會最終變成真正的同代人吧？可就時下來說，難道我們不是看到了一個年輕讀者即將來臨嗎？他不是通俗文化，而是對通俗文化的滑稽模仿，一個玩弄詞藻的人，像《艾達》(Ada)中的人物那樣好色、《羊童賈爾斯》(Giles Goat-Boy)中的人物那樣敏捷、《萬有引力之虹》(Gravity's Rainbow)⑭中的人物那樣在失重狀態下跳躍。

觀點三：夢和遊戲（與後期結構）

夢的紊亂、遊戲的無目的性和結構的精巧似乎是矛盾的，但正是在這種矛盾的基礎上，《守靈》達到了自我平衡。

實際上，這種平衡人爲的色彩多於奇跡的顯現，是一種超級的魔術。因爲作爲一本寫夢的書，《守靈》力圖達到極度的清醒。這部作品中的機智和喜劇性有分明的自我意識，使阿蘭德・厄舍(Arland Ussher)想起了「一部關於馬克思兄弟的電影那種精巧的荒誕」。不論喬伊斯是否做過那樣的夢，我們必須承認，他的語言形成了一種「後設語言」，而不是夢。的確，這部作品使他迷戀。他說：「從一九二二年以來，這本書對我而言是一個比現實更大的現實，所有的事都要爲它讓路。」迷戀產生過度意識(hyperconsciousness)。喬伊斯曾問勃金(Frank Budgen)⑮：「意識的神祕是怎麼一回事？他們究竟對此有多少了解？」從作者的角度看，《守靈》中夢的成分只不過是他的自由：即改變語言和現實的自由；夢是文學的幻想。我們是「空間不知何時的產物。」(558.33)

對應的觀點

米歇爾・布托爾提出，《守靈》不是關於一場夢的描述，而是「一架激發讀者做夢的機器」，或者說激發讀者遊戲的機器。遊戲是後現代主義的邪惡也是它的歡樂。遊戲是愚昧，也是幻想。

想想我們所有的那些幻想家和占卜家們吧：貝克特、巴思、伯恩哈特、伯吉斯(Anthony Burgess)、貝克爾、巴塞爾姆、布托爾、勃朗肖、巴羅斯、勃羅提根(Richard Brautigan)、波赫士、比契塞爾(Peter Bichsel)、納博科夫。羅納德・舒金尼克(Ronald Sukenick)也是一個幻想家和占卜家，他說後來的作家們都是跳「波沙諾瓦」(Bossa Nova)

⑯舞的人：「不言而喻，這種舞沒有情節、沒有故事、沒有人物、沒有時序、沒有逼眞、沒有模仿、沒有寓言、沒有象徵、沒有題材、沒有『意義』。」

但我們全都會這麼喊，那不是《守靈》。可它是《守靈》的部分，是去掉妄想狂的《守靈》，是無所事事的《守靈》，是有著一副鬼臉、作爲荒誕喜劇和不折不扣的遊戲的《守靈》。不論他的本意是否如此，當上帝變成了做夢者時，任何事都是可能的。

續觀點三

夢變成了遊戲，變成了幻想和數字的練習。夢和遊戲首先爲喜劇提供了看不見的框架。總有一天有人會根據《守靈》創造一套喜劇理論。她（或他）可能參考休·克納和費文·梅西耶(Vivian Mercier)寫小丑的作品。考慮所有諷刺詩歌的、兩種語言混雜的、滑稽模仿的、冷嘲熱諷的傳統喜劇因素。也可能請教各種哲學家，思考卡爾·馬克思關於重複自己，先是作爲悲劇，然後作爲鬧劇，最後作爲祈禱的論點。那禱詞也許是：「柱啊⑰。把災難堆在我們的頭上吧，用低級的笑聲纏繞我們的藝術吧！」(259.07)這裏，我只想說明，在《守靈》中喜劇和夢、遊戲、結構緊密聯繫在一起，喜劇使夢客觀化，使結構民主化，把遊戲從陳腐的邏輯中解放出來。從最小的雙關語到最大的滑稽模仿，喜劇充分展示了自己的力量。它不僅使人捧腹，使人震驚，也增加了意義層次和複雜性。喜劇在這本書中是語言的音叉，永遠在眞空中振盪。

簡短的對應觀點

眞空。一點不錯！

有人可能會把這種喜劇的無窮振盪稱作虛無主義。對一個一度曾

是喜劇的滑稽模仿的滑稽模仿的滑稽模仿，荒誕的重複是永恆的。沒
有評價，沒有價值。難道這就是「那個永遠搖搖擺擺的跳著快步舞、
因爲滿城快樂而歡欣雀躍的、渴慕儒雅的、風度翩翩的跳躍者〔喬伊
斯〕⑱」（414.22）對這本小説所作的一切嗎？

　　再説，主要的後現代小説除了喜劇的模式外還有什麼呢？除了喬
伊斯和卡夫卡外還有誰稱得起它的元老呢？除非他是那個無名之輩雷
蒙‧盧塞爾？

觀點四：結構

關於結構問題，除了説所有優秀的結構主義者都要到《守靈》中去尋
找極樂世界，因而流連忘返，不知所云之外，我還能説什麼呢？

　　我們知道，這本小説在結構上有過多的決定因素，而在語義上則
確定因素太少。它的結構方式有數字的、象徵的、主導主題的、拼合
的、蒙太奇的、神話原型的、似夢的、神祕感應的、音率的、多視角
的、漸隱視角的、遊戲理論的、滑稽模仿的、雙關語的、頭韻的、以
及傳統修辭學中的許多其它方式。可是，它又不僅清醒地意識到自己
是一個結構，而且矇矓地意識到有必要打碎自身的結構(de-structure
itself)。埃爾曼(Richard Ellmann)⑲説：「貝克特評論道，在喬伊斯
看來，現實是一個圖示，是一個可能無法説明但能推測的規則。它不
是對秩序或愛的感覺，而是對比這兩者更謙卑的巧合的感覺。」

　　巧合作爲一個結構原則既意味著認同，又意味著偶然，既意味著
復現，又意味著分歧。它暗示每一種狂熱的秩序本身暗含的可怕的混
亂。一匹馬四條腿、一年四季、四福音書，這些數字是神祕設計的巧
合，還是現實中的痴呆？喬伊斯似乎最終通過不可避免的反諷證明了
自己關於感應的見解，他愈是變得神祕——那僅是迷信嗎？——他對
自己的滑稽模仿就愈見無情。他那偉大的德達路斯式的勞動包含著深

刻的解體本能。

這樣，《守靈》一方面表明了喬伊斯藝術努力的總體性(totality)，例如，第四章的結尾可以讀作包括他的其它作品的結尾在內的一個總結尾：書中的許多章節重演了整個小說的設計。不過，作品在結構上也對自身進行反思，從而提高了它的虛構性。作品中人物筆者謝姆(Shem the Penman)模糊恍惚的形象、用文字表達的瀰漫性母題、關於喬伊斯本人的種種暗示、對小說手稿的種種歪曲、小說創造的進展和被接受的情況等等——「你對他的事實虛構性(factifiction)的審查體現了一個扭曲的過程。」(496.36)——都是藝術技巧承認自己的人為性的例子。另一方面，《守靈》接受了每一個創造行動的無償服務。的確，正如我們將看到的那樣，喬伊斯把創造等同於原罪這個所有行為中最必須、最無償的行為。

對應的觀點

筆者謝姆，「動物屍體的探嗅者、未成年的掘墓人、用漂亮辭藻尋找罪惡巢穴的人」(189.28)。謝姆、該隱(Cain)、撒旦、尼克(Nick)和格拉格(Glugg)、伊什梅爾(Ishmael)、塞特(Set)、塔夫(Taff)和穆特(Mutt)、牙戈(Iago)、羅密歐(Romeo)、鮑特姆(Bottom)和帕克(Puck)、斯蒂芬·德達路斯、詹姆斯·喬伊斯⑳「今天仍舊是邪惡沒有獲得徹底清算的著名掠奪者」(125.21)。「不，你這該死的傻瓜，無政府主義的首領，本我的頭子(egoarch)，異教的創始人(heresiarch)，你在自己最可疑的靈魂真空中建立了分崩離析的王國。」(188.15)

哦，這是一幅多麼令人作嘔的藝術家畫像(a Portrait of the Artist as Nasty Man)呀！但這位藝術家謝姆·喬伊斯(Shem Joyce)㉑卻創造了奇特的後現代形式。下面簡述這些形式及其淵源：

　　a.滑稽模仿式的反身性。(Parodic Reflexiveness)《守靈》滑稽模仿並反身及自身結構的做法並不新鮮，紀德的《偽幣製造犯》(*Les Faux-Monnayeurs*, 1952)、貢布羅維奇的《費爾迪杜爾克》(*Ferdydurke*, 1937)都在這方面為喬伊斯這本書開了先河。此外，可作為它的前導的還有《商第傳》。但是，這種多視角的、斷裂的、含混的小說只在二次大戰後才出現在納博科夫的《微暗的火》(*Pale Fire*)、考塔扎爾的《踢石戲》(*Hopscotch*)、波赫士的《交叉小徑的花園》(*Ficciones*)、熱奈的《小偷的日記》(*Journal d'un voleur*)、貝克特的《怎麼會是這樣》和巴思的《迷失在開心館中》(*Lost in the Fun House*)等形形色色的作品中。

　　b.現實的再創造。(The Re-creation of Reality)時間、地點、人物、情節等傳統觀念瓦解；現實獲得了再創造。在現代主義文學中，藝術家們有時通過類似立體主義的方法打碎表面來重新創造現實，如萵特路德·斯泰因和阿爾弗雷德·德布林的作品就是這樣；有時又通過消溶表面，再把它吸收進內部語言的方法來重新創造現實，如普魯斯特和福克納的作品就是這樣。第一種方法是接近客觀的，第二種方法是接近主觀的，但二者都要通過語言來再造現實。喬伊斯掌握了這兩種方法。在這個意義上，他為「新現實主義」和「超現實主義」兩類小說廓清了道路。也就是說，他一方面為羅勃-格里耶的《嫉妒》(*La Jalousie*)和布托爾的《變化》(*Mobile*)，另一方面為霍克斯(John Hawkes)的《生番》(*The Cannibal*)和沃利策(Rudolf Wurlitzer)的《木栓》(*Nog*)廓清了道路。在上述兩種類型的小說中，對現實的再造要求我們在作品瀰漫的幻想中放棄主客觀範疇的區別。事實和虛構具有同樣的要求。下面的作品也是後現代主義的：卡波特的「非虛構小說」《凶殺》、斯泰龍的「對歷史的沉思」《納特·特納的自白》(*The*

Confessions of Nat Turner)、梅勒的「作爲小說的歷史和作爲歷史的小說」《黑夜的大軍》(*Armies of the Night*)，以及美國的新新聞主義。這些作品無論怎樣片面，都從某一角度說明，事實和虛構必須混淆。語言更大規模的擴張和世界這幅巨大的卷帙相匹配、相同步，直到有一天現實變成語言的宣言爲止。

c.非線型形式。(Nonlinear Form)循環的、同時的、偶合的——一個錯綜複雜的、拼貼鑲嵌的、剪輯組合的、或者按麥比烏斯帶(Mobius time strip)㉒構成的各種母題——這正是《守靈》的特點。我們認爲，神話、音樂、猶太教神祕主義和電學系統是這本書非線型結構的原型。它給人一種彷彿存在於傳統時空之外的感覺，不僅像約瑟夫・弗蘭克(Joseph Frank)在談到現代小說時所說的那樣是時間的空間化，而且是時間和空間兩方面的荒謬化和怪誕化。由於摒棄線型或數衍式的邏輯並模仿夢，它保持著心理上「現在的」時間和無限的空間。在談到馬克・薩波塔的「洗牌式小說」作品第一號時，薩龍・斯潘塞(Sharon Spencer)說:「薩波塔的敍述順序從夢中獲得了一個基本原理，那就是消解了回憶（指過去）、慾望（暗示未來）和幻想（暗示現在）之間的傳統界限。而以一個沒有時間的傑出的視覺結構取而代之。」儘管薩波塔的作品看起來特別古怪，但它卻像大多數後現代主義作品那樣採取了非線型結構，這種結構是視覺的、也是聽覺的，更重要的是，它力圖直接佔有人們的心靈。

d.關於書籍本身的問題。(The Problematics of the Book)技術改變了這部作品的性質。從馬歇爾・麥克魯漢到米歇爾・布托爾，作家們都在思考這個問題；克納在《奉行禁慾主義的喜劇演員》(*The Stoic Comedians*)中特別注意到喬伊斯使用活鉛字的情況。大家都看得很清楚，這本書使用了腳註、邊批、一覽表、簡圖和各式各樣的字體，

它不適宜一頁一頁地順序閱讀。與其他作品相比，它好像一個大雜燴，既是不連續的、又是整體的；既是視覺的、又是聽覺的；既是抒情的、又是敘事的。它的版式的某些特點令人想起德布林的《柏林，亞歷山大廣場》的圖案、多斯·帕索斯的《美國》的標題、馬拉美的《骰子一擲》(Un Coup de dés)的空白，甚至讓人想起《巨人傳》(Gargantua et Pantagruel)或《凱爾斯書》(The Book of Kells)㉓的裝飾。這些印刷上的特點也啓示了約翰·凱奇、羅納德·舒金尼克、唐納德·巴塞爾姆、雷蒙·費德曼(Raymond Federman)、尤金·魏德曼(Eugene Wildman)等一批美國後現代主義者的實驗。然而，版式和印刷並非眞正的問題，眞正成問題的是書籍的舊觀念。麥克魯漢說：「在《守靈》中，喬伊斯始終以人類最基本的願望(abcedmindedness)爲主題演奏各種變化的旋律，……他用『詞聲視的』(verbivocovisual)方式來放映整個黑夜的『新聞片』。」這是把交流媒介作爲形式和人類文化流的載體(vehicle of the flux of human culture)首次戲劇化的實驗。人們禁不住要問：我們文化中下一個語言與官感結合(verbisensual)的交流過程將是什麼呢？

觀點五：色情主義

《守靈》中的色情描寫像它的生活那樣包羅萬象，像它的語言那樣五花八門，不過，在實質上仍是典型的喬伊斯式的。瑪格麗特·索羅門(Margaret Solomon)覺得「性」是「喬伊斯開的宇宙玩笑」：「扮演沉浸在性中的上帝這一角色——採用所有的宗教神話和造化的象徵使他的玩笑永世常存——是他按照自己所受的耶穌會敎義表示挑戰的一種方式。」可是，《守靈》實際上超越了挑戰，其中各式各樣性的排列組合與貝克特的性描寫不同，既是神聖的，又是嘲諷的。

正像索羅門夫人指出的那樣，小說提供的是一幅非歐幾何式的性

圖。人代表生殖器，圖示代表人。創造既與荒廢又與生殖聯繫在一起。自然有許多進口與出口，每一個問題都有許多刺激感官的方面。上面如此，下面也如此，開始如此，終結也如此。正如弗里茨•賽恩(Fritz Senn)評述的那樣：在喬伊斯寫夜的這部作品中，「上下左右，前後內外都是政治的，也都是色情的。」小說包括了一切色情的、性心理的內容及愛神厄洛斯(Eros)和靄理斯(Ellis)及克拉夫特─埃賓(Kraft-ebbing)㉔曾經夢想過的所有事情：浪漫的戀情(romantic love)、自戀癖(narcissism)、戀糞癖(coprophilia)、亂倫(incest)、雞姦(sodomy)、手淫(onanism)、女同性戀(lesbianism)、觀淫癖(voyeurism)、裸露癖(exhibitionism)、施虐─受虐狂(sadomasochism)、陽萎(impotence)以及種種所謂的性變態，還有黑人大眾的口肛交(osculum ad anum diaboli)及 HCE 和 ALP 碩果纍纍的作愛：「朱庇特式惡毒的騙子浮在他棕色的、雄壯的惡夢上。大強盜嘮嘮叨叨地刺探他的花蕊。一對一生產一！」(583.08)

　　這就是小說中愛的神秘：一來自多，多又復歸為一。因而最終不是性變態，而是性歸一(at-one-ment)。這樣，就出現了書中許多人物雜亂的性關係、男女兩性的性錯亂、甚至穆罕默德、莎士比亞和拿破崙都顛倒了性別。這樣，也就出現了伊爾威克(Earwicker)一家雜亂的結合：父與子同一、母與女同一、每個人和與之亂倫的對象同一。亨姆蒂─達姆蒂(Humpty Dumpty)在性關係上的失敗，標誌著語言和肉欲在追尋圓滿結合時的永久變形。達西•奧勃萊(Darcy O'Brien)說，在喬伊斯的生平和創作中眞正的愛情和貪淫好色幾乎沒有統一過。這難道是因為終極的統一永遠是完全非個人化的嗎？

對應的觀點

關於後現代時期的色情主義，現在有大量淫穢骯髒的書、電影、圖畫，

請想像一下法官吳爾西(Woolsey)對上映《深喉嚨》(*Deep Throat*)講的話吧。

　　但是，還是讓我們為我們的時代做些辯護吧。

　　請考慮諾曼·奧·布朗和諾曼·梅勒——伊薩林(Esalen)集體心理治療研究所和金賽(Kinsey)性研究所——叢林出版社(Grove Press)和奧林匹亞出版社(Olympia Press)——婦女解放運動和同性戀解放運動——避孕藥丸、《花花公子》(*Playboy*)和《閣樓》(*Penthouse*)雜誌、波特諾伊(Portnoy)、㉕色情題材和色情政治——這一切都表達了某種要聯結的朦朧欲望——表達了某種欲望及其破滅——表達了把作為綱領的性高潮和作為唯我意志或意識形態的性聯結起來的欲望——然而，一種新的色情意志堅持尋找自己更大的結構——尋找家族的死亡(David·Cooper)和兩性人(Carolyn Heilbrun)——尋找一種新的部落文化、一種新的多形態性和性變態——難道這些不是都與《守靈》有關嗎？

　　當然也有區別——它雖也肯定愛的更大的結構——但這種愛更接近神話和可變異性而不是意志和意識形態——更接近語言——性即幻想的語言——「唱性的頌歌，偽造的性的韻律」(242.30)——這就是後現代小說的性語言嗎？

觀點六：混雜的語言

斯特洛瑟·珀迪在談到《守靈》時說：「儘管它使用了其它種種語言的句法，但不能說它是用……任何別的語言寫成的。」人們可能會問：難道喬伊斯想要把人類的語言恢復到上帝從天國俯瞰巴別塔並呼喊：「讓我們下去把他們的語言搞亂，使他們互不理解。」之前的統一狀態嗎？弗蘭克·勃金記起有一次喬伊斯曾說，他發現了人類語言不統一的祕密。遺憾的是勃金沒有問他發現的秘密究竟是什麼，因此我們也就永

遠無從得知這一祕密了。

不過，我們可以做些猜測。也許喬伊斯感到如果現實能夠和語言同一，語言也就能與它自身同一。這並不意味著要否定他在《守靈》中瓦解一切的狂熱意志、否定他使自然語言沉默、撕裂母語的意志。但他這種瓦解一切的狂熱也要尋求可以變成沒有中介的純意義的「詞彙」他跨越了世界上二十九種 (?) 不同語言的界限，從世界上種種語音音素的混沌中創造了一種後設語言，以維柯式的循環把象形文字、隱喻和抽象詞彙熔鑄在一起。

我們知道，喬伊斯還使用了大量雙關語、口吃者的語言、謎語，似乎要使人的頭腦處於時斷時續的狀態。可實際上他的雙關語卻是轉喻，他的結巴卻強調復現，甚至他的謎語都掩蓋著宇宙核心混亂狀態的統一。不論他從劉易斯·卡羅爾(Lewis Carroll)那兒借來了多少毫無意義的話語，他自己的語言卻主要是綜合的，而不是分析的。他的「句子」是一個詞，裏面的句法讓位給了一連串音素的組合。從最初的手稿中清晰的句子到最後的手稿中疊床架屋多種層次的竄改，說明他在創作過程中做了不懈的努力，來合併不同語言中的變化形式。《守靈》的各個部分都體現了這一點。當母雞比迪(Biddy the Hen)從時間的垃圾堆中啄出字母時，她可能在一塊可擦掉字跡的羊皮紙或石板上發現了巴別塔之前的人類語言。「帶路吧，友好的母雞!」(112.09)

對應的觀點

還有一種說法。《守靈》是「一種愛因斯坦式宇宙觀的邏各斯」。威廉·特洛伊(Wiliam Troy)在喬伊斯最喜歡的一篇評論中講了這樣的話，可弗萊卻說，這本小說也和「聖經及各種聖書緊密相關，它從靈魂的墮落、覺醒、自然的創造和啓示錄的角度來看待生活。」那麼，就這部作品的語言而論，我們能不能說古老的諾斯替教神祕主義和新技術的

夢想在書中匯合在一起了呢？也就是說，把心靈和自然、科學和神話統一成超越物質的某種唯一真理的夢想在書中實現了呢？

我無法回答這一問題，但我意識到，在後現代主義文學中語言已經和事物分離，現在語言所指的只能是語言而不是其他。有什麼作品，或者說有什麼語言能比《守靈》中的語言更能讓人注意到它本身只不過是語言，只不過是詞彙呢？約翰·弗萊契(John Fletcher)看到了喬伊斯對最神祕的文體主義者的影響：「貝克特從喬伊斯那裏真正學到的是詞彙的重要性和怎樣在練習中發揮它們的作用，使它們忠於自己的本質，而與自己的表面意義無關。」

的確，詞彙變成了本質或動能，處於不斷的變化中，卻不可摧毀。它被高度壓縮在波赫士那本題為《巴別圖書館》(*The Library of Babel*)的書中。這本薄薄的小書包括了過去、現在和未來所有的書。

觀點七：走向普遍意識

當本章將要結束的時候，我的主要論點變得更加分明起來：《守靈》渴求創造一種普遍的意識。且讓我們看看它為此所作的設計。

其一：維柯說：「個性是普遍性的具體化。每一個個體的行動同時是超個體的。」用這話來評喬伊斯的《守靈》恰到好處，因為這本書的人物沒有一個是屬於此時此地的。

又一：本書的人物總是處於不斷的復現、變形和重疊過程中；相對的人物謝姆和肖恩(Shaun)、HCE 和 ALP—總是相互轉化。

又一：實際的和可能的、歷史的和虛構的有著同樣有效的永恆性；從這一神祕的觀點看，喬伊斯追隨了布魯諾(Giordano Bruno)。在《守靈》中事實和虛構熔化在一起。

又一：在一個同時性的世界上，原因和結果偶合，永恆和瞬間像在神祕的教義中那樣融匯成永久的現在(Perpetual Now)；時間序列變成了同時的存在。

又一：喬伊斯選擇了夜的世界，因為死亡是最大的均衡器，它消除了一切差別。死亡的姐妹「睡眠」也是這樣一個均衡器。人們在睡夢中交換種族的一切象徵符號，毫不吝嗇，也毫無羞恥感。

又一：不論誰是做夢的人或敍述者，他是「一切人」(All)。不過。伯納德‧本斯托克(Bernard Benstock)說得也對：「在創造的層面上，是喬伊斯本人賦予他自己體驗到的、學到的和理解了的一切以形式（如同次於最高神的巨匠造物主(Demiurge)創造世界那樣，在夢中丟棄了進化循環，從而創造了宇宙）。」

又一：創作過程像聖靈一樣侵入所有的媒介並把它們聯合起來；電視和心靈感應、著名的文字和精神寫作、電影和柏拉圖洞穴中的陰影、交媾和語言，這一切都變成了一體。

又一：這部書想要囊括一切；它不是一部百科全書，可它是一個真正的宇宙，通過宏觀和微觀間的對應關係，它要變成我們這個現存的宇宙。

這部書中要統一萬物的策略不計其數，隨著我們對它的不斷熟悉，我們將發現這個數目將越來越大。但我認為，我們許多人會讓喬伊斯的那個魔鬼（即「滑稽模仿」）蒙蔽，而看不到這本書的語言顯示出神祕真理的可能性。我們會有一種感覺，這本書的總體性和它傾向於普遍意識的努力不能成功地對它自身進行滑稽模仿、顛覆和反諷。

詹姆斯‧阿瑟頓(James S.Atherton)：「喬伊斯不否認可感物質客體

　　　　　　的存在。……柏克萊(George Berkeley)關於自然規
　　　　　　律的觀點在我看來卻是形成《守靈》整個結構的可能
　　　　　　的淵源。喬伊斯在書中的一節(Siris)中說：『在宏觀的
　　　　　　宇宙中須由一個無限的、全能的心靈以無邊的力量和
　　　　　　已申明的規則來運用和決定柏克萊的自然規律，而在
　　　　　　微觀的宇宙中則須由人的心靈以有限的力量和技巧來
　　　　　　運用和決定這一規律』」

威廉·特洛伊：「人性給我們留下了深刻的印象，但不是在它的實際性
　　　　　　中，而是在它的內在性中。這可與中世紀神學家們關
　　　　　　於神性的觀念相比擬，即那種能夠具有物質的形式，
　　　　　　但在時空方面具有無限性的觀念。」

對應的觀點

「即便如此，倘若沒有他那神秘的、幻覺式的閃光在每一頁中的每一
個地方滑過……」(1082.04)，後現代作家們就完全可能和他們的前人毫
無差別，而不會是今天這個樣子。

　　新諾斯替神秘主義的細菌侵入了文學的字詞－肌膚。威廉·巴羅斯
看清了字詞是「病毒」，正在攻擊我們已經受損的「中樞神經系統」，
阻礙我們享受「非身體的經驗」。看到這一點的不只是巴羅斯，其他後
現代主義的作家們（科幻小說家和非科幻小說家）也看到了這一點。
不過他們的說法也許不至於像巴羅斯那樣極端。他們都想消解這個已
知的世界，把它難以駕馭的、受到制約的種種因素吸收入一種幻象、
一個夢和一個靈感中，這個幻象、夢或靈感可能使語言變得多餘。無
論他們是像貝克特和波赫士那樣的最低限主義者(minimalists)，還是
像納博科夫和品欽那樣的最大限主義者(maximalists)，人們都感到，

他們在致力於走向一片清晰的沉默地帶，一片充滿幻覺和理智噪聲的地帶。這個地帶是我過去經常想要探索的，正像蘇珊・宋妲格說的，它具有「一種強力的、世俗的對神褻瀆的情調、一種要獲得無拘束的、無選擇的、總體的『上帝』意識的願望。」

　　難道這不是《芬尼根們的守靈》的呼喊嗎？

跋

「譯成喬伊斯式的英語」(Traduced into jinglish janglage)(275. n6)，我多次講過，《守靈》是說明後現代性的一個巨大的預言。我從許多不同的角度感到了這一點。但是，難道這個預言最終不是一紙空言嗎？對這一問題的探討必然引出另外一些問題。現在可以以這些問題的討論來結束本章。

　　我關於喬伊斯的全部問題和疑問似乎都可以歸結到他奇特的創造觀上——我指他關於生活、人和自然的創造觀。他相信，上帝創造世界，這就是原罪，因為創造的行動總是扭曲的。這個缺陷表現在所有生產的行為中、表現在性中和所有藝術品、工藝品的創作中。因此，在喬伊斯的眼中性從來都不可能沒有隱藏的污點和錯誤的騷動。我突發奇想：這位肉欲主義者尖刻的反諷是否有時會變成最終的絕望和惡毒的怨恨呢？事實上，《守靈》的各種各樣的嘲諷中含有多少惡毒的怨恨？存在的圓滿中含有多少歡樂？安德林・格拉申(Adaline Glasheen)在談到這部小說時曾說到它的「好脾氣的虛無主義」，難道這一說法不也可以用來修飾寫過「我不時地躺下來，靜聽自己的頭髮變白……」的喬伊斯嗎？

　　還有一個最重要的問題：為什麼喬伊斯永遠不拋棄都柏林呢？永不，永不，永不，永不，永不！這樣反覆不斷，沉醉迷戀的想像是從

哪裏來的?「再次記住我吧」(mememormee),「再次記住我吧」,這是《守靈》最後一頁再一次對愛爾蘭(Finn, again)㉖的慟哭!難道喬伊斯真的構想出出生和再生、發生和復現之間的區別嗎?當記憶在我們交合之際徘徊不去,等待著嬰兒問世以便爲其取名的時候,創造不是表現出缺陷了嗎?

這些問題也許帶有太多的個人色彩,提得似乎也太魯莽了些。我知道批評有它自己的怨恨,我並不急於發洩這些怨恨,也無意貶損喬伊斯。他已成了今天最偉大的作家中一個偉大的小說家,對他來講,褒貶已經沒有意義。我們大家都常去那些掛著各式喬伊斯名號的研討會——喬伊斯的、隱秘喬伊斯的(crypto-Joyceans)、後設喬伊斯的(meta-Joyceans)、超喬伊斯的(para-Joyceans)——作朝聖旅行,這些旅行的目的都是爲了增長學識、增進友誼、尋求艷遇。可問題依然存在,這一切不是以他的名字開始,也以他的名字結束了嗎?

在強調了喬伊斯這部偉大的謎語的預見性之後,我內心的一部分發出了這樣的呼喊(是的,這是某種近於驕傲的奢望的呼喊):人類的命運也許會大於這個巨大的、倒退的、可逆的謎的含義。

埃萊娜・西克蘇(Hélène Cixous)講過一段相當動人的話:「在勃魯姆之後便是洪水,但喬伊斯已經準備好了方舟(即《守靈》),以便裝載世上所有的神話和類型;世界在它盲目的欲望中追求自身的毀滅,完全可以徹底泯滅自己,因爲《守靈》已經挽救了它的象徵、標誌和文化模式。」

我們已經把我們這個時代的想像力發揮到極致了嗎?我願意毫不慚愧地請求不僅挽救那沉重的方舟,不僅追尋那天空的彩虹,而且變成所有彩虹的物質成分,或者獲得更多的:新的光明……

譯註

① 《芬尼根們的守靈》是喬伊斯最後的一部小說，這部小說主要寫主人公伊爾威克
（即本文中的 HCE）和他妻子（Anna Livia Plurabelle 或縮寫爲 ALP）的
夢，也是寫「黑夜」的，反映了維柯關於人類歷史不斷循環的思想。書中的另
外三個主要人物是他們的一對孿生兒子，即文中提到的 Shem 和 Shaun 以及他
們的女兒 Isobel。這部作品的語言極富創造性，充滿了雙關語、混成詞、外來
語和滑稽模仿。這裏括號中的數字指原書的頁數和行數，下同。下面的 Stephen
Dedalus, Bloom 分別爲喬伊斯的《一個青年藝術家的畫像》和《尤利西斯》中
的主人公。這些名字除了 Stephen 是基督敎中的殉道者外，其餘均借自希臘神
話。Nora 是喬伊斯的妻子。

② 希臘神話說赫拉克勒斯穿越整個歐洲和非洲時在直布羅陀海峽兩岸建起了兩座
石柱以紀念他的漫遊。轉義指事物的極限。

③ 這裏所說的「電影劇本」題爲 Joyce-Beckett: A Scenario in 8 Scenes and
a Voice（見其 *Paracriticism,* 63-73）其場景在都柏林、美國、巴黎之間轉換。
Missisliffi 是由表示美國的 Mississippi 河和都柏林的 Liffey 河的兩個字混合
而成的一個字。

④ funferal 是喬伊斯創造的一個混成字，由 fun＋funeral 構成。

⑤ Oliver Gogarty（1878-1957），愛爾蘭作家、愛爾蘭文藝復興運動的參加者，
曾與喬伊斯在都柏林三一學院同過學。喬伊斯在　*Ulysses* 中曾用他作爲 Ste-
phen 的同學 Mulligan 和 Molly 的情夫 Boylan 等人的原型。

⑥ Alfred Noyes（1880-1958），英國詩人。曾在普林斯頓大學講授現代英國文學，
以史詩三部曲《火炬手》著名。

Desmond McCarthy（1877-1952），英國著名新聞工作者。曾任《星期日泰晤
士報》高級文學評論員，幫助過易卜生、契訶夫等作家成名並寫過許多文學評
論。

Sean O'Faolain（1900-　），愛爾蘭小說家、傳記作家。其作品以對愛爾蘭的
中產階級生活作現實主義的描繪而聞名。

⑦ Gertrude Stein（1874-1946），美國小說家、劇作家、詩人。她大半生僑居法
國，二〇年代與龐德等在巴黎大力提倡實驗文學，對海明威、畢卡索等人有過
較大的幫助和影響。她本人的作品也有較濃的實驗色彩，以《三個女人的一生》

及批評文字著稱。

Wyndham Lewis (1882-1957)，英國小說家、詩人、藝術批評家、畫家。涉歷極廣。對早期的現代主義運動頗有影響。

⑧ Mary Colum (1887?-1957)，喬伊斯的朋友 Padraic Colum 的妻子，文學評論家。曾與丈夫一起寫作了《我們的朋友喬伊斯》一書。

Harriet Weaver 也是喬伊斯的好友，曾繼艾略特之後做過 *Egoist* 的編輯，在她主持的這份雜誌上連載了喬伊斯的《一個青年藝術家的畫像》，她後來爲《畫像》和《尤利西斯》的出版作出過貢獻。

⑨這些小說分別是法國小說家普魯斯特、美國小說家福克納、德國小說家托瑪斯·曼、英國小說家勞倫斯和奧地利小說家卡夫卡的代表作。

⑩ Allman 具有雙關的意思，即「所有的人」(all men) 和「阿門」(amen)。

⑪George Berkeley (1685-1753)，愛爾蘭大主教、哲學家、物理學家。受英國經驗主義哲學影響，提出關於存在的著名見解：存在即被感知與感知的二項關係，其間並無「客體」，人的全部感覺都在心內，因而世界上不存在物質實體，只有精神實體。

⑫Twimjim 是《守靈》中喬伊斯創造的名字。喬伊斯小稱 Jim，這裡用以指代他本人。

⑬此句出自 T. S. Eliot 的《荒原》(*The Waste Land*)。「發」即「遣散」、「復員」的粗俗說法，英語原文爲 "got demobbed"。

⑭*Ada* 是美國作家 Nabokov 的小說、*Giles Goat-Boy* 是美國作家 John Barth 的小說、*Gravity's Rainbow* 是美國作家 Thomas Pynchon 的小說。這幾部作品均被認爲是後現代主義的代表作。

⑮Frank Budgen 是喬伊斯的好友，與喬伊斯同年生，喬伊斯曾向他多次談過自己的創作。

⑯或稱「新波沙音樂」，本世紀五〇年代流行於巴西，由桑巴和爵士樂結合而成，多爲切分節奏，配器富於變化而簡單，有很強的即興性。現在作爲舞曲流行於拉美、美國及世界各地。

⑰Loud 在此爲 Lord 的別字，有「大聲的」意思，與這句最後的一個字「low」(低級的、低聲地) 形成對稱和對照，具有詼諧效果。

⑱這句中的幾個字都有雙關的含義：hoper 有「渴望者」、「跳躍者」兩義、hoppy 有「跳躍」和「幸福」兩義、joycity 有「歡樂」、「城」和「喬伊斯」等義，因此這裡所指也是作者本人。

⑲Richard Ellmann (1918-　)，美國文學研究者、著名的喬伊斯學者。以研究喬伊斯、葉慈等現代派作家聞名。其喬伊斯評傳《詹姆斯·喬伊斯》(*James Joyce,* 1959)頗有權威性。

⑳這些名字出現在《守靈》中，是喬伊斯從不同的地方借來的。例如，Shem, Cain, Satan 來自《聖經》，Set 是古埃及的神、Ishmael 取自《聖經》和《白鯨記》、Iago, Romeo, Bottom, Puck 取自莎士比亞的劇作等。

㉑Shem 也是藝術家，多有喬伊斯本人色彩。

㉒由德國數學家和理論天文學家 August Ferdinand Moebius (1790-1868)的名字命名的一種拓樸空間，即將一個長方形帶子的一端先扭轉 180°，再和另一端等同或粘合起來所得到的空間。這個空間有一些有趣的性質，例如它是單側的，如果沿中線剪開仍然連成一片。

㉓《凱爾斯書》(*Book of Kells*)是大約公元九世紀在愛爾蘭米斯郡的凱爾斯鎮印製出的拉丁文福音書，人稱《凱爾斯書》。此書現存都柏林三一學院圖書館，裝禎極精美，是愛爾蘭—薩克遜書稿藝術珍品之一。

㉔Eros 是希臘神話中的愛神。Henry Havelock Ellis (1859-1939)，英國作家、醫生。以研究人類的性行為著稱，著有《性心理研究》一書。Kraft-Ebbing (1840-1902)，德國著名的神經精神病學家、性病理心理學家。著有《性精神變態》一書。

㉕美國小說家 Philip Roth (1933-　)的小說《波特諾伊的怨忿》(*Portnoy's Complaint*)中的主人公，是一個具有變態性心理的人物，自愛和自恨在他的內心深處激起了巨大的、不堪忍受的痛苦。

㉖「再次記住我吧」(mememormee)由 memory me more 等字合成。Finn, agian! 即是「愛爾蘭，再一次！」的意思，合起來讀又是「芬尼根」。還有「結束」(fin 為法文、義文的「結束」)，「再開始」等意。

第六章　批評家即革新家：
一條十個定格畫面的超批評

定格畫面一

我們已經開場。當我們在這本書的字裏行間閱讀、思考或者夢想時，不可見的定格畫面形成了我們討論的主要內容。在《定格畫面分析》一書中，歐文・高夫曼(Erving Goffman)關心的主要是「存有的領域」(realm of being)、「行為的規範」(codes of behavior)、「構成性規則」(constitutive rules)、「虛假的世界」(worlds of make-believe)，他十分注意定格畫面滑動、轉移或分割(slip or shift or break)時「其中的各種形象」：

> 我從事實開始，以個人的觀點看待這事實，一件事片刻間可能顯出它即將成為的那樣子，而實際發生的只不過是一個玩笑、一場夢、一個事故、一個錯誤、一個誤解、一場騙局或一場戲劇演出等。

「真正發生的事」就是定格畫面的一種功能，而這些定格本身卻是一種虛構。正如高夫曼總結的那樣：「生活可能不是藝術的模仿，但是日常行為……卻是對某些特性的模仿、是一種摹擬典範形式的姿勢，這些理想形式的最初實現更多地屬於虛假，而不是真實。」

現在，我們「在這一特定時空」的形勢已經固定在一些定格畫面內，要討論的內容、評論、甚至我的論述方式都固定了下來，被置於

一系列由蒙太奇分割的定格畫面內。這些蒙太奇是重疊附加的，或者只是附加的，其目的是離開正題，提出質詢，往往帶點兒脾氣。在這條超批評中，隨著文字的移動，定格畫面也在滑動，並顯示出各個畫面之間(interframes)的情形，我把這些令人尷尬的瞬間閃現稱作「滑現」(slippage)。

這樣，定格畫面、蒙太奇和滑現就成了這條超批評的三種形式，成爲一盤專挑毛病的帶子的三個頻道，它的目的是想把不能接受的論據變成部分可接受的論據。

下面是第一個滑現。

滑現

他想起參觀慕尼黑的阿爾塔・皮納科泰克(Alte Pinakothek)博物館一些文藝復興時期繪畫的情形。一些畫框是空的，掛在白色的牆上。館內其它地方掛著阿爾特多費爾(Altdorfer)、格倫瓦爾特(Gruenewald)、丟勒(Duerer)、博呂蓋爾(Breughel)和林布蘭(Rembrandt)等人的許多傑作。當時，他感到這所博物館已經變成了無數定格畫面中的一個定格畫面。那麼，僅僅是博物館被固定在畫面框內嗎？當然最終宇宙也會被固定在畫框內的。

可是，宇宙曾是一個不可言說的虛構——一個正是爲了能被言說才變成虛構的「東西」(thing)，那麼，是不是定格(framing)及其相反的解構(deconstruction)把一切都轉變成了虛構呢？

他拒絕接受這樣的想法。他必須假定欲望和死亡是「確實存在的」，否則，宇宙就只能是一片虛無上的一個比喻。這與他內心的思想是背道而馳的。

定格畫面二

托馬斯，庫恩(Thomas Kuhn)在他那本著名的《科學革命的結構》中說，科學家有一種在「研究的共識」(consensus of research)中工作的傾向，他把這種共識稱作「典範」(paradigm)。典範並非不受個人或大眾的影響。庫恩承認:「一種由個人和歷史的偶發事件合成的專斷組合總是形成某一時刻、某一科學家群體信仰的成分。」科學的典範牢牢地把握著理論和實驗兩部分，直到二者中無法忍受的危機迫使科學家——至少是他們中最具有警惕性和創造性的部分——放棄一種典範而去尋求另一種新的典範。這樣，典範就是一種給予科學家能力的結構(enabling structure)，可是這種給予能力的結構也具有強制功能，它要強制的敵人是反常(anomalies)、「意外的新奇」(unexpected novelty)，也就是令人吃驚的情形。

庫恩的觀點是相當複雜的，他後來對不同種類的典範做了區分，把內涵最豐富的一種稱作「學科矩陣」(disciplinary matrix)。不過，即使是最簡單的大綱也可以分清科學和人文學科中組織和知識發展之間的差別。在人文學科中，與科學典範相當的似應為學派(school)。在科學中不同學派的林立也是時而有之的現象，不過，這種情況僅出現在典範取得主導地位之前的「前典範」時期。在人文學科中，各種學派的併立一般是一種規律性的現象，而一派獨尊的局面則往往表現為例外。庫恩說:「如果我們像許多人那樣懷疑，非科學領域何以能取得進步，……那必然是因為這一領域總是存在著相互競爭的不同學派，它們常常互相就對方的立論基礎提出疑問。這裏，可以舉一個例子來說明科學和人文學科之間的差異，例如，提出哲學沒有取得進步的人強調的是這一領域還有亞理斯多德主義者，卻不強調亞理斯多德主義

本身並沒有進步，這就是說，科學家和人文學者對自己的歷史採取完全不同的態度。庫恩接著說：「科學教育不使用相當於藝術博物館和古籍圖書館的手段，結果就可能在某些時候嚴重歪曲本學科過去的許多重要觀念。」

庫恩的思想也許不好應用到人文學科中。有些對我們的學科非常敏感的人懷疑在人文學科中應用典範的權威性。維克多・特納(Victor Turner)在《戲劇、場和隱喻》(*Dramas, Fields, and Metaphors*)中講得很透徹：

> 由權勢集團支持的整體項目和許多對其具有顛覆色
> 彩的候補項目之間對抗的結果形成一個社會文化的
> 「場」(field)，這個場爲人們提供各種各樣的選擇。
> ……我的同事哈洛德・羅森伯格常常爭論說，任何社
> 會任何時代的文化都更像是歷史上的種種意識形態
> 體系崩潰後的一堆瓦礫或一堆「回落的塵埃」，而不
> 像是一個體系、一個有機的整體。有機的整體也許
> 是存在的，……但人類社會集團傾向於通過形形色
> 色關於美好生活的隱喻和在種種典範的競爭中找出
> 通向未來的道路。

把「典範」換成「學派」或「場」就是把一種學科的認識論觀點換成可以更加自由地接受歷史和欲望的另一種認識論觀點。確實，後一種觀點與批評的原則和偏見之間的聯繫比我們一般承認的要多。

從這一觀點出發可以獲得以下三點啓示：

1.批評的接受性取決於我們忠於某一批評流派（包括折衷派）的意識、半意識、過意識或無意識。人文學科中沒有佔主導地位的典範，

只有某些朦朧的「緘默知識」(Polanyi 語)區，這些區域正在變得越來越少，甚至更加朦朧，因此，我這裏表達的任何見解都不可能使其它批評觀點無效或「過時」(歷史學派學者、形式主義者、佛洛依德主義者、容格主義者、結構主義者、符號學者、言語表演者〔speech actors〕們請不必緊張。)。

2.人文學科中的場、學派和定格畫面很難獲得軍事和經濟力量的支持，因而都有一種不安全感，於是，它們裝出無所謂的樣子，對不贊成它們的觀點一概不予理睬。實際上，我們工作（閱讀、寫作、教書）的目的正是為了分割瓦解定格畫面，這樣，我們就相互溝通，了解相互的不安，更無須說相互的責難了。

3.更具體地說，由於批評中缺乏一個佔主導地位的典範，這就使批評中的革新比科學中來得更容易些、更不確定些。對我們來說，批評中更少強制，也更少具有能力的結構。我們欣賞某種「無重性」(weightlessness)，但也因此蒙受損失。這正是這個分解的後現代時期中我們的「自由」的主要涵義。

蒙太奇

對文學形勢的某些責難：

1.美國的各種基金會對人文學科是慷慨的。但它們對美國人心靈的長期影響是什麼？它們是禁止革新還是鼓勵革新？既然它們要把資助給予所有的「傑出之作」，那麼它們是不是以傳統的觀念來界定那些所謂「傑出之作」呢？是不是要獎掖那些因襲陳規之作呢？這些問題和更多的質詢都與發放大量政府資助的國家人文基金會(the National Endowment for the Humanities)有關。

2.美國的許多大學看來是更爲開放的，它們的社會比歐洲大學中的社會似乎更具流動性，可是，爲什麼批評中的前衞派思潮首先產生在歐洲而不是美國？爲什麼前衞派批評家在歐洲較少遭到懷疑而在我們的大學中卻處處遇到責難呢？

3.爲什麼總結文學批評年度工作的評論員在 1975 年 9 月 25 日的《新共和國》上撰文時提及了耶魯大學一位同仁的文章——此文固然是重要的——但卻對格奧爾格‧施泰納那部與文學和文化息息相關的主要著作視而不見呢？難道那些號稱尊重科學典範的血漿物理學家們眞有異乎尋常的行爲嗎？

4.今天的雜誌確有不少出現在批評新聞中，例如，《新文學史》（*New Literary History*）、《批評探索》（*Critical Inquiry*）、《耶魯法文研究》（*Yale French Studies*）、《辯證批評家》（*Diacritics*）、《雕像》（*Glyph*）、《雜文》（*Salmagundi*）等，它們也確實辦得很好。然而，難道這群天才的集合不是一方面集中強化了批評論述，另一方面也壓抑阻塞了批評論述嗎？不是同時也誘使一些批評家陷入語言和思想革而不實的程式中嗎？且舉一個小小的例子：在某些書刊上 Aufhebung（廢除；揚棄）竟被譯成了「elation」（洋洋得意，興高彩烈）。再舉一個大一點的例子：批評論述現在像著了魔似地圍繞著少數幾個名字——馬克思、法國的尼采、法國的佛洛依德、海德格、德希達——打轉，如果打破我們的理智所關注的這個核心是不是會有一些好處呢？比方說，也來說說愛默生或者威廉‧詹姆斯，如何？

定格畫面三

人文學科中各種學派的大量湧現是批評革新造成的一種尷尬處境。批

評革新也產生了另外一些情況，例如，造就了一批集批評和創作於一身的天才。不言而喻，古典的批評家們大多數也是詩人，僅在用英語寫作的作家中我們便可以舉出錫德尼(Sidney)、德萊登(Dryden)、蒲柏(Pope)、華茲華斯、柯勒律治、雪萊(Shelley)、坡、艾略特等名字，然而，這些作者極少能對批評和創作的關係做出令現代意識滿意的解釋，從而使我們更深刻地理解創作過程。也許柯勒律治和梵樂希是我們無法挑剔的例外。艾略特在《聖林》中評論史文朋(Swinburne)時的觀點只不過增加了我們的迷惘，他說「這就提示我們，為什麼藝術家——每一位都有自己的侷限——總是被人們看作批評家，他們的批評將是真正的批評，而不是一個被壓抑的批評意願的滿足，而這種意願在大多數人身上會變成一種致命地干預的傾向。」可是，在隨後的討論中，他卻把史文朋說成是一個非常糟的批評家。

　　我想詩人兼批評家的問題將會一直爭論下去，直到我們對人腦的生理結構和創作過程的現象學有了更多的認識，這個問題也許才能獲得解決。但是，如果我們換一個角度來思考，可能就會變得容易理解些：在多大程度上，或者說得更確切些，在什麼樣的認識論意義上批評是一種虛構？我們無須驚訝，這一角度提醒我們注意，歷史上曾提出過這樣的要求。

　　奧斯卡·王爾德(Oscar Wilde)在十九和二十世紀之交曾極其聰明地提出過這一要求。今天我們驚奇地看到王爾德已經恢復了昔日的光榮。理查·埃爾曼在《藝術家即批評家》中著文盛讚他的成就，萊昂納爾·特利林在《真誠和真實性》(*Sincerity and Authenticity*)一書中討論了他的思想，時下的批評家們則把他和那位更走紅的人物尼采聯繫在一起，不是把他看作一位信奉變化的哲學家(a philosopher of Becoming)，而是把他看作一位具有後結構主義思想的、頗可親近的解構派浪蕩文人。然而這一切讚譽並不能掩蓋他的缺點。他的羞怯

常使人走神，他的矛盾修辭法也易讓人感到乏味，他的警句有時也毫無光彩。但他畢竟是一個諷刺的天才，甚至是一個歡樂的外表下更陰暗、更深沈的天才。

定格畫面中的定格畫面

當美國建國二百周年紀念活動的情景依舊浮現在腦際時，我引述王爾德下面的一段話：

「美國原始的商業主義、使一切物質化的精神、對事物中詩意的不屑一顧、缺乏想像力和崇高理想的情形全都來自這樣一個事實：她把一個坦白地說自己不能撒謊的人當作了民族英雄。現在說喬治·華盛頓和櫻桃樹的故事在一個較短的時空中比整個文學中的任何道德故事具有更大的危害並不過分。」

這一段文字取自 1889 年首次出版的《撒謊術的衰落》。王爾德不可能知道有關柬埔寨、水門、中央情報局可怖的小丑的情形。難道美國撒謊術的復興會使他高興嗎？我想不會。王爾德相信，真正的撒謊是想像，是完全超越政治家權力的一種能力，因為政治家們只能表達錯誤的東西。不過，和大多數國家相比美國產生更多的夢、噩夢以及對此二者深刻的批評。

王爾德與我這裏的論點關係最密切的文章是〈批評家即藝術家〉。我們記得，馬修·阿諾德曾（在 1864 年的文章〈目前批評的功能〉一文中）告誡批評家們「要從客體本來的樣子觀察它」，這一觀點在拉斯

金(Ruskin)和佩特(Pater)的批評中很快轉移到更爲主觀的方面，但是，直到王爾德才把阿諾德的觀點徹底顛倒過來。他出言不遜，說批評家的目的應該是從客體原本不是的樣子來觀察它。王爾德這番惡言自有其方法，他通過聲名狼藉的吉爾伯特(Gilbert)爲自己辯護：

> （創作與批評）之間的對立完全是人爲的。沒有批
> 評的能力，就沒有藝術創造。

> 但是毫無疑問，批評本身是一種藝術。……爲什麼
> 不呢？批評同樣要靠材料，同樣要把材料變成一種
> 新穎而愉悅的形式。難道創作還有什麼更特殊的地
> 方嗎？我願意把批評稱作創作中的創作。從荷馬
> (Homer)、埃斯庫羅斯(Aeschylus)到莎士比亞和濟
> 慈，偉大的藝術家們不是從生活中提取素材，而是
> 從神話、傳說和古代故事中尋找題材。與此類似，
> 批評家處理的似乎是經過別人爲他提純的材料，這
> 些材料已經具有想像的形式和色彩。不僅如此，我
> 還想說，最高級的批評作爲個人印象的最純形式，
> 比創作更富有創造性，因爲它最少參照外在的標準，
> 是它自身存在的理由。正如希臘人說的那樣，它爲
> 了自身，存在於自身。

> 藝術批評家像神秘主義者一樣永遠是一個唯信仰論
> 者。

簡直是醜聞、瀆聖、矯揉造作——我們凡是受過實證主義或新批評訓練的都要禁不住喊起來！(如果人人都突然學起王爾德的調子，研

究生院的英語系豈不是要覆滅，想到這裏，我真有點兒不寒而慄。幸
虧研究生們都非常明智，決不願以不成熟的學術自殺毀壞自己的前
程。）儘管王爾德的聲明顯得輕薄、乖戾、極端，但他的立場在某種意
義上卻啓示了許多後來的批評家。例如，我們從韋姆薩特(W. K.
Wimssatt)討論的「意圖謬誤」(intentional fallacy)、哈羅爾德‧勃
洛姆討論的「詩的誤解」(poetic misprison)、沃爾夫岡‧伊瑟爾討論
的「暗含的讀者」(implied reader)、羅蘭‧巴爾特討論的「文本歡樂」
(pleasures of the text)等都可以看出王爾德的先驅作用。王爾德的
根本動機——不管他的態度有著多麼濃重的世紀末色彩——是否定作
者對自己的作品具有特別優越的解釋權，同時否定文本最終具有具體
性和統一性。他堅持說，批評家不應該公正、真誠或理智。「不喜歡藝
術可以有兩種方式，……一種是明確表示不喜歡，另一種是富有理性
地表示喜歡。」他採用了吉爾伯特式的俏皮說法：「人們所說的不真誠
不過是我們可以使自己的人格多樣化的一個方法而已。」這裏，他接近
了後結構主義的一些重大觀念，像「空虛」(empty)或不確定的「主體」
(indefinite subject)，而後結構主義者像尼采那樣，相信我們所說的
自我(self)充其量不過是幾個人的約會(rendezvous)而已。

　　對王爾德的「批評家即藝術家」來說，閱讀的行動是構成性的，
是一種創造。文本（或客體）是多樣的和「轉移的」(shifting，王爾
德喜用此詞)，自我（或主體）也是這樣。主體和客體有時確實轉移或
互換位置。生活、批評或藝術中的侵越(transgression)或者說跨入他
人的領地(stepping across)是「進步的一個要素。」這些就是構成批評
家認識論上「自由」的所有因素，也是其認識論上懸而未決的所有問
題。

蒙太奇

可是爲什麼只考慮批評家呢？難道他／她的行動作爲構成的意識或創造的痛苦還是一個政治的事實嗎？王爾德讓人想起馬克思，下面是馬克思 1861 年 7 月 22 日寫給費迪南‧拉薩爾(Ferdinand Lassalle)信中的一段話，討論政治上的「誤解」：

> 如果不是這樣，我們可以說前一個時期被後一個時期採用的一切成果都是老的誤解的一部分。……因此，也可以說，所有現代的憲法在很大程度上都植根於那部被誤解的英國憲法。……被誤解的形式正是一般的形式，在社會發展的某個特定階段具有一般的適用價值。

那麼，我們應該把歷史作爲「誤解」嗎？應該把批評作爲一種政治，也把它看作文學上的誤解嗎？

那麼，誰願意做批評家而不是醫生、電腦技術人員或外交家呢？世上的人事眞有數不清的類型嗎？或者有某些可以辨認的、復現的類型嗎？我們應該提出這類令人沮喪的問題嗎？或者我們應該認爲抽象地、不涉及人地用文學或大學的標準來界定批評是界定它的最佳方式呢？

也許這些問題是值得思索的。批評的政治（後文還將更多地談到這點）於批評家個人並不是毫無關係的。

滑移

他想到了黑格爾的那頭稱之爲「認識」(Recognition)的原獸(primal beast)。

　　爲這頭原獸他等了數十年。他決心要把它找出來，哪怕是上天入
地也要把它找出來，然而卻一無所獲。有一次在書房獨坐，他突然感
到背後有一個巨大的呼吸聲，粗糙而堅實，比時間還古老。他慢慢轉
回身，並沒有看到什麼異樣的東西。地毯上只有一小堆灰，那可能是
從他的煙斗落下來的。

　　他仍在不停地搜尋這頭野獸，好像成了習慣，他懷疑自己未必能
成功，恐怕要一直追蹤它到自己的墳墓裏。

定格畫面四

宣稱批評家即藝術家的決不僅是奧斯卡・王爾德一人，與他同時代的
法國人萊米・德・古爾蒙(Remy de Gourmont)就持同樣的觀點。不
過，古爾蒙的見解似乎影響更大些。半個世紀之後，一個與王爾德或
古爾蒙毫無共同之處的人提出了一個更寬泛、更自由的說法：批評家
是每一個人(critic as everyman)，這個人就是讓─保爾・沙特。在
《什麼是文學?》中，他對傳統的批評家做了這樣尖刻的描述：

> 　　批評家生活得很不好，他的夫人不賞識他，他的子
> 女不感激他，做批評家的第一個月最難過。然而他
> 又總是能夠走進圖書館，從書架上取下書，打開它。
> 書頁散發出老窖的輕微氣味，隨後，一個奇特的行
> 動開始了，他決定把這一行動稱之為閱讀。

沙特想要重新界定並使之重新產生活力的正是我們稱之為閱讀的這種
行動(今天這種行動已經變得越來越成問題)，在他的討論中可以看出
一種明顯的辯證傾向：

　　　　　　寫作的行動暗含了閱讀的行動，後者是前者辯

　　　　證的對應物，這兩個相互關聯的行動必然產生兩個

　　　　不同的代理人。正是作者和讀者的共同努力造就了

　　　　那個具體而又虛幻的客體，也就是心靈的產物。沒

　　　　有一樣藝術不是爲他人的，也沒有一樣藝術不是由

　　　　他人創造的。

這就使沙特得出了在我們今天看來是不證自明的結論：閱讀是「感覺
和創造的綜合」。誠然，這位偉大的存在主義的馬克思主義者在這一綜
合中並沒有賦予語言以首要地位，而結構主義者和新批評派卻把語言
看得更重要。沙特認爲，文學作品是由讀者的自由創造的，文學則是
永久革命中社會主體性的體現，按照這樣的觀念，他就爲批評的革新
提供了一個道德的、歷史的基礎。從哲學的立場出發，沙特要求我們
超越康德(Kant)，說明藝術品沒有結果或終結，它由觀者的每一瞥構
成，響應觀者的每一個注意，是「純粹的、要求存在的緊迫需求」(a
pure exigence to exist)。

　　那些其餘的新康德主義者和老的新批評家們採取了完全相反的立
場。然而，即便在他們處於鼎盛時期，他們中仍然有些人堅持批評家
即革新家的觀點。例如，在《肯庸評論》(*Kenyon Review*)上發表 1950
-1951 年研討會的文章中有一篇題爲《我的信條》，它的作者萊斯利·
費德勒提出了一種「具有藝術傾向的批評」(amateur criticism)的主
張，而赫伯特·里德則十分動人地指出，「批評家是情感豐富的人」，
就連斯托爾曼(R.W.Stallman)那本充塞著雜七雜八新批評觀念的
《批評家札記》(1950)中也有從馬丁·特納爾(Martin Turnell)引來
的這樣幾句話作爲卷首題辭：「批評家具有雙重人格。他既是『藝術家』，
又是『思想家』，旣是『有感情的人』，又是『有理智的人』」。……他

是藝術家，但卻是一個特殊的藝術家。」

我們覺得，這樣的說法在哲學上是天眞的。讓我們來看看後來的一位作家保爾・德曼吧，毫無疑問，德曼是最精細的批評家之一，深受歐洲傳統的浸染，又十分熟悉當代思潮，他明白「眞正的批評」和文學研究的關係即使在最佳情況下也是大成問題的，由此，不願強迫批評去做它不熟悉的努力。在《盲目和洞見》(*Blindness and Insight*)中，他坦率地承認：

> 眞正的批評對作爲一個整體的文學研究來說究竟是
> 負債還是資產依然是一個需要討論的問題。但有一
> 點是肯定的，那就是，文學研究不可能拒絕批評的
> 存在，拒絕承認它就好像歷史學家由於戰爭可能毀
> 掉他進行井然有序的研究所必須的寧靜而拒絕承認
> 戰爭的存在一樣。

德曼還進一步認識到，「一切眞正的批評都表現爲危機的方式」，在他看來，批評中的危機在很大程度上並非是多餘的，因爲危機有助於產生洞見，有助於產生批評的眞實性。他還談到，文學類型(genre，或譯「體裁」)不再像我們從前認爲的那樣純粹，「文學宣言和批評文章之間的差距已經縮小到很小的程度，有些文學宣言學術氣十足，而有些批評文章──雖然決非全部──也極富引起爭鳴的刺激性。」可見，批評正在變成文學宣言的表姐妹，它有權要求標新立異。

也許更有意義的是，德曼清醒地意識到海德格的「解釋的循環」(hermeneutic circle)對批評解釋藝術的含義，那就是使批評解釋變得沒有止境，意義的總體性和形式的完整性從此不復存在。「就其本質來說，解釋性的理解總是落後的：要理解某一事物就是要認識到，一個人早已知道這一事物，同時又面對著它隱藏知識的神秘性。」在談到

德希達時，德曼說：「批評家不僅說出了作品沒有說出的某些意思，而且說出了他自己無意說的某些意思。解釋的語義學並沒有認識論上的一貫性，因此不可能是科學的。」這樣，「眞正的」批評家在開始工作的時候就必須認識到原文和他的批評論述之間存在著不可避免的分歧。他特別強調說：

> （批評家的）閱讀和文本關係的必然內在性是一個
> 無法迴避的主旨。不論文學批評是（或想要）何等
> 注重實用而漠視理論，這個主旨都會成爲一切形式
> 的批評必將提出的一個不可縮減的哲學命題。我們
> 會在批評的論述中、在宣言的盲目和意義的洞悉之
> 間的構成性分歧形式中看到它。

正是王爾德和後來的批評家們直覺地意識到的，存在於批評論述中的這種「構成性分歧」形成了批評革新或者說其自由的初始條件，但它也是一個充足的(sufficient)條件嗎？我以爲不然。

定格畫面五

批評家的自由同時是焦慮不安的、牢騷滿腹的、富於創造的、樂於響應的、敏於反思的，但它只能爲革新僅僅提供依據。批評家還需要更多的東西，需要對文體有一種狂熱追求的意識、對新事物有一種直覺的能力。

　　一種新穎別緻的文體既不刻意追求也不故意迴避「艱澀」，但卻可能表現出某種俄國形式主義者所謂的「陌生化」(defamiliarization)效果來。不錯，大家都知道時下的批評文字充滿了冷僻的行話、生造的新詞、抽象的術語，變得高度技術化和個性化，讀來確實不易（上

帝要我們愼防種種危害我們進行爭論和論述的文字遊戲），但是，我們
也感覺到，像布萊克默或巴爾特的文體儘管在那些頭腦清晰的人看來
顯得粗俗，難道不是也表達了某種新奇的力量，或者說表達了某種愛
嗎？

　　布萊克默現在已經多半被人遺忘了。雖然在他的《批評家的工作》、
《批評家的主旨》和《批評的能動作用》之類的文章中隨處可見技術
分析的傾向，但我們仍不難從中看出藝術家或熱戀者的形象、看出由
他所鍾愛的東西限定和解放的藝術家的姿態。在《語言即姿勢》一文
中他寫道：「我以爲，批評是一個藝術熱戀者的正式論述。」。「當論述
中有了足夠的愛和足夠的知識，它就是一種自足的而決非孤立的藝術，
同時也總能在自己的生命中看到與其他藝術相互依存的關係。」但是，
正是他的文體而不是其他背叛了他身上藝術家的氣質。他那陰暗、充
滿詩意、富有創造力的文體時刻準備把它碰到的一切加以再創造，而
同時這種文體又受到天才的批評家本身的怪癖和藝術氣質的制約。布
萊克默這位批評天才召喚出了兩個完全不同的批評家，他們是馬克思
主義的瓦爾特・本雅明和結構主義／後結構主義的羅蘭・巴爾特。

　　關於本雅明，我這裏只講一句話，那就是，他必須與巴爾特同列
被看作本世紀罕見的批評天才之一。至於巴爾特，可以說他是一個變
幻無常的結構主義者、狡猾的符號學家、轉彎抹角的語言愛好者，從
他躋身文壇的時候起，他就以自己的行動證明批評家有當一個「特殊
藝術家」的特權。在《批評與眞實》（Critique et vérité）中，他希望
「批評和作品永遠可以說：我是文學」因爲批評家只能「繼續增加作
品中的隱喩，而決不會把它們縮減爲理性的東西。」在後期的著作中，
他把批評的作用講得更明確，也更富有辯證色彩。在《批評文集》中
他這樣說：

批評只有承認自己只不過是一種語言(更確切地說,
一種後設語言), 才能——似非而是地、眞實地
——旣是客觀的又是主觀的、旣是歷史的又是存在
的、旣是專制的又是自由的。……這樣, 才能在批
評著作的中心開始一場兩個 (即作家和批評家) 歷
史、兩個主觀之間的對話。但這場對話卻以利己的
方式轉向現在。批評不是對往昔眞理的「禮讚」, 或
者對「他人的」眞理的禮讚, 而是對我們這個時代
可理解性的建構。

　　這個似非而是的觀念未必會使批評癱瘓, 不過它背叛了結構主義
在邏輯和幻想、科學和唯我論之間搖擺的傾向。在巴爾特看來, 這種
搖擺被一種對歡樂的承諾阻止了。在《文本的歡樂》中他說,「文本的
歡樂」是乖戾的、多形態的、狂熱迷戀的, 它不僅由來自內心更由來
自身體的間斷歡樂構成。他指出:「文本是一個崇拜的客體, 這種崇拜
產生對我的欲望。」批評——更確切地說是批評文體——成了對邧種回
報性欲望的探索性反應。批評文體背離了巴爾特早期提出的邏輯需求,
去擁抱文本, 結果卻只是發現了自己的緘默, 發現自己除了講一句話
外便無話可說的無能, 這句話是:「這就是它, 爲我寫的! 這個『爲我
寫的』(for me) 旣不是主觀的, 也不是存在的, 而是尼采式的。……」
然而批評的緘默現在恢復了在另一種需求下言語的能力, 這種需求旣
不是邏輯的需求, 也不是充滿愛欲的文體的需求, 而是新穎(Novelty)
的需求。下面引述《文本的歡樂》中關鍵的一段話, 它說明巴爾特是
怎樣把批評家界定爲革新家的:

　　　　新穎並不是時髦, 而是一種價值, 所有的批評都是
　　　　以新穎爲基礎的: 我們對世界的評價不再取決於,

> 至少不再像尼采那樣直接取決於高貴和低賤的對
> 立，而是取決於陳舊和新穎的對立。……要想擺脫
> 現今社會的異化，只有一條路，那就是向前逃
> (escape forward)：一切陳舊的語言都會立即蒙受
> 羞辱，一切語言在受到尊敬之後立即變得陳舊了。

巴爾特關於批評家即革新家的見解是難懂的——也許有人還會說是晦澀的，艱深的。正像蘇珊・宋妲格期望的那樣，它是一種建立在對文本的狂熱迷戀而不是闡釋基礎上的見解、一種建立在對新穎的狂熱迷戀和政治追求基礎上的見解。巴爾特和布萊克默、本雅明一樣認為，這種見解的祕密代理人就是批評文體！

　　文體可以是祕密代理人，但是在有許多代理人的結構主義圈子裏，大眾的要求是消除「批評」和「文學」之間人所盡知的界限。尤金尼奧・達納托(Eugenio Donato)在《批評的語言和人的科學》中對這一公設做了如下的總結：

> 德希達的論述說明，在我們現代的環境中，不可能
> 在文學和批評之間劃出一條分明的界限。文學只能
> 是對文學的譴責，因此在本質上與批評無異。批評
> 因其本身同樣是對文學的譴責，所以也只能是文學。

　　這裏，我們談到了德希達這位書寫學的魔術師，下文我們還將談到他和其他人的解構主義，因為在那裏可以看出批評革新的另一個方面。不過，此刻籠罩在我的定格畫面上的是又一個蒙太奇。

蒙太奇

我引述他人是不是太多？是的，確是太多了。但我還需要進一步引述。

那麼，「引述」意味著什麼？

在今天這個時代，我們引述他人並不是爲了搬弄權威。請聽達芬奇是怎樣說的：「不論誰，只要他在爭論中搬弄權威，他就不是在用理性工作，而是在用記憶工作。」當然，我們引述他人有時是爲了顯示自己的淵博和深沉。有些作者，我們引述他們是要表示不贊成他們的說法，有些作者，我們根本就不引述，反而要審慎地避開他們，使他們成爲我們「白色神話」(white mythology)中的部分。另一些作者，我們經常在腦海的儀式裏以討好或祖先崇拜的方式呼喚他們的名字，還有一些人，我們之所以要引述，只是爲了獲得要他們作陪的歡樂和殊榮（彷彿在大庭廣衆之中與拉克爾·韋爾奇(Raquel Welch)或者溫莎公爵在一起的情形。）也還有一些人，我們只是爲了表達某種有選擇的同情才引述他們。

那麼，意志、虛榮、欲望（還有布萊克默的「痴」［Moha］？①)是否總是潛入我們的引號中了呢？要回答這一問題就需進一步引述，這樣，就暴露了另一個問題。

在上文關於「批評家即革新家」的討論中，引述似乎是一種奇特的悖謬或矛盾，然而悖謬可以產生理性沒有的功用。我讓不同的文本、不同的聲音相互攻擊，這樣，就使語言展現了一個新的空間，開創了一種互文性的論述(Kristeva語)，它能「說出」我不能說的意思。難道不是這樣嗎？難道這不是批評家「自由」的另一表徵嗎？

這裏，我把答案留給讀者來決定。但我必須重申我的觀點，以便安慰讀者和我自己的良心。下面讓我迅速回現一下前五個定格畫面：

1.定格畫面或場限定了我們的行爲和言論，包括批評的論述。定格畫面確實是一種虛構。

2.在批評中各種學派（在美國這常常意味著不同的研究生院）比

各種典範更佔主導地位。不同學派的存在使在轉移的定格畫面中的批評革新更容易也更含混些，因爲它們與歷史和欲望是相通的。

3.批評是一種構成性論述，和文學是一樣的。這樣，批評家作爲定格畫面的製造者、作爲一個「特殊的藝術家」享有某種認識論上的「自由」。

4.批評家作爲一個「特殊的藝術家」採用個性化的文體，對新穎持有一種複雜的、狂熱迷戀的態度。

5.我們將會看到，所有這一切把批評家引向政治、引向多元的關注中，引向想像的範圍內。

定格畫面六

我的全部評論至此都未涉及後現代思想引起的種種爭論。我們可以看出，正是一種非道德的唯信仰論動力造成了西方思想中那個巨大的解體運動，傅柯也許願意把這一解體運動稱作後現代的認識(post-modern episteme)。我把它稱作「解體」(unmaking)，當然，別人還有一些其他的說法，例如，解構主義，擴散(dispersal)和名目繁多的「死亡」，不一而足。這些術語自然各有其存在的理由。但它們都表明一個共同點，即在存有論上拒絕承認傳統西方哲學的全部思想，而在認識論上則迷戀一切的支離破碎，與政治、性、語言中的一切少數派思想息息相通。按照這種解體的認識(episteme of unmaking)，要想很好地思考、很好地感覺、很好地行動、很好地閱讀，就要拒絕整體的暴政(tyranny of wholes)，因爲人類一切行爲中的總體化(to-talization)在潛在的意義上都是極權的、專制的。

　　有兩個最近的例子可以說明這種後現代的解體意志。就理性風格說，它們截然不同，但都明晰地、一致地表現了我們這個特定時期的某些特點。

　　在《沒有模式的革命》(*La Révolution sans modèle*)中，三個人──弗朗索瓦・夏特萊(François　Châtelet)、吉爾・拉普日(Gilles Lapouge)、奧利維爾・萊沃・達隆納(Olivier Ravault d'Allonnes)──毫無拘束地討論了發生激烈而直接變革的可能性。他們認爲，在這個問題上似乎無法避免悖論。人類的一切努力都發生在時間中，可時間卻同時具有凝聚鞏固(consolidates)和消蝕瓦解(decomposes)兩種相反的作用，因此，革新就變成了一種繼承。再者，人類的一切努力又都產生在語言中（詞語革命［word revolution］的說法似乎標誌著一種過時的變革觀念，所以李歐塔喜用 volution［旋轉］來代替 revolution），而語言把它的一切模式強加於我們的思想和行爲，那我們該怎樣擺脫論述的種種結構呢？用模式、反模式、無模式嗎？

　　三位作者繞來繞去，陷入了循環論證的泥淖。正在構成中的模式還算模式嗎？一個模式能夠轉變、顚覆、歪曲它自己的各種版本，因而使自己變得殘缺不全嗎？如果許多模式互相抵牾，沒有任何一個模式可以控制全局，怎麼辦？一個不確定的（無政府主義的）模式怎麼能突然變成一個過分確定的（極權的或烏托邦式的）模式？或者每一個「完美的」模式眞是一個虛無的形象(image of the void)嗎？

　　他們引述了朱里奧・考塔查的話：「不改變一個人的知識工具(instruments of knowledge)即他的語言，是不可能改變這個人的。」他們還引述了巴爾特的話：「今天，存在著一個外在於中產階級思想的語言領域，我們的語言正是來自這一領域，還要返回這一領域，並封鎖在這一領域中。唯一可能的出路既不是對抗，也不是毀滅，而是偷竊(theft)：把文化、科學、文學中陳舊的文本打成碎片，以僞飾贓物

的方式喬裝改扮這些竊來的碎片並把它們撒播出去。」

　　他們最後提出如下的問題：沒有模式的革命這一觀念難道本身不也是一個模式嗎？或者沒有模式的革命這一說法竟是一個廢話，因為一切「眞正的」革命本來就沒有模式，模式是革命後才形成的。或者，每一個革命的模式都應該是只爲一個目的設計的，即產生一個革命運動嗎？這所有的問題都說明解體的意志是怎樣活生生地體現在一部通俗的新聞著述之中的。

　　與上例相反，吉爾・德勒茲和費利克斯・瓜塔里在《反伊底帕斯》(L' Anti-Oedipe)中卻顯出難於應付的神祕、淵博和思辨色彩。這部著作以「資本主義和精神分裂症」(Capitalisme et schizophrénie)爲副標題，把歷史看作一個規範化和解規範化(coding and uncoding)的愛欲流(erotic flux)和「欲望機器」流(flux of a machine désirante)，而這個「流」控制了人類的一切行動。這部欲望機器把歷史分成三個階段：「荒蠻」(Sauvages)階段(原始社會、部落社會、史前社會)、「蒙昧」(Barbares)階段(古代的專制國家)、「文明」(Civilisés)階段(現代固有的資本主義)。這三個階段分別與「健全的身體」(full body)、「妄想狂」(paranoia)、「精神分裂症」相對應。兩位作者稱自己是「精神分裂症的分析家」(schizoanalysts)，無情地抨擊伊底帕斯情結(Oedipus complex)，說這個情結是對歷史上種種欲望的形式徹頭徹尾的誤解。

　　那麼，具體地說，這兩位作者的解體理論究竟是什麼呢？通過複雜的、專業性頗強的論辯，他們既討論了資本主義的物質基礎，又討論了它的認識論基礎。他們的結論是，資本主義代表了「精神分裂時代」一種新的創造性。「文明」通過「資本主義生產中愛欲流的解規範化和解版圖化(deterritorialization)給自己下了定義。這樣，資本主義流和精神分裂症流之間就形成了某種「親合性」而非同一性。反過

來說，精神分裂症代表了資本主義發展的極限，因而也就代表了資本主義必須抗拒的毀滅力量（資本主義力圖從這種最終的精神分裂症中解救自己，其途徑是一方面不斷地解規範化，另一方面不斷地把它已解體的東西規範化和「公理化」[axiomatizing]）。

　　簡言之，精神分裂症昭示並加速了資本主義末日的到來，因此兩位作者把精神分裂症而不是精神分裂症患者看作革命的根本力量，把妄想狂看作專橫暴戾，或者說法西斯的代表。精神分裂症在安東尼‧阿爾托、威廉‧巴羅斯、萊恩、約翰‧凱奇以及所有後現代藝術家的作品中可以清楚地看出，它拒絕接受總體化，表現出分裂一切、使一切解體的傾向。這些作家們說，「我們不再相信那種原初的總體性，也不再相信終極的總體性。」德勒茲和瓜塔里認為，精神分裂症成為歷史上解放慾望的觸媒，而慾望的解放則是一切生產的源泉。解體是人類傑出的工程。

　　上面談到的兩部著作雖然在精神探索的道路上背道而馳，但都可以納入一個較大的解構主義的定格畫面中。這一畫面包括了德希達、傅柯、巴爾特、克麗絲蒂娃、索勒斯等人的著作。然而，難道它不是我們所謂的藝術中的現代主義這一更大定格畫面的歷史發展嗎？

　　我們知道，藝術中那種解體的意志早在上一世紀和本世紀之交就出現了。從馬塞爾‧杜象的現成品(ready-mades)和漢斯‧阿爾普的拼貼雜湊到讓‧廷格里的自動毀滅機(auto-destructive machines)和勃魯斯‧諾曼(Bruce Nauman)的觀念作品(conceptual works)，藝術中一直存在著某種執著的衝動，這種衝動使藝術反對它自身以便重建它自身。有些時候，藝術家不僅和他的藝術對抗，甚至和他的血肉之軀對抗。我們看到，「身體藝術家」(body artist)維托‧漢尼撥‧阿康齊在眾目睽睽之下咬嚙自己的身體；克里斯‧伯登(Chris Burden)在精心安排的晚會上槍擊自己的臂膀；維也納人魯道夫‧施瓦茨考格勒

則在一架移動的攝影機前從容地切割自己的陽具。這樣的情況下，藝術家的身體變成了藝術的媒材，而被肢解的媒材傳達了藝術家的信息。就此而論，文學家顯然稍遜一籌。

不過，這裡的要點是：在像哈洛德・羅森伯格所說的「解定義」過程中，藝術像藝術家的人格一樣變成了一個沒有清晰疆界的領域：在最糟的情況下它是一種社會幻覺，在最好的情況下也不過是一個開場白或開幕式。正因為如此，李歐塔才告誡人們「放棄『藝術品』或一切符號體系給他們提供的安全港」，要他們「真正認識到，無論在任何領域都沒有什麼藝術的東西，只有原始的或繼發的事件。」

這樣，藝術就是「原發事件」或「繼發事件」，而文本，照巴爾特的話來說，則是「可寫的」（scriptible）而不是「可讀的」（lisible）東西，這就是後現代關於解體的認識。那麼，這樣的認識會迫使批評家們去搞哪些必要的革新呢？會給他們造成怎樣嚴酷的環境？提出哪些緊迫的要求？又會給他們帶來哪些疏漏或鬆懈呢？

蒙太奇

要寫出具有鮮明傾向和說服力的文字，每一個定格畫面和蒙太奇的製作者都必須進行選擇和取捨，那麼我是怎樣選擇和取捨的呢？在這一過程中是不是也會像「謝林迪普的三位王子」（Three Princes of Serendip）②那樣碰上幸運的機會和可笑的場面呢？我想會的。即便說語言和心靈是相互依存的，我們又怎麼能最終捨棄什麼呢？即使像「批評家即革新家」這樣一個流行的套語，也會創造出一個個它自己缺席的語境、一連串它自己想要回歸的思想。那麼，怎樣暗示出這些自我缺席的語境（contexts of absence）呢？是在一個沉默的書目中嗎？

例如，下面就是我在討論批評家即革新家時的某些遺漏：

1.批評和語言遊戲。參閱路德維希・維特根斯坦的《哲學研究》（*Philosophical Investigations*）、《藍皮書和黃皮書》（*The Bule and the Brown Books*）、《卡片》（*Zettel*）。

2.文學闡釋中的「主觀」、「客觀」和「事務性的」典範。參閱《新文學史》1976 年第二期上戴維・布萊契（David Bleich）和諾曼・荷蘭德的文章。

3.文學中各種修辭手段的作用，歷史敍事（包括文學史）中的虛構。參閱海登・懷特的《後設歷史》和《新文學史》1970 年第一期和第三期上劉易斯・敏克（Louis Mink）的〈作爲理解方式的歷史和虛構〉（History and Fiction as Modes of Comprehension）；《新文學史》1976 年第二期上保爾・艾爾納迪（Paul Hernadi）的〈克利俄的表親：作爲翻譯、虛構和批評的歷史編修〉（Clio's Cousins: Historiography as Translation, Fiction and Criticism）；《新文學史》1975 年第一期所載貝拉基奧研討會（The Bellagio Symposium）的文章以及拉爾夫・科恩（Ralph Cohen）和馬瑞・克瑞格（Murray Krieger）的著作《文學和歷史》（*Literature and History*）。

4.美國批評中「客觀性」的侷限和無休止的爭論。參閱德姆波（L. S. Dembo）所編《批評》中馬瑞・克瑞格、諾思羅普・弗萊和赫斯的文章；莫頓・布魯姆費爾德（Morton W. Bloomfield）編的《文學理論探究》（*In Search of Literary Theory*）中艾布拉姆斯和赫斯的文章。

5.閱讀過程的現象學及其種種說法。參看《新文學史》1969 年第一期所載喬治・普萊（Georges Poulet）的〈閱讀現象學〉（Phenomenology of Reading）；加斯東・巴歇拉的《夢幻詩學》（*The Poetics of Reverie*）和沃爾夫岡・伊瑟爾的《暗含的讀者》（*The Implied*

Reader)。

6.語言中的革新或創造性。參閱愛德華‧薩伊德(Edward Said)的
《初始》(*Beginnings*)，例如其中有這樣一段：「寫作之前對作者提出
的要求有時被存心遺忘，有時被故意淡化，但在激進的批評中，這些
要求總是糾纏著批評家的頭腦。這些批評家的閱讀與另一些作者的心
靈山水相憐，聲氣相通，這樣的批評家寫出的是模仿心靈行為的批評
詩。」

　　然而在彌補我的遺漏時，為什麼我只在自己的「書目」中選用一
個雜誌上的文章？這樣一個人為的書目一定還會有遺漏，那麼它怎樣
來澄清批評革新的需求呢？

定格畫面七

革新的需求必然會引導我們經過政治走向批評家所關注的問題。我這
裏所說的政治是三重的：書頁上的政治、學術批評的政治、一般意義
上語言和社會的政治。

　　讓我們看看《學院英語》(*Collage English*)這份雜誌吧。由於採
納了左派／自由派的辦刊方針，這份雜誌在過去的十年中獲得了新的
動力，並開始從內部改變專業方向，但它的版面卻依舊是密集的雙欄，
字體字號也沒有變化。這樣的版式設計說明它沒有對制約自己的陳規
提出挑戰，無論這些陳規是社會的、技術的、還是官感的，也就是說，
它沒有對編輯方針、印刷規則、裝訂形式、廣告措施等提出挑戰，這
樣，無論它試圖進行怎樣的革新，這種革新依舊停留在抽象的理性論
述的層次上，也就是說，停留在文化中人的論述的唯一層次上。然而，
假如它進行更多的革新，難道它不會在我們許多人中失掉信譽嗎？我

們的激情有時正是我們的任務，可是我們那個「批評探索」(Critical inquiry)的口號依然是線型的、「理性的論述」—理性的，天哪！不論是挖苦地或溫和地還是富有進攻性地或可怕地，這份理性都很少達到足以表達人類全部意識的程度。

這裡不準備制訂出一套理論來解釋馬拉美分解鉛字、詩行、書頁和語言的實驗，然而只要對米歇爾‧布托爾、菲利普‧索勒斯、莫里斯‧羅歇、恩斯特‧揚德爾、歐根‧貢姆林格(Eugen Goemringer)、赫爾姆特、海森伯特爾、克利斯汀‧布魯克—羅斯、雷蒙‧費德曼、雷納德‧舒金尼克、唐納德‧巴塞爾姆、瓦爾特‧比什、狄克‧希金斯(Dick Higgins)、尤金‧魏德曼、坎貝爾‧塔特姆(Campbell Tatham)或約翰‧凱奇等人的某些作品稍加留意，我們就不難通過放大了的眼睛看出，它們傳達了馬拉美的實驗精神。

那麼，誰願把這種精神引入批評？又怎樣把他引入批評呢？

定格畫面中的定格畫面
推薦的論著匯集

理查‧考斯特蘭茨

(Richard Kostelanetz)

斯蒂芬‧巴恩(Stephen Bann)編：《構成主義傳統》(*The Tradition of Constructivism*, New York: Viking, 1974)

約翰‧勃洛克曼(John Brockman)：《後記》(*Afterwords*, Garden Gity: Doubleday Anchor, 1973)

杰克・伯納姆(Jack Burnham)：《西方猥藝代表作》(*Great Western Salt Works*, New York: Braziller, 1974)

約翰・凱奇(John M. Cage)：《M》(*Middleton*, Conn: Wesleyan University Press, 1974)

瓦里・德皮尤(Wally Depew)：《具體詩九論》(*Nine Essays on Concrete Poems*, Alamo, Calif: Holmanger Press, 1974)

杰拉爾德・弗格森(Gerald Ferguson)：《現代英語用法標準大全》(*The Standard Corpus of Present Day English Usage*, Halifax Nova Scotia College of Art and Design, 1973)

亞布拉罕・林肯・傑里斯皮(Abraham Lincoln Gillespie)：《著作集》(*Collected Works*, edited by Hugh Fox. Forthcoming)

伊哈布・哈山(Ihab Hassan)：《超批評》(*Paracriticisms*, Urbana: University of Illinois Press, 1975)

理查・考斯特蘭茨(Richard Kostelanetz)：《再循環：文學自傳》第一卷：(*Recyclings: A Literary Autobiography*, Volume One: 1959-1967, New York: Assembling Press, 1974)

索爾・勒韋特(Sol LeWitt)：《弧、圓、方格》(*Arcs, Circles & Grids*, New York: Paul Bianchini, 1972)

露西・理帕爾德(Lucy R. Lippard)：《六年》(*Six*

Years, New York：Praeger, 1973）

查爾斯·奧爾森（Charles Olson）：《附加的散文》（*Aditional Prose*, Bolinas, Calif: Four Seasons, 1974）

茜娃·奎妮、邁克爾·古登納夫（Shiva Queeney & Michael Goodenough）：《因為看的書》（*The Because Look Book*, New York: Links 1973）

斯蒂凡·泰默森（Stefan Themerson）：《邏輯標籤和血肉》（*Logics Labels and Flesh*, London: Gabberbocchus, 1974）

我們還可以做如下的補充：

羅蘭·巴爾特（Roland Barthes）：《羅蘭·巴爾特論羅蘭·巴爾特》（*Roland Barthes par Roland Barthes*, Paris: Editions du Seuil, 1975）

伊塔洛·卡爾維諾（Italo Calvino）：《看不見的城市》（*La città invisible*, Milano: Giulio Einaudi, 1972）

雅克·德希達（Jacques Derrida）：《喪鐘》（*Glas*, Paris: Galilee, 1974）

理查·考斯特蘭茨（Richard Kostelantz）編：《做文：說明問題的後補方式》（*Essaying Essays: Alternative Forms of Exposition*, New York: Out of London Press, 1976）

　　書頁上的政治侵入我們的頭腦比起書頁上的愛欲和文體有過之而無不及，因爲正如巴爾特說的那樣，「所有陳舊的語言都會立即遭到羞辱，而所有的語言在一旦受到尊敬之後就立即變成了陳舊的語言。」那麼，批評的語言是否也是如此呢？

滑現

　　要嚴肅些，他想；想權力，想政治。

　　他幻想自己已經接受了死亡，或者至少在不知不覺的狀態下和它友好相處。那是自從那天早上在阿爾卑斯山以來的事，那時他還很年輕。他看見一輛黑色的靈車穿過積雪和藍色的冰向山上曲折地駛來，也許那只是一個想像的場面，由卡斯帕・戴維・弗里德利希（Caspar David Friedrich）創作的一幅油畫？

　　他幻想自己已經接受了死亡，因而變成了一個喜愛變化的人，周旋在時間和價值之間，這樣，他還何必需要政治呢？

　　政治是一種合法化了的重複、強制、壓迫或報復，這位演員爲了演戲，總是把自己排除在戲外。但政治也能使飢腸轆轆者裹腹、制止施虐者殘暴的手，給人類的希望以應有的滿足。

　　他想起毛澤東對周恩來講的一句話：「我們的使命尙未完成，也可能還要一千年。」也許還要長些，他想。不過鬥爭總是具有兩面性的：一方面鬥爭，可另一方面又爲消滅一切鬥爭而鬥爭。

定格畫面八

書頁上的政治可能成爲一種禁止的政治，即批評作爲一種學術體制禁止其他非批評的活動。批評論文和學術專著現在佔據了統治地位，成了想像和知識之間的中介。可是爲什麼理想的散文，那些在詞源上植

根於危險、試驗、審查、平衡中的文章，也就是說同時植根於危險和平衡中的文章不可以佔統治地位，也成為想像和知識之間的中介呢？有人總是在問：「文章——是批評嗎？」也許不是。但也許批評目前需要的正是那種使自己和其他文本一樣處於危險中的文章。

像文學一樣，批評也是一種在歷史中積澱成的體系，它既不是一個柏拉圖式的三角，也不是一座石砌的金字塔，可以在金色的陽光下經受時間的考驗。我們關於批評和文學的觀念一直在發生著變化，即使是比我們大多數人更傾心於英雄時期先驗圖式的諾思羅普‧弗萊也認識到我們很容易忽視的這一點。在《批評的剖析》中他說：「批評本身的總體邏各斯(The total Logos)永遠不會變成信仰的一個目標或存有論上的一個人格(an ontological personality)。」他還說：「存在於批評中心那種無法交流的經驗總能使批評成為一種藝術，只要批評家認識到批評來自這種經驗但卻不能建立在它的基礎上，批評就可以成為藝術。」

然而對一些批評家——或者說一些文本的作者——來說，這個時代需要的更多是零敲碎打，修修補補(bricolage, Lévi-Strauss 語)，東搜西檢，而不是宏偉的建構。這樣的要求可能把作者們趕出高等學府，甚至趕出文學界。或者趕出去再趕回來。埃德蒙‧威爾遜、埃德蒙‧威爾遜，埃德蒙‧威爾遜③，我們不斷重複他的名字，好像要證明這位文人只是最近才從美國逝去一樣。在法國，我們可以脫口說出偉大的，不同凡響的散文家及其名作：巴歇拉論火、卡約瓦(Caillois)論章魚、萊瑞斯(Leiris)論鬥牛戲、巴達伊論好色、勃朗肖論不在(absence)、布托爾縱論一切，更不用說還有沙特或卡繆！

當然，我們很容易得出這樣的結論，大學是自由散文的天敵。自從人們開始用本國語言研究文學以來（參看 Walter J. Ong 的 *Barbarian Within*)，大學這個具有特殊知識和權力的社會就成了批評家

的主要監護者，但它可能也是美國知識衰弱的症狀，而不是其原因。
在書頁的背後、文章的背後、人文學科的背後，文化顯示出更大的處
置能力。謝爾蓋‧杜布羅夫斯基(Serge Doubrovsky)在《法國的新批
評》中認識到了這一點：

> 表面上看來，批評是不惹人的、遙遠的活動，但實
> 際上卻是審查的機器(the machinery of censor-
> ship)，是社會制訂政策的力量，它可以把思想的表
> 達置於自己的嚴密監視下，以便保持自己的價值。

這裏的強調也許有些言過其實，但它最終道出了此文題目暗含的
意思，也就是說，批評的革新不僅期望獲得認識論上的、存在的或審
美的自由，而且也想獲得基本的政治變革。當然，這種說法尚須獲得
認可，不過，目前它最需要的還是超越阿諾德的立場，對此，諾斯羅
普‧弗萊在《訓練有素的批評家》中有所論述：

> 阿諾德認爲，「文化」是對生活的一個總體性想像，
> 其中心是文學，它還是社會生活的調控因素，至少
> 是人精神權威的源泉。看起來，他的觀點是很清楚
> 的，那就是，文化和菁英們的遊戲正相反，它是從
> 總體上說明人類能夠取得怎樣的成就的一種幻象或
> 一個模子，是一切烏托邦和社會思想的搖籃。

文化可以是孕育人類一切可能性的「搖籃」，然而我們生活於其中
的社會和文化不斷產生的「想像」之間仍舊保持著一段痛苦的距離。
作爲革新家的批評家能夠幫助彌合那「希望的鴻溝」(gap of hope)
嗎？我們所有的人都能開始理解那權力的處置能力，既避免前衛派的
以太化(the etherealization of the avantgarde [Enzensberger 稱

之爲「意識業」]），又避免穴居的馬克思主義的物化(reification)嗎？
一種眞正的後馬克思主義理論是怎樣旣淸楚地說明現實又改變現實的
呢？它又是怎樣承認想像的呢？

蒙太奇

希望的鴻溝。僅僅靠印刷上的實驗和超批評的遊戲當然無法彌合它，
但是靠那種無視自身表演潛力的批評也無法彌合它。批評作爲一種表
演可以影響我們的社會、體制、語言甚至官感，這樣的表演是不是一
種普羅米修斯式的表演呢？

　　我奇怪（不禮貌嗎？不公正嗎？）爲什麼那麼多美國批評家儘管天
資聰穎卻缺乏對文化的預見力，缺乏孕育道德思想的能力（當然有例
外，但有多少呢？）。難道批評家們不願意跨出雷池，走出他們學術專
著和批評論文的小天地嗎？或者像弗蘭克・克默德聲稱的那樣，人們指
望作家卻不指望批評家表現生活的意義（試問有哪一個批評家持有像
克默德一樣的觀點？）爲什麼不指望批評家表現生活的意義呢？爲什麼
批評必須是一種分離的、技術性的、封閉的智力活動而又否定智力活
動是它本身的一個主要部分呢？

　　我知道爲批評提出不同一般的要求要冒一定的危險：人們會說你
搞的是糟糕的宗教、糟糕的政治、糟糕的文章（有時這三種罪名都幾
乎要加在我身上。）但我卻感到，任何危險也不應阻礙我們探索批評中
新的活力、新的氣度、新的潛能的努力。假如不是這樣，人文學者還
有希望走進未來嗎？還能夠馳騁他們的想像力嗎？還能夠以一種更不
明確的（也更充滿希望的）權力去顚覆權力嗎？

　　希望的鴻溝在擴大。

定格畫面九

問題依然存在。除了批評家的自由之外，還有什麼樣的文體和對新穎的直覺限定了他所關注的領域並使他的語言獲得了進入歷史的能力呢？這使我們想起了雷納托・波吉奧里，他曾在《前衛派的理論》一書中指出，偉大批評家的判斷必然是後世的，有預見性的：「偉大的批評與時代精神一起誕生，而且具有預見後世的能力」，通過這樣的預見性，批評家的自由回歸，變成了責任感，從而把握住了歷史。

不過，批評家所關注的領域往往是朦朧的、不斷轉換的，從盧卡契(Lukács)到艾略特，批評家們以各種各樣的教義、主張和神話填充了思想意識的光譜。我對事物的看法既不是教義式的，也不是神話式的。批評家們的關心是—注双料的賭注：一方面和歷史賭，另一方面和永恆賭。這決定了他們的政治和道德生活。我覺得，沒有一位批評家可以付出額外的力量和極大的關注便能增強批評這種陰鬱技術的能力，儘管只有關注，不論其多麼巨大，並不能使批評家獲得高超的技藝。顯而易見，批評的關注只表現在成型的題材和重大的主題中。不僅激進的批評家看到了這一點，保守的批評家同樣看到了這一點。

1929 年艾略特在《文人》(*The Bookman*)上發表了一篇意義不甚分明的文章，題為〈批評中的實驗〉，其中有這樣的話：「從我們這個時代最有趣的批評『實驗』中可以看出，人們力圖通過不同的途徑尋求美好文學和美好生活後面的基本公理」，他認為，這樣的努力說明「現代文批評家必須是一個『實驗家』，在人們最初以為應該屬於他的領域之外去進行實驗。」艾略特當時想的是白璧德(Babbit)和莫爾(More)的新人文主義以及他們的法國同行拉莫・費爾南德(Ramon Fernandez)的基督教人文主義。當然，我們今天想的已經完全是另外一些情

況，因為有些人可能已經感到我們很快就要進入一個完全的後人文主義階段。不過，半個世紀前艾略特指出的存在於理智範疇、道德意義和批評實驗之間的聯繫今天依舊適用，只是這些聯繫所強調的內涵已經不是我們今天所關注的要點而已。

我們今天所關注的要點是：這些聯繫能為批評提供哪些成型的題材？下面是我個人的一點淺見：

1.關於想像力的理論：一個包括批評在內的虛構理論框架，可將時下流行的神經病學的、心理學的、哲學的、語言學的理論涵括其中。

2.關於想像力的政治：想像力如何取得權力，什麼時候又不能取得它，想像力能獲得的權力的本質是什麼。

3.未來：預言式的虛構和烏托邦式的虛構——欲望、夢和希望的模式——變成了轉變的代理人，變成了未來的具體化。

4.神話和技術、神秘主義和科學：後現代文化較深層次中這些結構間的會聚及其含義。

5.一與多的關係：心靈的作用通過技術延伸了，在統一和分歧、組織和混亂、基督教一統天下的意志和倡導宗教分裂的意志之間的斡旋調停——逐漸形成一種新的幻象，即一種整一而非同一的幻象(not of sameness but of wholeness)。

上述一些普羅米修斯式的題材似有大而化之之嫌，但對我們的文學事業來說，它們都有深刻的實踐意義和理論意義。儘管如此，我還是不願把革新和自我意識到的批評等量齊觀。這不僅是因為「密涅瓦的貓頭鷹只在薄暮漸濃時才起飛」(Hegel 語)，而且是因為最好的批評像最好的藝術一樣來源於既沒有理論也沒有行動的領域，這是一個

將把我們吸引進語言和沉默的領域。

滑現

他想, 沉默本身便是滑現。然而, 漸漸顯露出的, 正如可憐的匹普(Pip)④看到的那樣, 不是我而是宇宙(Cosmos)。

文學中完整地描述的生活沒有哪一個能帶給它最高的幻象, 而批評中完整地討論的生活沒有哪一個能帶給文學最深刻的見解。滑現或沉默: 傳記正是從這兒開始的, 但很快就結束了。接著, 另外一些事物又出現了。……

他感到奇怪:「我能把自己的語言叫做什麼樣的兒童語言呢?」在一種「外」語中重新創造了自己之後, 他是否失掉了一切「陌生」(foreignness)感呢? 在避開了自己的「第一」語言之後, 他是否也逃脫了那些權威的審查呢?

這樣, 沉默或滑現變成了想像的永久文本。

定格畫面十

該是剪斷這條超批評文字的時候了。我曾在許多地方強調, 想像力可能是人類進化中目的明確的力量, 語言和隱喻不間斷地創造時間, 在一種我們尚無法想像的「沉默」中贖回它。以巴別塔⑤為起點的路將引向哪裏? 我們不知道。格奧爾格・施泰納在《巴別塔之後》中提出了對立的兩種思考:

> 我們需要一個字來指明權力, 也就是指明語言制訂
> 「他性」(otherness)的力量。這種權力正如奧斯卡・
> 王爾德等少數幾個人認識到的那樣, 有機地存在於

每一種形式的行爲中，存在於藝術中、存在於音樂
中、存在於我們的身體抗拒重力和靜止的對立中，
但它首先存在於語言中。

「交替」的辯證法(The dialectic of "alternity")和語
言策劃反事實性(counter-factuality)的天才力量毋
庸置疑是肯定的、富於創造性的。……語言在本質
上是虛擬的，因爲它的敵人正是「現實」，人不像慧
駰國⑥的馬那樣，他不準備按「事物的本來面目」
去行事。

到此爲止，我們可以看出，批評是由語言和沉默、文字帶和滑現
組成的，因此，它以我們尚需探索的方式參與到「交替的辯證法」中。
這就使它具有不可避免的專制性和武斷性，而歷史也爲它這種專制性
和武斷性增加了力量。我們關於文學的觀念像關於孩子、瘋子、罪犯
或者教授的觀念一樣，從產生到現在還不到兩個世紀。勒內·韋勒克
(René Wellek)說：「關於現存的文學藝術的觀念，只是在十八世紀才
逐漸產生的，這一觀念包括所有想像的、虛構的詩歌和散文，而排除
那些知識的、修辭的、說教的或歷史的敍述文字。」我們沒有理由假定
這種排外將永遠不變，也沒有理由假定這種關於文學的觀念現在和未
來都是我們文學工作的核心。大凡除舊布新的變化起初似乎都被認爲
是不值得的、不必要的。

對批評中專制性和武斷性的恐懼恰好說明了我們對這種特性的期
待，因爲批評可能是一位「不必要的天使」(Unneccessary Angel)，
她不斷地呼喊著：「在我的視野裡，你又看到了地球。」

可是所有天使的麻煩正在於她們的透明性。

譯註

① Moha 是梵文，意譯爲「痴」。佛家名詞。法相宗煩惱法之一。表達一種愚昧無知，不明事理的狀態。

② Horace Walpole (1717-1797)，英國作家。這裏說的「三位王子」是他的童話中的主人公，他們交了好運，偶然發現了許多寶藏。

③ Edmund Wilson (1895-1972)，美國著名文藝批評家、散文家。《阿克瑟爾的城堡》是他的一部評論象徵主義的傑作。他的批評文字以短小精悍、富於散文性著稱。

④ Pip 是 Charles Dickens 的小說 *Great Expectations* 中的主人公。

⑤舊約中說，世人起初講同一種語言，他們在巴別建通天塔以炫耀，上帝看到後，即讓他們開始講不同的語言，變得陌生，互不理解，從此天下大亂。故「巴別塔」常爲「變亂」的同義語。

⑥英國小說家 Jonathan Swift 的 *Gulliver's Travels* 中第四章描述的情景。「慧駰」是該國的主要居民一種智慧的馬的名字。

第七章　超傳記：批評經驗種種

批評經驗是多種多樣的，我這裏只講三種：欲望型的、閱讀型的、表演型的(包括製作型的)。它們都是自傳的片段，而自傳本身則是宇宙中一支有感覺力的蘆葦。

自傳這些年頗爲流行，在某些領域它聲譽極好，文學理論對它大加推崇；可在另一些領域又名聲不佳，不少人譴責它總是有一種低俗的文化自戀癖。確切一點說，它已經成了當代想像力力圖恢復的一種形式。索爾‧貝婁(Saul Bellow)、威廉‧斯泰龍、約翰‧巴思、伯納德‧馬拉默(Bernard Malamud)、伊麗莎白‧哈德偉克(Elizabeth Hardwick)和邁克爾‧赫爾(Michael Herr)近年來的作品從不同角度說明了這一點，然而另一方面，自傳依然是一種不可能實現的——甚至將要死亡的——形式。

爲什麼說它是一種不可能實現的形式呢？因爲一個人的生平不可能不經歷對自身無限的解釋循環而獲得生命，自我不可能在逃避死亡的飛翔中理解它自身。我們之所以說它是一種將要死亡的形式，也是從這個意義上說的。邁克爾‧萊瑞斯說，自傳是卑賤的，除非它把自己掛在「牛角尖」上，因爲寫自己時可能會出現膽怯和撒謊，往往爲某種目的故弄姿態，矯情僞飾，這樣寫出的自我自然會面目皆非。

萊瑞斯說，輕輕掠過牛角尖，我們就變成了自身和宇宙的一條切線。筆者無由獲此榮幸，只想指出自傳的危險，從而避開這些危險。下面將以幾種不同的聲音來談這些危險，這些聲音也許算不上一種嚴密的論述，只能說是批評領域裏一些不諧和的噪音。請注意你喜歡的

那一種。

/

那個有著一對杏仁眼，頭髮梳得整整齊齊、從中間分開的小男孩穿著天鵝絨上衣和緊身鬥牛士褲，站在房中間，他的叔叔皺著眉，居高臨下地看著他。

「你長大了做什麼？」

「當戰士。比漢尼拔和凱撒還要了不起的勇士。」

「也當將軍嗎？」

「是的，還要當聖徒。」

淡淡的笑。隨後幾滴滾燙的淚湧上眼眶，那既不是羞恥的淚，也不是自豪的淚。

我們知道，佛洛依德成年後十分崇敬漢尼拔，同時認爲他自己是比科學家還要偉大的征服者。從這點出發，他自然認爲思想，即使是以最內省的形式出現的思想，也是以權力和欲望爲基礎的。但究竟是什麼樣的欲望呢？是什麼樣的具有欲望的自我呢？這裏，我想請出四位思想家——黑格爾、尼采、威廉·詹姆斯和佛洛依德本人——來給我們解答這一問題。

先讓我們看看黑格爾怎麼講：他在《精神現象學》中說，欲望以激進的方式構成意識。我們大家所說的自我(self)只不過是要求獲得他人承認的按捺不住的欲望而已。自我揚棄欲望——在保存它的同時否定它——從而爲欲望肯定了欲望的存有。當一個人冒過死亡危險，變成了主人，而另一個人爲保存他的生命變成了奴隸，要求獲得承認的鬥爭就結束了。這樣，歷史就成了一種辯證的存在。在黑格爾的辯

證法中，主人獲得的只是一個空虛的勝利，因為他只獲得了奴隸的承認；可奴隸的勞動（而不是主人的勞動）卻把自然轉變成了歷史，最後，那些「掙脫」束縛的奴隸獲得了自由，而想要使欲望永久化的主人卻得不到自由。這裏我們無需進一步探討黑格爾辯證法中似非而是的深刻命題，只要看到死亡和欲望在語言和心靈形成之初就有的共謀關係就夠了。因為語言不僅是自我與他人之間的中介，還是「精神賴以存在」的形式，正如黑格爾所說，「是立即存在的自我意識，也是具有普遍個性的自我意識。」

尼采也把語言看作思想中最需要討論的一個重要問題。保爾·德曼注意到，他把語言的藝術看作「最深刻的辯證思維的基礎」。在「語言的牢房」①之外，我們永遠說不出任何「東西」，而只能作模糊的想像。尼采像黑格爾一樣假定存在著一種存有論的欲望，他把這種欲望稱作「權力意志」（will to power）。從這一點而不是從黑格爾的世界精神（world spirit）出發，他得出世界上一切均有人性的結論。他認為，美德不過是「提純的激情」、解釋不過是權力的情感，由欲望和世界之間不可避免的分歧造成的，處於語言核心的那個「應該」（ought），力圖要征服世界，這樣，欲望就從它自身的不足獲取了更多的權利，它的目的從來就不是滿足現狀，而是要不斷地獲取！尼采式的自我也許是一個「虛構」，一個空虛的空間，各種人物在那裏聚集、混合、爭執、分手，然而它畢竟是一個充滿各種欲望——包括自我毀滅的欲望——的「虛構」，而不是任何中性的世界。這正是尼采身後出版的巨著《權力意志》一書的主旨。

　　他問兒子：「你們這些『天神』為什麼喜歡從天上跳下？」
　　久久的沉默，然後是含糊的回答：「你每跳一次，都能挽救你的一次生命。」

> 父親暗自思量：倘若有一天跳的人改變了主意會怎麼樣
> 呢？誰曉得自我的圓周有多大？即使是撒旦──以難以想像
> 的傲慢狂喊「我就是地獄」的那個魔鬼──也會生出少許光
> 芒。

不論自我可能是什麼，它那世俗的形式揭示的問題極其複雜，以
致人們不可能迴避它。黑格爾和尼采為自我的存有劃定了範圍，威廉・
詹姆斯在《宗教經驗種種》中為它劃定了另一個範圍。他說：「文明建
立在極度混亂之上，每一個單獨的個體都處在孤獨無助的痛苦抽搐之
中。」這個看法和佛洛依德的任何看法一樣嚴厲，不過，詹姆斯卻懂得
自我需要在不可言喻的邊緣地帶冒險的道理。他提出的「存有論的想
像」以一種超越戀情的狂熱認識到那個「難以描繪的存有」。這樣的能
力流遍了自我的有限領域，觸及了神祕經驗的道德核心和理智核心。
這樣，神祕主義者或聖徒就處於比勇士或英雄更高的位置上，因為他
們更易適應「人們想像中的那個最高級的社會」。在那些忠實的現實主
義者看來，詹姆斯的思辨可能是虛無飄渺的，但我們認為，他的基本
假設卻是站得住的。這個假設就是：不論神祕主義經驗最遠的那一端
是什麼，它的這一端「卻是人類意識生活中潛意識的不斷流動」。這個
假設離佛洛依德的觀點並不遠。

> 他還是一個未成年的孩子，要遠離污穢的城市、河流，遠離
> 故鄉紅棕色的土地，遠離家庭的羈絆去尋找沙漠。他渴望火，
> 而構成他的元素是空氣，沙漠能為他提供一個可以調和這兩
> 種元素的沒有生機的場所。他日夜兼程，走過大蓬車隊的軌
> 跡，要在沙漠中燒掉一片棕櫚樹葉。

我們知道，佛洛依德對神祕主義是持懷疑態度，他的「涅槃原則」

(Nirvana principle)或「大洋情感」(Oceanic feeling)主要來自意義不確定的死亡本能(death instinct)而不是來自任何神聖的觀念。他的理論比任何人的理論都更有力地形成了欲望的現代語言。讓•拉普朗歇(Jean Laplanche)在他的《精神分析中的生與死》一書中說，佛洛依德的理論是轉移的、變化的。他那個二元術語「本我」(ego)和「性本能」(sexual instinct)逐漸變成「本我」(ego)和「物本能」(object instinct)，最後竟變成了「生」與「死」。然而，愛神作為結合生命的力量並不能支配死神，所以佛洛依德在《文明及其不滿》中陰鬱地總結說，他們之間激烈的鬥爭形成了嬰兒向天國的呼喊，因為本能只要快樂的滿足，而必然死亡的命運或匱乏則禁止快樂的滿足，這樣，倍受折磨的本我就在為現實服務中枯萎。那麼，如何來解決這悲劇性的衝突呢？也許總是要通過另一齣悲劇，也就是通過在在緊急需要時感受到的生命來解決它。

在較早的一部著作《超越快樂原則》中，佛洛依德感受到了這些緊急需要。在這本書中他首次提出了死亡意願(death wish)的說法。因為沒有任何替代的或者崇高的東西能夠平息本能衝動，自我永遠無法取得自身的平衡。然而死亡作為任何有機體的終結仍然孕育並產生第一個本能：「回歸到無生命狀態的本能」。拉普朗歇為佛洛依德做了如下的結論：「在脫離了每一個無意識後，死亡也許會在無意識中被重新發現為符合自身邏輯的、最激進的原則。而生命則使欲望附著的第一批物體具體化，欲望的對象化往往比思想的對象化更快。

當然，關於欲望和死亡還有許多別的觀點，較為著名的有雷內•杰拉德(René Girard)的「模仿欲望說」(mimetic desire)，即主體之所以渴望得到客體是因為他的敵人也渴望得到它。杰拉德在他的《暴力和神聖》中有力地，甚至迷狂地提出了這一論點。然而，關於欲望和死亡的所有觀點都在我們的心目中留下了最複雜、最凶暴的形象。

從黑格爾到佛洛依德，本能似乎總是和形形色色的暴力聯繫在一起的。甚至連在存有論上不同意黑格爾和佛洛依德觀點的杰拉德也說，「暴力總是和欲望混雜在一起。」這種觀點既是形而上的，也是認識論的，所以，米歇爾·傅柯在〈哲學劇院〉中說：「我們不應該把意義僅僅限制在可知事物的認知核心上，而應該讓意義在語言和事物允許的範圍內重建它自己的流。……死亡為我們提供了最佳範例，它既是事件中的事件，又是最純態的意義。」

這樣，死亡就不僅是我們最終的重新結合，它還是我們的欲望、知識或言語中固有的東西。但這一切怎樣對批評家的「工作」發生影響呢？唯一的可能是：任何一個批評姿態——不論是在閱讀中還是在寫作中、在詩歌創作中還是在一般的藝術實踐中——倘若不能在對暴力和欲望——不論是愛欲還是死亡欲、生存欲還是權勢欲——的複雜質疑的同時坦白地承認這種複雜性，就絲毫不可能近於智慧，而智慧則可能是我們「提純的激情」中的上品。

這裏的原則一點也不新鮮，許多人熟悉它。它曾給佛洛依德、容格、阿德勒（Adler）等精神分析運動諸元老注入活力，也給馬庫色、布朗、萊恩等耽於夢幻的後繼者們帶來生機。在法國，關於欲望的表達最近達到了哲學的高峰，其特點是議論恢宏，涵義艱深。我不禁想到雅克·拉岡、羅蘭·巴爾特、米歇爾·傅柯、吉爾·德勒茲、讓—弗朗索瓦·李歐塔等人的言論。它們中只有拉岡是一位職業的精神分析家。對精神分析運動的得失正誤我這裏無法做出評判，對它朦朧的輝煌和高超的辨術更難置一詞，我也不想對各色詭辯論者和教授們在討論這一問題時的疾言厲色和出爾反爾發表意見，我只希望離開時下的爭論，貢獻一點淺見，讓批評家們自己去思考，他們也許會發現其中某些意見有吸引力。

他得了某種恐語症。有一次在另一個國家，他拒絕說話達兩個月之久，只講個別單詞。現在他仍舊感到自己的頭腦在沉默的大海上浮沉。他在玩填字遊戲時總是不知所措，茫然若失。他不時想到那個在小旅館殺死十幾個人的查理·斯塔克偉瑟(Charlie Starkweather)，這人殺人的理由是因為「他們總是喋喋不休」。他們的頭腦和祖先的不同，仍然是兩院制的(bicameral)他聽不到頭腦中的任何聲音，他感知的直覺一直是啞的。「當寂靜籠罩大地時」，發了瘋的賀德林②聽到了什麼呢？

拉岡像他的前輩學者一樣，也把欲望看作自我與他人之間相互作用的一個因素，這種相互作用從嬰兒時期的「鏡子階段」(mirror stage)起就是鏡子般反映式的，它構成了一種反身的異化，嬰兒階段之後對自我的種種認同都從這種反身的異化而來。在拉岡看來，欲望依然是針對他者(the other)的欲望的，這主要不是因為他者把握著通向欲望客體的鑰匙，而是因為欲望的第一個客體要由他者來辨認。這種說法容納了黑格爾的「辨認」(recognition)說和佛洛依德的「原初認知」(primal cognition)說──我們原初在母親的身體上學得了發現意義的能力──也容納了尼采的永不滿足的「意志」(will)說，這種意志被拉岡理解為一種與自我和他者永不適應的、永恆的語言要求。拉岡的天才把他的注意引向了語言問題。他艱澀的文體風格一方面揭示了另一方面又掩蓋了這些問題。他認為，構成語言的不僅是「無意識」(「他者的論述」[the discoures of the Other])，我們所說的自我也是一種「象徵的序列」(the symbolic order)。這樣，從笛卡爾(Descartes)至今，主體的哲學地位依然要由論述的二重性來決定。

拉岡在那篇對他後來學術觀點影響頗大的文章〈心理分析中語言

的功能〉（原出自 1953 年的「羅馬講演集」）中說：「爲了解放主體的『言詞』（Word〔或可譯爲『道』〕，我們把他引入他的欲望語言中，也即引入原初語言（Primary Language）中，在這種語言中，他除向我們講述他自己外，還在向他不認識的我們談話，而他使用的首先是表徵的符號（the symbols of the symptom）」。我們知道，語言暗含著否定的意味，它所指的事物往往是不的。拉岡認爲，這種象徵「謀殺」和死亡「形成了主體中欲望的永恆化」。爲此，拉岡十分憤怒而又十分精彩地說：「因此，當我們期望在主體中獲得『言詞』（或『道』）和符號誕生之前的意義時，我們就在死亡中找到了它，主體的存在正是從死亡吸收了它的全部含義。實際上，通過對死亡的渴望他向他者肯定自己，如果他在他者那裏認同了自我，他就把自己牢牢地固定在他本質形象的變形中，除了在死亡的陰影中，他不能召喚出任何別的存有來。」這裏，我們再一次看到，死亡、語言和欲望在由指符（signifiers）——其中最有特權的是陽物——表達的自我中具有共同邊界，而這些指符則是身體自己移位的言語。

> 他從未看見過任何死人。他的父母在經過長期流放後老死時，他覺得他們幾乎早已是死人。當死神最終降臨到他本人頭上時，他才五十多歲。他記起她那張正在死去的面孔，她竭力想說話，想用語言辨認他的存在，可一個字也說不出來。她死了——當時他不在場——再也沒能說話。後來，他夢見她變成了一個小姑娘，一身縞素，輕得沒有一點重量，他抱著她從無人知曉、無人察覺的險境離去。

人類宇宙是由匱乏和缺失(lack)構成的，這是拉岡抱怨的要點，也是他那群後結構主義的追隨者們抱怨的要點。他們認爲人類宇宙是由語言構成的，這樣，欲望的語言便引向缺失的美學（我們不妨注意一下巴爾特等人的論述中那些正在流行的術語：零度［degree zero］、沉默［silence］、交錯配列法［chiasmus］、撕裂［tear］、裂縫［fissure］、裂隙［crack］、斷裂［rupture］、碎片［fragment］、疏漏［lapse］）。我以爲，人類宇宙既不完滿也不空虛，既不是行動也不是言詞，而是在我們不斷的選擇中形成。儘管我的觀點與巴爾特等人的不同，但我仍要討論巴爾特的觀點，因爲它與我這裏要論述的欲望和閱讀問題密切相關。欲望和閱讀是我要討論的三個術語中的前兩個。

巴爾特的後期著作似乎是在沉思如何去閱讀自我，又彷彿是對某些文本或者說文本性的熱烈擁抱或向它們表達性愛——自然是多種形態的——的儀式，但這並不妨礙作者在《文本的歡樂》中提出某些引起爭論的觀點。他認爲，閱讀中有歡樂體驗(experience of pleasure［plaisir］) 和享樂體驗(experience of bliss［jouissance］)的不同，歡樂體驗可以表達，而享樂體驗卻不可言傳(in-dicible, inter-dit)。歡樂的文本即使在進入文化和歷史的前瞻中時也充滿了「巨大的幸福和快感」，而享樂的文本則是非社會性的，不允許沉湎於享樂中的自我「康復」。但即使歡樂也是「非題旨性的」(atopic)，因而要避開意識形態的「嘮叨」和實踐。歡樂起連接「閱讀的神經病和文本的幻覺形式」的作用，因此可以揭示主體的眞正個性。以這種個人的神經病與想像的文本相聯繫爲前提，巴爾特區分了四種類型的讀者：「拜物敎式的」(the fetishist)讀者總是在文本的部分之中和之間無法解脫，「執迷不悟式的」(the obssesive)讀者包括那些文學家、符號學家和後設語言學家(metalinguists)，「偏執妄想狂式的」(the paranoiac)讀者總是妄自尊大，與人爭辯不休，「歇斯底里式的」(the hysteric)讀者則總

以一種近於享樂的態度沉浸在文本中（阿爾邁‧科亭［Armine Kotin］
在《實用結構主義雜誌》第一期〔1979 年 7 月〕著文，對這四種類型
的讀者做了非常精彩的分析）。可巴爾特很快就公開承認，這樣的區分
靠不住——他不好意思地說：「我弄錯了」——這樣，就未能爲閱讀科
學提供堅實的基礎。他認爲在任何情況下文本都是蛛絲，批評家的工
作是編織蛛網（hyphology），而在近乎享樂中的讀者則「像蜘蛛溶解在
她織網的分泌物中那樣分解自己」。巴爾特這部具有護符般魔力、在許
多細微處不甚嚴密的著作結束時以無限的精巧復活了尼采式的二元閱
讀方式，即日神式和酒神式閱讀方式。

　　《一個戀人的論述片斷》（或譯《戀人絮語》）爲我們提供了熱病
的經驗。這裏主體感受的更多是痛苦、孤獨、嫉妒、怨恨，而不是歡
樂。這本書模仿了一個戀人時斷時續、支離破碎的談話，彷彿一個現
代舞蹈家的表演，給我們展示了一部按照欲望的字母順序編排的「情
感文化的百科全書」。然而，復仇的精神（the spirit of Erinyes——復
仇女神〔譯者〕）彌漫在此書的字裏行間，它總是要回歸甚至未曾須臾
離開過文本。這是一本充滿了失控的愛、死亡和瘋狂的書，就像《少
年維特之煩惱》一樣，那麼多歐洲人讀過和正在讀它，並且通過閱讀
它學會了嘆息和死。這樣，愛和自殺就變成了文本的模仿，可見問題
仍舊是一個閱讀的問題。巴爾特提議，他這本書應該獻給合二爲一的
戀人和讀者，可是這二者在什麼意義上合二爲一呢？是在死亡的意義
上嗎？是在愛不能滿足的意義上嗎？當然不是，而應該是在一種既創
造欲望又背叛欲望、既表達欲望又使欲望緘默的語言的內在性上。這
裏，讀者和作者、瘋子和戀人之間的矛盾似乎表現在語言同盟的不適
（dis-ease）中。

　　這些矛盾會聚在那個充滿愛欲的自我身上，我們讀的正是她的話。
如果巴爾特寫這本書是爲了摹擬一位戀人哀婉或病態的論述（這位戀

人決不是一個神聖的主體[subjet saint])，那麼，他也為我們提供了一本偽造的自傳，裏面到處是狡詐的自白和虛假的面具。這種情形不能僅僅歸因於巴爾特的狡猾或者他的戀人們在愛欲的驅使下鬼鬼祟祟的行為，還要歸因於語言和欲望在愛的主體中相會在相互毀滅的邊界這樣一個事實。的確人們不可能對這篇孤獨不幸的自白做出更多的解釋。對巴爾特來說，真正的知識來自於「我的解體」(the unmaking of the I)，即一個缺乏認知能力(méconnaissance)的超級器官的解體。這個「我的解體」是一個政治的、烏托邦式的活動，對閱讀和寫作、自我和社會都有影響。在這本書的最後這樣描述了被執著地分解的、清晰的自我：「我要改變各種體制：不再撕破假面、不再解釋，而要從意識中造出一付鴉片，從而接受一幅不能復元的現實幻景、接受一個大而真切的夢、接受一種有預示力的愛。」我們突然感到這樣的說法更接近伯麥(Boehme)而不是昆提利安(Quintillian)③。

> 維納斯對他心靈的住所具有很大影響力。在他一生中，女人和工作這兩種魅力一直在內心交戰，使他深受精神折磨（他幾乎能毫無遺漏地想起他曾見過的那些「完美無瑕的大腿」從馬車上下來，穿過馬路，走進大飯店，或者在城裏的街道上嘎吱嘎吱地響著。他還能從淡藍色的欲望之鏡中看見那些有一雙金色大腿和漂亮眼睛的北方女子。）女人和工作：理智如何能在欲望的完滿和精神的完滿之間做出抉擇呢？他變老了，沒有任何一個坦陀羅主義者(tantrist)④把祕密藏在陳腐的幻想和時間中。
>
> 不過，那個對他畢生頗具影響的維納斯最終還是派了一位密使到他的住所來。

羅蘭·巴爾特對文本的態度是極端無政府主義的，他寧願以個人的習語來講話。不過，政治術語在當前頗合時宜，因為文本的理論自

然包含了社會的理論和欲望的理論，而閱讀則是我們以緘默的文化制約的名義採取的一種行動。這種制約對巴爾特並不排除革新的可能性。一場政治革命和一種欲望變化具有同樣的目的(telos)，那就是要求「絕對的新穎」。同樣的目的還出現在閱讀中。巴爾特選擇情人來對抗解釋者或傳教士，他挑的實際是未編纂成典的、令人心醉神迷的、「難於對付的」(intraitable)文本，因此可以推陳出新。然而大家知道，新的東西並不能永遠新鮮，所以巴爾特在性與文本的政治上贊成一種永遠革命的思想。

格奧爾格·施泰納是我們看到的一位近乎持相反立場的批評家，他對色情文學的嚴厲譴責名聞遐邇，這裏毋庸贅述，但他那種嚴厲的態度卻表明他對腐蝕又脅迫人體的論述深感不安。在文集《困難論》一書中，他討論了與文化教養有關的更廣泛問題。他認識到文學與性之間在歷史上存在著多種形式的聯繫，爲這個世界上愛欲與宗教語言的貶值哀傷不已。他說：「這兩種貶值……顯然是相互關聯的，說明內心媒介正在幾乎有目的地變得『越來越稀薄』。」這一「內在性」的喪失、這一對愛情和崇拜兩種私事的侵犯在他看來正是我們現代性的一個邪惡特徵。甚至心理分析也以其流行的威望加劇了這種貶值過程，因爲它那滔滔不絕的誘導治療法極易腐蝕人「內心中措辭的能力和豐富性」。當「內心言語」的平衡轉移到「公開的表達」，也即在最大的意義上被公之於眾時，自我就會冒「摒棄」自身的危險，當我們「已經漸漸不存在於我們自身」時，我們就對自己創造的重要性越來越無所謂了。(富有特徵的是，施泰納禁不住要補上一句：「美國住宅現在或者說最近已經對所有的來人開放了。」)

施泰納最關心的是講話、閱讀和寫作的經濟學。這種關心是他向尼采、德希達、巴爾特的「主體的空虛」(the empty of subject)提出挑戰。他也不贊成對文本的民主式閱讀或個人式閱讀，因爲這樣的

閱讀會瓦解知識淵博的權威。自我的外傾、技術的優勢以及大眾社會中判斷的迅速擴散——誰曉得這裏究竟什麼是因什麼是果呢？——已經造就了一種新的文盲，他們既敵視閱讀又敵視思考。正確的閱讀是一個嚴格而孤獨的行動，要求集中的心神和良好的記憶以及精緻的語言技巧和堅定的意志，它還要求有一個文化傳統或者核心綱要，以便保證在一定程度和範圍內提供參考文獻、相關材料，保證形成一種相互作用、相互影響的力量，也就是我們所謂的「互文性」(intertextuality)。施泰納直截了當地說：「『文本』在權威的上下文中充滿活力和生機」，經典意義上的「人文學科不需要『現成的對等物』」，也不需要「和大眾的——自由的或社會主義價值體係中的『人文主義』自然相處」。現在，西方的豐裕似乎已在衰減，文化和民主潛在的不和諧可能顯現出來。施泰納以十分冷漠的態度看待這一陰暗的前景。他要求建立「讀書院」(houses of reading)，以便使少數人仍能在這裏受到閱讀的教育，獲得閱讀的愉悅和趣味，感到閱讀的「自豪和魅力」，在這裏，文本依舊是「生機盎然的環境，是溝通生命信息的『上下文』」。

對這個論點我本可以比施泰納講得更直率、更嚴厲些。確實，他認識到「對我們的需要而言，文本是不可窮盡的」，某種「漠然的無責任心」——令人想到解構主義——可以提高我們對文學的敏感度。在最近一篇題為〈批評家／讀者〉(見《新文學史》，1979 年春季號) 的文章中，他還力圖以一種更強烈的祈求語氣區分不同的文學經驗。不過，施泰納和巴爾特之間的距離也不是絕對的，在他們之間，各種理論家——例如，傑弗瑞·哈特曼、沃爾夫岡·伊瑟爾、諾曼·荷蘭德、戴維·布萊契——都通過關於閱讀行為的討論起著中介作用。從另一方面說，在他們之間保持對照的空間可以最清楚地看出他們的差異，因為他們的主張始終是對立的。施泰納對閱讀天主教神父式的態度重新回到了佩圭(Peguy)和邦達(Benda)⑤的立場，在巴爾特不同尋常

的欲望文化中是不會受到歡迎的。

　　對文本、自我和社會的種種不同態度使我們再一次要問：閱讀行為能獲得大家都一致同意的定義嗎？我的看法一貫是，沒有任何文學的認識論可以有效地回答這一問題，不過，欲望的存有論可以啓發我們對這一問題的思考。作爲原始意志的一個方面，閱讀由自我發出的一個複雜命令構成，這個自我存在於語言中，也就是說，存在於和他者的關係中，不論這個他者是母親、敵人、歷史、死亡還是無意識，因此，「閱讀」永遠是不斷分解、不斷修正的「社會契約」(social contract)中的一方。我們不可能廻避這樣的問題：誰在讀？我們還必須弄清楚：這位讀者是抱著什麼目的、在什麼樣的歷史上下文中理解文本的？

　　好像完全出於偶然，他碰到了一個文本，彷彿是自傳體的，大約出版於二十五年前。他閱讀那個寫於他和誕生之間、介於他和死亡之間的文本，憎惡地想，每一次閱讀都給死者注入了生命，即便這死者就是他本人，死在另一個國度。他在另一個文本中讀到下面這段話，那個文本可能就是這個文本的上下文：

　　……在官辦中學那些枯燥乏味的教室裏，所有班級的孩子們氣勢洶洶地煽動偏激和敵對情緒。學校黑色的鐵柵欄大門八點五分關閉，到差五分三點才重新開放，顯出令人恐怖的權威性。即便是那些腰纏萬貫，權勢顯赫的家長也只有在下午大門重開之後才能在門外等來他們幸運的子弟，可一旦進入學校，學生們便須放棄一切希望，只能自己管自己，往往得靠智慧和拳頭(有些常常打得頭破血流)解決問題，以血淋淋的事實表明自己不怯懦、不嬌弱、缺乏敎養。……大家都在學習，可有人卻踢起球來。……期末大考不及格者的名單貼在牆皮剝落的牆上，通不過考試的學生們有些想自殺，這是常有的事。

他想起另一個情景，那是幾十年之後。一位研究生在僅靠蘋果和巧克力維持生命的情況下取得了一種外語的博士學位。系主任——一位著名的某學會前主席——透過他那玻璃魚缸樣的眼鏡盯著他，裝出盡可能溫和的樣子粗聲粗氣地說：

「我們已經給你提供了獎學金，可現在不能給你助教的位置了，因為你的英語有些地方講得不標準。」

一點不錯，他想。可那時，他即使講「母語」，也有「不標準的成分」。

3

批評家在欲望中、在閱讀中、在創作中用行動寫出了他的自傳，這份自傳包含了許多自我。這樣的行動儘管是個人的，但卻引導我們去思考歷史，所以漢斯-格奧爾格·伽達默——他清醒地認識到，構成人的存在更多的是偏見而不是理智的判斷。——在《哲學解釋學》中斷言：「能夠理解事物的並不真是我們自己，而總是歷史（或者說過去）允許我們說：『我理解了』。」自我的這種積極的往昔感、理解的這種生動的歷史性與經院學者厚古薄今的傾向迥然不同，它將自身投入未來，並為批評家的實踐指明了方向和道路。

這一點十分明白地表現在傅柯的「知識考古學」(archaeology of knowledge)的說法中。這個說法具有說明權力的符碼化模式，因而引出了我要討論的三個術語中的最後一個。在傅柯的各種考古學——例如關於詞語、瘋狂、刑法、醫療等——中，關於性(sexuality)的那一種和我的論題最接近。在早期的著作《事物的秩序》中，傅柯注意到，死亡、語言（或法律）和欲望奠定了人類社會的種種基礎，也即確定了「非思維」(l'impensé)的邊界。在近期的《性史》（第一卷）中，他進一步驗証了欲望的種種語言，令人驚異地說明，這些語言遠非壓抑

性的，而是內含豐富地、清晰地表達了各種賦予的權力。然而，傅柯所說的權力究竟是什麼意思？我以爲，它指富有感染力的論述的內在性、各種關係的相互作用、一個擴散的力量場(a field of dispersed forces)，簡言之，它是「人們用來說明一個特別社會中一種複雜戰略形勢的名字」。這種觀點是對馬克思主義的強烈詛咒，它把性看作人體和政治實體之間的接縫、個人自由和社會控制之間的縫合線。通過使性富有性感、使欲望令人生欲、使愛欲成爲一種特殊的指符，權力的表達方式進一步爲我們每個人創造了一個易於控制的自我──不論是同性戀還是異性戀的──並使其永久化。古代暴君任意殺戮臣民的權利現在讓位給國家把某種特定的生活強加給人民的權利，古老的「血的象徵」(symbolique du sang)讓位給新的「性的分析」(analytique de la sexualité)。所以，傅柯認爲眞正的自由激發的不是「性慾」(le sexe-désire)的觀念，而是「歡樂的人體」(bodies in their pleasure)。

我們可以像讓・波德希雅爾在《忘卻傅柯》中那樣對權力的這一特殊觀念提出挑戰 (他認爲權力不是一個內在的場或格柵 [grid]，而是一種誘惑、一種刺激、一種誘餌)。但我們卻不能不承認傅柯的遠見卓識，那就是一切論述方式都深深地包含在權力結構中。在他看來，認識論上的連續性觀念使社會避免分裂、危機和動盪不安，因此，家庭、教會、國家都強烈反對任何形式的不連續性，同樣，人文主義的基本思想則是通過禁止權力內容和形式上的轉移來強化社會組織，其核心正是傅柯要從兩方面加以攻擊的「西方」自身的觀念。他在《語言、反記憶、實踐》中「一方面使權力意志非主觀化 (即通過政治鬥爭……)，另一方面使主體作爲一個虛假的統治者毀滅 (即通過對『文化』的抨擊……)。」質言之，批評家不僅要使欲望的語言非神祕化，而且要攻擊社會的認識結構和政治結構。用傅柯自己的話來說，就是要「同時刺激意識和體制機構……」。

　　但是，批評家的實踐——在這一問題上德勒茲和傅柯有同感——並不能和理論完全吻合，二者間總是存在著障礙和斷裂，它們既不能也不應該靠「總體化」來消除。在後結構主義者眼中，這種總體化是最讓人反感的，所以他們對馬克思或佛洛依德自然要採取模稜兩可的態度。佛洛依德主義的生理本能和欲望能夠反對它自身嗎？馬克思主義的階級利益能夠否決欲望嗎？對此，德勒茲可能做如下的回答：利益並不能給出權力之謎的最終答案，因為「欲望在不斷積累、不斷產生新的欲望，比起我們的利益來，它產生的作用更深刻、更廣泛」。傅柯則可能做如下的補充：「欲望、權力、利益三者間的關係比我們通常所想的要複雜得多，行使權力的人並非一定有利可圖，而生財有道的人也並非總是大權在握。」

　　這種擴散或者移位的政治使實踐至少顯得含混朦朧，甚至可能雜亂無章。德勒茲（還有李歐塔）毫無保留地承認了這一趨勢，他的主要著作《反伊底帕斯》（與費利克斯・瓜塔里合作）採用了一個頗有意味的標題：「資本主義和精神分裂症」，這說明他既反對馬克思關於社會生產的理論，又反對佛洛依德關於伊底帕斯式壓抑的原則。這本書十分精彩地提出了固有欲望「流」的觀點，認為任何制度，不論是聯繫的還是分離的，都要對它加以調控。按照這一觀點，芸芸眾生，男女老少皆是「欲望的機器」，作者把這一說法用在一切將要瓦解的、「精神分裂的分析」渴望解放的制度中。這一概括雖然有些簡單，但仍會順理成意地導出全書執著地要說明的宗旨：打亂權力和欲望的結構，甚至打亂我們對這些結構的理解。

　　這一打亂、分離、擴散的傾向延伸到那個被稱作「地下莖」(Rhizome)的纖細領域中。這裏，德勒茲和瓜塔里選用了「地下莖」——一種生長在地下的無形態的植物莖塊——的比喻來表達他們對必將出現的事物的感覺，這些事物是：瀰漫的自我(diffuse self)、變易不居的

形式(fugitive forms)、一種容納多樣並列結構(syntagma and par-
ataxis)而不是等級或生成結構(hierarchic or generative models)
的文化。在他們看來，地下莖不同於根，它沒有方向、沒有中心、只
有周邊，只靠變化生長，是一片具有自調系統的無形態物。兩位作者
在書的末尾以輕快的語調指示我們:「創造地下莖，不要創造根，更不
要創造植物! 不要播種，只挖穴! 既不要成爲一也不要成爲許多，要
成爲大量和形形色色! 寫作時一行行寫下去，決不劃句號!」

　　德勒茲在其另一部簡短的著作《對話》(與克萊爾·帕奈 [Claire
Parnet] 合作) 中進一步闡述了關於地下莖的理論。他認爲，歷史包
含了種種運動或流淌的線，「非領土化的種種流」(fluxes of deter-
ritorialization)，像流浪的猶太人、旺達爾人或韃靼人那樣蹤跡不定，
漂泊四方，或像毛的長征那樣千回百折，行止難明。社會循著某些流
動的方向發展，這些流在最深的層次上發生變化。眞正的革命敏銳地
覺察了這些流，並提出實際的問題: 什麼樣隱藏的、拒絕國家及其二
元權力模式的組織有能力召喚出一個新的國家? 德勒茲以他自己的問
題做了結論: 爲什麼要去預示革命的不可能性或世界極權主義的來
臨，而不去承認可能正在發生的變化、不去承認種種變異和活動的「機
器」可能密謀顚覆現存的世界和國家形式呢? 他堅持說，這個問題既
不是烏托邦式的，也不是即興的，它提出了關於欲望、知識和權力的
另一種觀點。

　　受某些關於美國的觀念影響，他在自己第一本書的結尾寫了下面
的話:

　　一個沒有史前史的國家突然進入了歷史，心中想要蹂躪並贖回時間。
　　一個具有無限空間的國家把人們置於和原始的自然對立的位置上，致

使他們生出永恆的、返祖的孤獨，同時也被他們變成了有史以來最非自然的國家。這個國家被人看作一場夢，它說明，做夢的人可能在噩夢的冷汗中驚醒，然後再繼續去做夢。……今天哥倫布的詛咒仍回響在我們耳際：每個人都必須以自己的方式去重新發現美國！

作爲一個出生在外國的人，他依然記得再沒有什麼比強迫遣返更使人恐怖的了。他拆開移民局的每封來信，總覺得口乾舌燥，雙手沉甸甸的。現在他對美國已感到越來越不耐煩了。他是一個古怪的人、一個不理智的人、一個粗俗的人、一個被夢和希望扭曲了的人，就像那個手搖風琴的耶利米，他粗魯地說：

「我們現在究竟犯了什麼病？是『信仰危機』嗎？美國穿著旱冰鞋，你甭想知道它滑到哪裏去。未來帶著半導體而不是耳朵在公園裏漫步。美元時起時落。骯髒的帳單被撕碎。吸飲煤氣者、肢體殘缺者、腐敗潰爛者隨處可見。街道裂了。草坪髒亂不堪。只有在夜裏，地鐵、城市才給受害者一絲安慰。一點不錯，我們喜歡恐怖，所以電視和黑手黨總能滿足我們的需要。此外，還有汪洋大海般的道德淪喪。

「我們已經變成了一個有各種名字的民族。油滑的本我象徵笑和污點那樣纖細地傳播，堵塞的欲望用暴力尋求發洩。當詩人哀號時，他想到的也許是這樣的詩句：

> 『執迷不悟原是
> 每一個人的天性
> 渴求無望之物，
> 不要人間的博愛
> 只要別人愛他自己。』」

這位古怪的人暫時停了下來，開始在他的手搖風琴上談論政治：

「到處都有牢騷滿腹、怒氣冲冲的黨派要求『正義』，然而，正義是脆

弱的、易碎的、稍縱即逝的，她很快就產生『報復』（比她更陰鬱的姐妹）。政黨派系是毫無希望的：右派事事恐懼，左派時時怨恨，除非恐懼變了怨恨，怨恨變了恐懼。右派往往踡縮於一隅，抱怨時間的錯誤，左派常常稚氣十足，執迷於無用的抽象，而中間派則總是溫文爾雅，款款而談『別人要死，我們不能對他們的行爲負責。』」

　　他心中那古怪的靈魂不再發奇思怪想，現在原告成了被告。他想到自己的一生充滿失落和迷誤。怎樣才能使個人的失誤成爲一種誠實的政治呢？

眞理，眞理的觀念必須懷疑，這是李歐塔在把欲望的政治推向極端時堅持的立場。李歐塔受尼采的不妥協(intransigence)詩學的啓發，寫了《性力經濟學》(*Économie libidinale*)一書，把人類現實比做一只「具有薄膜的碩大蜉蝣」(la grande pellicule éphémére)，也就是一張具有性力的薄膜，歷史將自己鐫刻在這張薄膜上。這個說法與德勒茲的說法有異曲同工之妙。李歐塔認爲，這張巨大的薄膜無處不在，像麥比烏斯帶(Moebius)似的，沒有「深度」，更像是脈衝而不像是帶子。在它「比喻的空間」中，欲望勾結(connive)他者悄然侵入文本組織和指符的傳統秩序，詩歌作爲欲望的同謀煽動變革，比異化的政治論述更加有力，這樣，馬克思就成了一位「名叫馬克思的欲望」(le désir nommé Marx)、一位解放瘋子而不是沉悶理論的作者。李歐塔滑稽地、機警地請我們摸摸馬克思的大鬍子，把它看作一卷「濃密的、糾纏不清的性力」。這一舉動既非輕蔑，也非忠誠，而是某種友愛的姿態、激情的混合。的確，「這位老人」包容了一個充滿愛欲和顛覆力的生命，李歐塔把「小馬克思小姐」比做喬治・巴達伊的那個惡名遠揚的妓女愛德華夫人(Madame Edwarda)。

　　儘管這一切看來是常情難以接受的，但李歐塔在把人的抽象概念

從體制的束縛中解放出來的努力中並沒有絲毫挖苦的意味，在他的討論中，馬克思主義的論述彷彿是喋喋不休的饒舌和無休止的修正，顯得瑣碎而無甚價值。欲望的衝動、性力的交換已證明是一切領域——神聖的和世俗的、實踐的和理論的——中富有生命力的祕流，因此，性力經濟學就是政治經濟學。李歐塔在該書的結尾呼籲道：「無須發什麼申明、宣言，也無須搞什麼組織、煽動，甚至無須尋求什麼典範的行為。……只需讓有利於增加性力強度的差異起作用就行。我們並沒有標新立異，性力那無懈可擊的強大叛逆作用早已存在在那裏，確乎如此，豈有它哉！」

正如馬泰・卡林內斯庫(Matel Calinescu)注意到（見〈作為藝術品的馬克思主義〉，載《斯坦福法語評論》1979 年春季號）的那樣，李歐塔的政治從根本上似乎是美學的，其精神是用比喻和形象來說明問題。不過，他的政治也是實用的，集恐怖、極端和欺騙於一身，但不乏幽默。《異教的教育》和《異教初階》這兩部短作詼諧地說明了上述特徵。在第一部中，他拈出正義和不虔敬，或者說不虔敬中的正義來創造一種「實用的敘事體」——由軼事、謎語、閒談、片言隻語組成——以便瓦解社會的巨大指符，這一戰術要求迅捷的「回擊」(riposte)，而不是一般的「反動」(reaction)——也就是說，要求不斷地從變的角度來觀察敵人。在第二部，他採用了一個英文字「拼補物」(patchwork)來取代李維斯陀的「雜活兒」(bricolage)，表明一種置換的戰術。他呼喊道，要進一步發展虛無主義，加速價值的危機，促進頹廢和墮落！同時也絕不允許任何階級控制整個社會的論述——特別是它的後設語言！這樣做雖然會隨之產生衝突和暴力，就像在美國狂熱地表現出的那樣，但卻可以增進少數派在一個「異質空間」的事業。李歐塔指出，這一「新的觀點」抵制統一、結論、真理(Unity, Finality, Truth)，遵循「詭辯家的邏輯」，而不是「邏輯大師的邏輯」，

接受「隨機的時間」(time of opportunity)，而不是「世界史的時間」。他寧願像詭詐多變、虛僞狠毒的異教神那樣，以全人類的虔誠爲代價來解放日常的實踐，也不願解放某些連神都沒有的、熱烈而歡快的、正義的觀念。

儘管不能沒有侷限，李歐塔的思想仍有助於我們精煉（如果不是界定）自己的思想。不過由於他的思想對恐怖主義採取溫情脈脈的態度，所以根本認識不到它所謂的正義實際上卻是傲慢。在我們看來，這是非常討厭的。但是他的大膽設想卻把我們置於這個時代戈爾工⑥的注視下。按照他的看法，對批評家實踐的最終挑戰是：以誰的名義怎樣行動才能不至於把人變成妖怪，變成石頭？

　　他蹣跚地走著，血和腎上腺素往上湧，腦海裏展現出一場談話。

　　一位信奉馬克思主義的同事譴責他：「你把眞理擺到實踐之前，這是頹廢的資產階級觀點。」他踩著腳回答：「你讓眞理和行動相脫離，最後不是導致恐怖主義，就是導致更糟的極權主義，這兩者都是我不贊成的，它們名義上聲稱爲他人服務，實際上是爲自己服務。」

　　一位朋友經常告誡他：「我們必須做出區分，做出明確的區分。」他喘著氣反駁道：「是的，我們必須區分種種不同：有些是惰性十足，陳陳相因，另一些是充滿創造力，一往無前。」

　　一位同仁奚落他：「這才叫男子漢。」可他想：「男子漢氣概可能稚氣十足，也可能威嚴恐怖。不過，它的推力卻把我們從洞穴深處推到這不甚分明的陽光下。海明威、三島由紀夫、馬侯和梅勒比我見過的大多數男女都是感情更豐富的文

人。」

　　另一位年資較淺的同事向他自吹自擂：「我越來越保守
啦。」又一位老兄也想來攻擊他，他不禁汗下，喃喃自語道：
「如果保守意味著強迫，那我也是。否則，我絕不做保守派！
我甘願冒險，萬死不辭。」

　　這場無聲的談話變得越來越沒有進攻性，因而減弱了想
像的色彩，反而增加了存有論的意味，成了對世上存在的一
種不間斷的批評，因為他竭力要推遲自己的死亡。

沒有結論的結語

到頭來，人們還是弄不明白自我究竟是由什麼構成的，雖然，幸運、
基因和成就能夠幫助我們獲得某些實際的感受。自我無疑是一種構造、
一種解釋，在不同程度上顯得有效或無效，但從不能顯得毫無焦慮(一
些極嚴重的神經病可以除外)。作為一種構造，自我永遠無法完成，恰
如奧特加很久前說的：「(它是)一種人格……永遠不能完全實現自己，
(它是)一種富有刺激性的烏托邦、一個神祕的傳說，我們每個人都
在心底守護著它。」我試圖從欲望、閱讀、表演這三個連續運動中的批
評本身引出的正是這樣的傳說。在討論過程中由於請出了一些作者為
我的論點提供文化和理論背景，因而引出變成了懇求。請出各家各派，
我是不是背叛了自己呢？

　　背叛往往具有雙重性：它一方面欺騙，另一方面也揭露。我所選
擇的文本一方面講出了我自己的理論傾向，另一方面也說明了一個我
們人人都出入其中並成為其一分子的文化環境。我們的理論傾向致力
於尋求知識和存在的根源，以中斷連續性的激烈姿態和對新穎的幻想

使自己處於危險境地，在這個意義上它是激進的。當然，姿態和幻想很難改變現實，但卻可以激怒現實和我們自己，使之對事物產生更廣泛、更強烈、更敏捷的理解。我們中有多少人能像夢遊者那樣穿過存在，去傾聽那不過是我們自己恐怖的呼吸聲的祖先的聲音呢？

我所引述過的作者半數是法國人，這並不是偶然的。英國沒有給我們的當代批評提供有力的支持，德國對其往昔的過分重視封鎖了自己的頭腦，只有致力於學術研究的馬克思主義是不可多得的例外，美國除少數批評家外已經變成了一個沉溺於陰鬱的研究或滑稽模仿的高手。當然，法國思想也並非完美無缺，我曾在不止一處對它狂熱的解體傾向和華而不實的文風表示過不滿。然而，我仍然認為，沒有任何一家思想像法國思想那樣給我們的理論和實踐開創了如此多的視角和前景、磨礪了我們對語言的感覺，從而豐富了我們作為批評家的生活。近一步說，沒有任何一家思想像法國思想那樣（儘管它有不足）使我們更接近當代性，而正是當代性構成後現代的認識。

當代性的本質理應引起我們重視，雖然什麼是當代性不容易說清楚。我們現在生活在一個到處是裂縫的時代，既有野蠻，也有頹廢，既有暴力，也有怯懦，整個西方都是如此，連俄羅斯帝國也不能除外。是什麼野獸在懶洋洋地向伯利恆(Bethlehem)走去？我認為它是行星化、超人性化的夢或幽靈。因為「西方的沒落」⑦並不能像過去那樣使地球上產生另一種文明，而只能將這種文明割讓給和平的或野蠻的行星化，也即割讓給一個行星化了的、多樣的世界，北南地軸崩潰，變成了東西地軸。我們可能會產生這樣的疑問：當歷史動搖的時候，批評家能夠發揮什麼樣的作用？我想也許可以發揮一種溫和的雙重作用吧：顛覆和創造。

我們需要多種多樣的顛覆，以便使我們的心靈從右和左兩方面強加於人的那種令人衰弱甚至致命的論述中解放出來（一種反意識形態

固然可能是一種意識形態，但它畢竟是一種完全不同類型的意識形態。）拉岡有一次透徹地說：「是革命的反諷使他們產生了一種更絕對的行動權力，這並非像人們所說的那樣，因爲這種反諷是無名氏之作，而是因爲它被更徹底地簡化成了標示自身的語言符號。」我們需要「巧妙的顛覆」，這就是巴爾特所說的：「和毀滅並不直接相關、避開關聯模式的行動。它尋求某種別的術語、一種偏離中心的、非同尋常的、非綜合性的術語。」確切地說，也就是我所說的那種橫跨、滑移、位移的政治、那種甚至往往叫自己大吃一驚的實踐。

至於構成批評家的要素，我曾在許多地方談到過，現在只想強調對任何全面的理智活動必須的那些方面，即想像的自由和道德的力量。我之所以強調批評家生涯中的想像力，是因爲我感覺到，沒有想像力，沒有詩，批評關係就會變成一種尼采式的怨恨、一種可笑的自我、一種心靈的惡意。在反諷、顛覆或解構（在這一點上我與德希達截然不同）之外，我們的在與不在(presence and absence)像宇宙這台織機中的經緯一樣召喚我們做出批評家們幾乎不願做出的嚴正聲明。這個聲明也許比我先前講過的還要嚴厲，它不僅在灰色的書寫學(Grammatology)⑧或白色的符號學中可以找到自己的聲音，而且在歌德、布萊克和愛默生的傳統中也可以找到自己的聲音。哈羅爾德‧勃魯姆把這種傳統稱作一種「夢幻的團體」(visionary company)，認爲它既缺少辯證的意識，又缺少政治的敏銳。

最強的自我是最不會自我耽溺的，它永遠是開放的，總是使自己處於危險的境地。不論是神祕主義者還是非神祕主義者，都認爲它最大的成就正在於自我克服之中。雖然如此，它既不是單一的，也不是非實體性的。愛默生在《論歷史》一文中問道：「昨天笑或哭的那個自我是什麼呢？」「昨夜睡得渾不知事而今朝卻跑得生龍活虎的那個人是誰呢？不論從哪個方向我所看到的除了無常的變幻和不居的流徙外還

能有什麼呢?」

他盡力想像那些難以想像的事物，例如自己的死。不過，他只能以書面的形式來表達它。和伊萬・卡拉馬佐夫不同，他不能只珍視正義而無視現實，因此不願將「生命之卷退還給」上帝，而寧願沉沒在現實中:

「(他)並沒有淹死，而是沉到一個驚人的深度，仍舊活著。那未被扭曲的原始世界在他疲倦無力的眼前呈現出一派奇異景象，那吝嗇的人魚(即智慧之神)展示了大堆寶藏，在這片永遠年輕、歡樂的世界中，匹普(Pip)看到繽紛燦爛的珊瑚和水中的各種生物，還有無處不在的上帝，看到巨大的圓球從廣闊的水域升起，上帝的腳踏在起動踏板上說……」

他沉溺在現實中，但抓住了一根稻草，於是他想，還沒有〔死〕，還沒有。

譯註

① 美國當代批評家 Fredric Jameson 借用 Nietzsche 這一說法，寫有同名著作《語言的牢房》(*The Prisonhouse of Language*)一書。

② Friedrich Hoederlin (1770-1843)，德國詩人。1802 年之後精神失常。

③ Jakob Boehme (1575-1624)，德國神祕主義哲學家。曾提出「萬物都不外乎是與否」的辯證原理，寫了《偉大的神祕》(1623)和《論神恩的遴選》兩部巨著。前者從自然神祕主義解釋《聖經》，後者從辯證立場來討論自由等問題。

　Quintillian (約 35-96)，古羅馬修辭學家。代表作《雄辯家的培訓》論述古代後期的教育思想，提出教育的目的是培養演說家，方法是因材施教，還十分重視道德教育。他的教育思想對後世影響甚大。

④ 坦陀羅主義(Tantrism)係印度教、佛教，耆那教中的一派。信奉講述神祕

修煉的經咒 Tantra，故名之爲 tantrism，又稱密宗或密教。教徒注重神祕的修煉、咒術、儀禮、民俗等。

⑤ Charles Peguy (1873-1914)，法國詩人、哲學家。把基督教、社會主義、愛國主義和深刻的個人信仰結合起來，並付諸實踐。其社會主義是聖方濟各式的。曾爲被誣告的德雷福斯辯護。代表作是《聖女貞德》和長詩《夏娃》。

Julian Benda (1867-1956)，法國小說家、哲學家。畢生以反對浪漫主義，抨擊柏格森哲學爲己任。

⑥ Gorgon 希臘神話中海神 Phorcus 的三個女兒，她們的頭髮都是毒蛇，嘴裏長著野豬的尖牙，小女兒 Medusa 最危險，她看誰一眼，誰就會變成石頭。

⑦ *The Decline of the West* 是德國歷史哲學家 Oswald Spengler (1880-1936)於 1918-1922 年間出版的一部研究西方歷史文化的重要著作，在一次大戰後的西方世界影響頗大。

⑧《書寫學》(*Of Grammatology*)是當代法國哲學家、批評家 Derrida 的代表作之一。

第八章　後現代景象中的多元性

I

這裏我將再次談到後現代主義——這個問題已經扯開了——談它的多元性。多元性現已成為激發後現代論述的條件，引起了學者們的熱烈討論，產生了大量的批評和非批評著述。那麼，現在為什麼要來談多元性呢？這就讓我們聯想起兩個世紀之前康德提出的問題:「什麼叫啓蒙(Was heisst Aufklärung)?」，這個問題的含義實質上是:「我們是什麼?」，當時的回答正如傅柯所說，是對歷史存在進行深沉的思考。1 而今我們談論這一問題——這正是本章的目的——就是要對「什麼叫後現代主義(Was heisst Postmodernismus)?」這個問題進行探索。

我們這個時代的多元性（如果不是建立在，那麼至少是）出現在公設的後現代主義的社會的、美學的和智性的觀念中，並在這些公設觀念中屢遭磨難和考驗。我覺得，美國眾多的、觀點迥異的多元主義

1. Michel Foucault 在 "The Subject and Power"(此文後重印, 以"Afterword"收在 *Michel Foucault: Beyond Structuralism and Hermeneutics,* ed. Hubert L. Dreyfus and Paul Rabinow [Chicago, 1982] 中) 中(p.210)說:「哲學的全部問題中最確定的也許是現在時的問題, 也就是我們此刻的存在的問題。」這篇文章還刊在 *Critical Inquiry* 8 (Summer 1982): 777-96.

者——艾布拉姆斯、韋恩・布斯、肯尼斯・博克、馬泰・卡林內斯庫、克蘭(R. S. Crane)、尼爾森・古德曼(Nelson Goodman)、理查・麥克翁(Richard McKeon)、斯蒂芬・佩普爾(Stephen Pepper)以及其他難以數計的藝術家和思想家們——都試圖對「什麼是後現代主義」這一問題進行探索，但他們的討論往往自負而隱晦。簡言之，有些人畢生都在講後現代主義，然而實質上卻並不了解後現代主義，最近的茹爾丹(M.Jourdain)就是一個很好的例子。

那麼，究竟什麼是後現代主義呢？我也無法提出明確的界說，這正如我過去無法對現代主義提出一個明確的界說一樣，但現在畢竟該是對它進行理論概括，也即歷史化的時候了，同時還應該指出它的錯誤傾向。我以為，後現代主義與文化模式的建立、文學分期、文化變遷等方面的問題密切相關，也就是和一個非道德唯信仰時期的批評論述密切相關。2 此外，一些觀點不同的思想家們還從現代主義沒落或者說自我修正的角度來思索它。譬如，那位「保守的」社會學家丹尼爾・貝爾證明說:「現代主義作為一場文化運動在過去的一百二十五年間席捲了藝術的所有領域，3 形成了我們象徵的表達方式，可現在它的創造

---

2. 我曾在 *The Dismemberment of Orpheus: Toward a Postmodern Literature,* 2d ed. (Madison,Wis 1982), 262−68 中討論過這些問題中的某些部分。也可參看 Claus Uhlig, "Toward a Chronology of Change," Dominick LaCapra, "Intellectual History and Defining the Present as ' Postmodern'," 和 Matei Calinescu, "From the One to the Many: Pluralism in Today's Thought," 俱見 *Innovation／Renovation: New Perspectives on the Humanities,* ed. Ihab Hassan and Sally Hassan (Madison, Wis., 1983).

3. Daniel Bell, *The Cultural Contradictions of Capitalism* (New York, 1976), 7.

力和思想影響已經消耗淨盡了。」而那位「激進的」哲學家于爾根‧哈伯瑪斯則力圖區分「老保守派的前現代主義(premodernism)」、「年輕保守派的反現代主義(antimodernism)」、和「新保守派的後現代主義(postmodernism)」4，以我看，他這種努力是徒勞的。

讓我們且把這些不同的看法放在一旁，仍舊來討論什麼是後現代主義。我打算舉出一些相互關聯的現象，以便標出一個文化領域，說明後現代主義的特徵。我的看法也許會重疊甚至相互衝突，但從總體上看，它們畢竟勾畫出了一個具有「不確定內在性」(不確定性寓於內在性之中)的後現代區域，而批評的多元性正是這種不確定內在性中形成的。5

2

下面這些現象我以為是相互關聯的：

1. 不確定性(indeterminacy)，或者說種種不確定性(indeterminacies)。它包含了對知識和社會發生影響的一切形式的含混、斷裂、位移。由此我們可以想到韋爾納‧卡爾‧海森伯的「測不準原理」、庫爾特‧戈德爾的「不完全性證明」、托馬斯‧庫恩的「典範」、保爾‧法伊爾阿本德的「科學的達達主義」。也許我們還能想到哈洛德‧羅森伯格的「焦慮的藝術客體，被解除定義的」(anxious art objects, de

---

4. Jürgen Habermas, "Modernity versus Postmodernity," *New German Critique* 22 (Winter 1981): 13.

5. 關於科學文化中的同源同系現象，參看我的 *The Right Promethean Fire: Imagination, Science, and Cultural Change* (Urbana, Ill., 1980), 139-71.

-defined)。說到文學理論的領域，我們無疑可以想到米哈依爾‧巴赫汀(Mikhail Bakhtin)的「對話式想像」(dialogic imagination)、羅蘭‧巴爾特的「可書寫的文本」(textes scriptibles)、沃爾夫岡‧伊瑟爾的文學「不定點」(Unbestimmtheiten)、哈羅爾德‧勃魯姆的「誤解」(misprisions)、保爾‧德曼的「寓言式閱讀」(allegorical readings)、斯坦利‧費什(Stanley Fish)的「具有情感的文體學」(affective stylistics)、諾曼‧荷蘭德的「事務性分析」(transactive analysis)、戴維‧布萊契德的「主觀批評」(subjective criticism)以及最近流行的「非記錄時間的迷惘」(aporia of unrecorded time)。總之，我們不確定任何事物，我們使一切事物相對化。各種不確定性滲透在我們的行為、思想、解釋中，從而構成了我們的世界。

2. 分裂性(fragmentation)。不確定性往往是從分裂性來的。後現代主義者往往只是切斷事物間的聯繫；他所信賴的只有分裂成的碎片。他最終要攻擊的是「總體化」，不論是何種形式的綜合——社會的、認識論的、還是詩的——都一概反對，因此，他喜歡剪輯、拼貼、隨處發現的或支離破碎的文學客體，喜歡並列形式勝過關聯形式，喜歡轉喻勝過隱喻，喜歡精神分裂症勝過偏執狂。他還倚重悖論、非邏輯推理、與劇情無關的合唱、超批評、開放的破碎性、無法證明的邊緣事物。讓-弗朗索瓦‧李歐塔提議：「讓我們向總體性宣戰；讓我們成為那些無法表現者的見證人；讓我們促成各種差異，拯救這種名稱的榮譽。」6 這個時代需要差異，需要不斷轉換的指符，需要原子溶解在逃逸的亞粒子中，需要一種純數學的呢喃。

3. 非神聖化(decanonization)。在最廣泛的意義上，非神聖化適用於所有的教規法典、法律條文、甚至權威的體系制度。李歐塔說，我們正在看到社會上一切規範標準的合法性大規模「解體」，看到種種

後設敍述被棄置不用，而那些能保存語言遊戲異質性的「稗官野史」
(les petites histoires)大受青睞。7 這樣，從「上帝之死」到「作者
之死」和「父親之死」，從對權威的嘲弄到對課程的修訂，我們在使文
化非神聖化，使知識非神祕化，使權力的、慾望的、欺騙的語言解體。
嘲弄和修訂是顛覆的兩種形式，而顛覆中最邪惡的形式卻是當今甚囂
塵上的恐怖主義。當然，顛覆也可以採取某些善意的形式，例如，文
化中的少數派運動、女權運動等，不過，這些形式同樣需要非神聖化。

4. **無自我性和無深度性**(self-less-ness, depth-less-ness)。後現
代主義挖空了傳統的自我，引導人們去擦抹自我——一種虛假的平面，
既無內容也無外表——或者反過來創造多樣的自我和反思自我。批評
家們注意到現代文學中「自我的喪失」，但最初宣布「主體」「只是一

---

6. Jean-François Lyotard, "Answering the Question: What is Postmodernism?" trans. Régis Durand, in *Innovation∕Renovation,* 341. 關於藝術和社會中並置關係的文體，也可參看 Hayden White, "The Culture of Criticism," *Liberations:New Essays on The Humanities in Revolution,* ed. Ihab Hassan(Middletown, Conn., 1971), 66-69.還可參看 William James 下引關於並置關係和多元性契合的論述：「世界的某些部分和其他部分的聯繫很可能非常鬆散，好像只靠一個連詞『and』連著一樣。……這一關於世界的構成在不斷增加的多元化觀點是實用主義在自己的嚴肅思考中不能排除的一個觀點。」(*"Pragmatism," and Four Essays from " The Meaning of Truth"* (New York, 1955), 112.

7. 見 Jean-François Lyotard, *La Condition Postmoderne: rapport sur le sadvoir* (Paris,1979). 關於其他有關非神聖化的觀點，可參考 *English Literature: Opening Up the Canon,* ed. Leslie Fiedler and Houston A. Baker, Jr., Selected Papers from the English Institute 1979, n.s. 4 (Baltimore, 1981), 和 *Critical Inquiry* 10 (September 1983).

個虛構」的卻是尼采，他說：「當一個人審查自我主義的時候他所說的
自我根本就不存在。」8 後現代主義壓抑、驅散、有時又力圖恢復那個
「深層的」浪漫主義的自我，這個自我在後結構主義的圈子裏受到可
怕的懷疑，被視爲「總體化原則」。自我在語言的遊戲中喪失，在多樣
化現實的種種差異中喪失，還將這種喪失擬人化爲死亡悄然追蹤它的
獵物。它以無深度的文體向四面八方飄散，迴避解釋，拒絕解釋。9

　　5. **不可呈現性、不可表象性**(the unpresentable, unrepesentable)。
後現代藝術像現代藝術一樣是非現實主義的、非形象性的。即使是屬
於後現代的「魔幻現實主義」也溶解在一片飄渺恍惚之中，它那堅硬、
扁平的表面排斥任何形式的模仿。後現代文學往往追求一種極限狀態，
以種種「沉默」的形式實行自我顚覆，爲自己的「消亡」興高采烈。
它處於閾下，總是在查詢自己的表象方式。像康德在「絕對」的無形
式和虛無之上建立的崇高觀念——「你再也創造不出不可磨滅的意象」
——那樣，「後現代將會」——按李歐塔大膽的比擬來說——「把不可

8. Friedrich Nietzsche, *The Will to Power,* ed. Walter Kaufmann, trans.
Walter Kaufmann and R. J. Hollingdale (New York, 1967), 199; 參閱
Wylie Sypher, *Loss of Self in Modern Literature and Art* (New York,
1962)；也可參看 Charles Caramello 關於後現代自我的討論 *Silverless Mir-
ror: Book, Self, and Postmodern American Fiction* (Tallahassee, Fla.,
1983).

9. 對「深度」的否定從最廣泛的意義上講也是對「解釋學」的否定、對自然或文
化「滲透」的否定。它在後結構主義的白色哲學和形形色色的當代藝術中都有
反映。例如，Alain Robbe-Grillet, *For a New Novel: Essays on Fiction,*
trans. Richard Howard (New York, 1965), 49-76, 及 Susan Sontag,
Against Interpretation (New York, 1966), 3-14.

呈現的事物在現代呈現出來。」10 然而，對表象的挑戰也可以將作家引向其他閾下：例如，低賤（而不是崇高）甚至死亡，正如朱麗亞‧克麗絲蒂娃更加確切地表達的那樣，引向「符號和死亡之間的交換」。克麗絲蒂娃問道：「什麼是不可表象性?」，她的回答是：「那些用語言傳達但不屬於任何語言的東西。……那些具有意義但卻讓人難以忍受、無法想像的東西：也即恐怖的、低賤的東西。」11

後現代主義否定的特徵到這裏該有一個突破了，從下面的「反諷」開始，我們就會從後現代主義解構的趨勢轉向它並存的重建的趨勢。

6.反諷(irony)。按照肯尼思‧博克(Kenneth Burke)的說法，反諷也可稱作透視主義(perspectivism)。因爲缺乏一個基本的原則或依據，我們把它稱作遊戲、相互作用、對話、多聲部對話、寓言、自我反思，簡言之，反諷。這個反諷具有不確定性、多價性；它渴求明晰性，一種打破神祕的明晰性、一派「不在」(absence)的光明。在巴赫汀、博克、德曼、雅克‧德希達和海登‧懷特的著作中我們可以看到反諷的種種形式。阿蘭‧懷爾德(Alan Wilde)則試圖區分不同的反諷，他提出了「間接反諷」(mediate irony)、「轉折反諷」(disjunctive

---

10. Lyotard, "Answering the Question," 340. 也可參看 Hayden White 關於崇高政治的的討論 "The Politics of Historical Interpretation: Discipline and De-Sublimation," *Critical Inquiry* 9 (September 1982): 124-28.

11. Julia Kristeva, "Postmodernism?" in *Romanticism, Modernism, Postmodernism,* ed. Harry R. Garvin (Lewisburg, Pa., 1980), 141. 也可參看她的 *Powers of Horror: An Essay on Abjection,* trans. Leon S. Roudiez (New York, 1982), 還可參看她最近關於「無法命名者」的討論 "Psychoanalysis and the Polis," trans. Margaret Waller, *Critical Inquiry* 9 (September 1982): 84-85, 91.

irony)和「後現代反諷或懸置反諷」(postmodern or suspensive irony)，認為後現代反諷具有「更激烈的多樣性、隨意性、偶然性，甚至荒誕性。」12 反諷、透視主義、自我反思：這些術語表達了心靈在追求真理過程中的再創造，心靈要追求真理，而真理總是避開它，於是留下的只能是一種反諷或過量的自我意識。

7.雜交(hybridization)，或者包括「滑稽模倣」(parody)、「拙劣模倣」(travesty)、「混成模倣」(pastiche)等各種體裁的變異性轉折(mutant replication)。文化中各種體裁的「定義瓦解」(de-definition)、形變(deformation)產生了種種多義的類型：「超批評」、「虛實論述」(fictual discourse)、「新新聞主義」、「非虛構小說」以及大量混雜的「超文學」(para-literature)或「臨界文學」(threshold literature)，這些類型既古老又年輕。13 陳詞濫調的作品和剽竊作品（雷蒙‧費德曼戲稱之為「遊戲剽竊」[playgiarism]）、滑稽模倣和混成模倣、通俗作品和趣味低劣的作品(pop and kitsch)豐富了再現的手法。從這點看來，形象或複製品像它的原形一樣有效（如波赫士的 Pierre Menard 對唐‧吉訶德形象的摹倣），甚至可能為傳統的文

12. Alan Wilde, *Horizons of Assent*: *Modernism, Postmodernism, and the Ironic Imagination* (Baltimore, 1981), 10. Wayne Booth 提出了更大的要求，認為反諷在後現代時期應當更加流行。「宇宙的反諷」大大降低了人在宇宙中的中心位置，可以和傳統的宗教語言同日而語。參看他的 "The Empire of Irony," *Georgia Review* 37 (Winter 1983.); 719-37.

13.最後一個術語是 Gary Saul Morson 提出來的。Morson 對門檻文學、滑稽模仿和文學的雜交形式有頗為精彩的討論。參見他的 *The Boundaries of Genre*: *Dostoyevsky's* "*Diary of a Writer*" *and the Traditions of Literary Utopia* (Austin, Tex., 1981), esp. 48-50, 107-8, and 142-43.

學帶進「新的因素和活力」，使傳統這個觀念發生變化，產生與舊有觀念不同的新的「傳統」觀，即連續性和不連續性、高級文化和低級文化混雜在一起，不僅模倣過去的作品，而且大大擴展了過去的文庫。在這樣一個多元化的現代，所有一切文體都處在一個辯證的、相互為用的狀態，在現在和非現在(now and not now)、同一和他者(the same and the other)之間發生作用。這樣，在後現代主義中，海德格關於「等同暫時性」(equitemporality)的概念就變成了一個真正的、等同暫時性的辯證法，一種暫時性之間的關係(an intertemporality)，一種歷史因素之間的新型關係，它毫無貶抑過去褒揚現在的意思。當弗里德利克‧詹明信(Fredric Jameson)批評後現代文學、電影和建築的非歷史性和「永久現在性」(presentifications)14時，他恰恰忽略了海氏的這一觀點。

8. 狂歡性(carnivalization)。這個術語無疑來自巴赫汀，它以喧囂狂亂的品格包含了上述從「內在不確定性」到「雜交」這七個現象（或特徵）的內涵，此外，它也傳達了後現代主義喜劇的、荒誕的精神，預示了拉伯雷(Rabelais)和斯特恩「異質性語匯」(heteroglossia)中那種詼諧的前後現代主義(prepostmodernist)的氣質。進一步說，狂歡性還意味著「複調」(polyphony)技法、語言的離心力、事物「歡樂的相對性」、透視主義和表演、參與狂歡喧鬧的生活、笑的內在性。

14.見 Fredric Jameson, "Postmodernism and Consumer Society," in *The Anti-Aesthetic: Essays on Postmodern Culture,* ed. Hal Foster (Port Townscend, Wash., 1983). 相反的觀點可參閱 Paolo Portoghesi, *After Modern Architecture,* trans. Meg Shore (New York,1982), p.11, and Calinescu, "From the One to the Many," 286.

15 的確，巴赫汀所謂的小說或狂歡節——即反系統(antisystem)
——可以作爲「後現代主義」的代名詞，或者至少可以涵蓋它那種不
斷更新的嬉戲因素和顚覆因素，因爲在狂歡節中，人類可以發現「時
間的眞正宴席，轉化、改變、更新的眞正宴席，發現『反裏朝外』(inside
out)的、『旋轉木馬』的、無數滑稽模倣和拙劣模倣的、各種出乖露醜
的、褻瀆神聖的、古怪唐突的、滑稽可笑的特殊邏輯，也就是發現第
二種生活。」16

9. 表演性、參與性(performance, participation)。不確定內在性
引出參與性；由前者產生的裂縫必須由後者補上。後現代文本不論是
語言的或非語言的都要求表演：要求寫定、修改、回答、表演。確實，
許多後現代藝術在侵入其他體裁時都稱自己在表演。作爲一種表演，
藝術（或者藝術理論）可以宣稱自己容易受到時間、死亡、觀衆、他
者的傷害。17「戲劇」變成了——在恐怖主義的刀口上——一個各種關
係並置的、如果不是狂歡化也是非神聖化了的社會中的活躍原則。正
如理查·普瓦里耶(Richard Poirier)所說，這個表演的自我在最佳狀
態下表現出「一種具有形態的、運動著的能量」；具有自我發現、自我
監視的能力，「對……壓力和困難能自動保持樂觀的態度，」不過，這
樣的自我也可能轉向唯我論，陷入自戀的泥淖。18

15. See M. M. Bakhtin, *Rabelais and His World,* trans. Helena Iswolsky
(Cambridge, Mass., 1968), and *The Dialogic Imagination: Four Essays
by M. M. Bakhtin.* ed., Michael Holquist, trans. Caryl Emerson and
Michael Holquist, University of Texas Press Slavic Series, no. 1 (Aus-
tin, Tex., 1981). 也可參看載於 *Critical Inquiry* 10 (December 1983)的討
論 Bakhtin 的專輯。
16. Bakhtin, *Rabelais,* 10-11.

　　10.構成主義(constructionism)。由於後現代主義在本質上具有強烈的想像性和非現實主義色彩——正如尼采說的「人們能夠想出的必然是虛構的,」19——因此必然會以後康德的也即後尼采的「虛構」20 建構現實。現在, 科學家們比許多人文主義者 (西方當今最後的一批現實主義者)似乎更容易接受具有啓發性的虛構。(有些文學批評家甚至把語言踢來踢去, 想以此踢傷自己的腳。)這種有效的虛構說明人類的心靈不斷地介入自然和文化, 科學和藝術、社會關係和高技術中的事實充分地證明了這一點, 21 我把這種特徵稱作「新諾斯替主義或新神祕主義」(new gnosticism)。構成主義也出現在博克的「戲劇性批評」(dramatistic criticism)、佩普爾的「世界假設」(world hypothesis)、古德曼的「世界構成方式」(ways of worldmaking)、懷特的「預兆性的運動」(prefigurative moves)以及時下流行的解釋學或後結構主義理論中。這樣後現代主義就像古德曼所說的那樣支持了「從一個獨特的、凝固的眞理和世界向一個各種觀點爭鳴不已的、正在形

---

17. 參看 Regis Durand 駁斥 Michael Fried, 爲後現代藝術中的表演原則辯護的文章 "Theatre／SIGNS／Performance: On Some Transformations of the Theatrical and the Theoretical," in *Innovation／Renovation*, 213 -17.也可參看 Richard Schechner, "News, Sex, and Performance Theory," *Innovation／Renovation*. 189-210.

18. Richard Poirier, *The Performing Self: Compositions and Decompositions in the Languages of Contemporary Life* (New York, 1971), xv, xiii. 也可參看 Christopher Lasch, *The Culture of Narcissism: American Life in an Age of Diminishing Expectations* (New York, 1978.)

19. Nietzsche, *The Will to Power*, 291.

20. James 很明白這一點, 他說:「你不可能除掉人的貢獻……雖然事實上存在著一種可感知的流, 然而問題的實質是, 它自始至終是我們的創造。」(*Pragmatism*, 166)

成的多樣化世界」22 的運動。

11.內在性(immanence)。這個術語不包含宗教意味，它指心靈通過符號概括自身的能力。現在我們到處可以看到頗成問題的衍散、擴散、播散現象；正像馬歇爾‧麥克魯漢古怪地預示的那樣，我們在新的傳媒和技術中體驗到了自己官感的延伸。語言不論是相宜的還是虛假的都在重建宇宙——從類星體到夸克、從夸克到類星體、從知識界的無意識到空間的黑洞——都在按照它們自己的建構方式把宇宙重建成符號，也就是先把自然轉變成文化，把文化轉變成具有內在性的符號系統。語言動物出現了，他／她的語言成了衡量一切生命之間關係的尺度。現在，思維的光華、指符的光華、「各種聯繫」的光華籠罩在心靈觸及的所有事物上神祕的區域。物理學家、生物學家和符號學家們比德日進(Teilhard de Chardin)之輩的神祕神學家們對這些區域做了更多的探索。他們探索中那種普遍存在的反諷也是心靈在每個黑暗的轉折關頭一種反思性的反諷。23 然而，在一個消費社會中，這些內在性可能變得毫無預見性甚至毫無意義。恰如讓‧波德希雅爾所說，

---

21. 參看 Ihab Hassan, *Paracriticisims: Seven Speculations of the Times* (Urbana, Ill, 1975), 121-50; 和 Hassan, *The Right Promethean Fire*, 139 -72. 不過，是 José Ortega y Gasset 提出了預見的、神祕的看法。在 Ortega 之前，James 曾這樣寫道：「當世界的各部分通過某種明確的聯繫連在一起時，它是『一』；當這種聯繫不再起作用時，它是『多』。最後，隨著時間的推移，人類不斷地創造出種種聯結系統，而世界靠了這些聯結系統就會變得越來越統一。」(*Pragmatism,* 105)也可參看 Jean Baudrillard 一個無意義的內在性的說法，見 "The Ecstacy of Communication," in *The Anti-Aesthetic* , 126 -34.

22. Nelson Goodman, *Ways of Worldmaking* (Indianapolis , 1978), x.

它們全都變得「猥褻」，變成了一種「集體的中性化的眩暈，一種進一步逃入純形式和空形式的猥褻中的傾向。」24

　　這十一個「界定因素」合在一起可能形成一個無理數，或者一種荒誕。倘若它們能形成後現代主義的一個定義，那倒要使我大感意外。後現代主義充其量是一個語義含糊的概念、一個缺乏關聯的範疇，旣受現象本身動力的推動又受批評家不斷變化的觀念制約，(而當其被最糟糕地曲解時，它是一個無處不在的神祕成分，就像樹莓醋那樣，可以將任何食譜立即變成新的菜餚。)

　　我也不相信我的這十一個「界定因素」可以區分後現代主義和現代主義，因爲現代主義在我們的各種文學史中仍然是一個文學史家們要極力迴避的術語。25 但是，我卻想強烈地表明，上述十一點——儘管簡略、艱深、不完整、只有暫時性——至少可以得出兩個結論：1.批評的多元性深深地暗含在後現代主義的文化場中；2.一種有限的批評多元性在某種程度上是對激進的相對主義的一個反撥、也是對後現代環境中具有反諷意味的不確定內在性的反撥，它力圖把它們置於自己的控制下。

23.積極的、創造性的、自我反思的模式對人工智能的高級理論來說似乎也是至關重要的。參見 James　Gleick 最近討論 Douglas　R.　Hofstadter 的文章，"Exploring the Labyrinth of the Mind," *The New York Times Magazine,* 21August 1983:23-100.

24. Jean Baudrillard, "What Are You Doing After the Orgy?" *Artforum* (October 1983.): 43.

3

我的論述到此拉開了序幕，現在必須進而勘探那片潛藏的、具有認知、政治、情感的約束力的後現代環境的無政府王國，這就是說，必須概略地討論批評作為體裁、權利和欲望的情形，就像肯尼斯·博克很久以前在他的大作中所做的那樣。

批評是一種體裁嗎？批評的多元論者常常認為是。26 然而，即使多元論者中理解力最強的韋恩·布斯(Wayne Booth)最終也不得不承認，一種完全的「方法論上的多元論」必然要求獲得一種考察各種觀點的觀點，「似乎只是重複了我們開始時的那個問題」，所以他結論說，「我試圖在批評的共和國中做一個好公民，而這產生了許多令人難以置信的問題，我無法保證最終能滿意地解決這些問題。」27 布斯的結論是謙虛的但也是頗有警惕性的。他明白批評多元性從認識論上看立足於道德的（如果不是精神的）基點上，「方法論上的透視主義」（他

---

25. 可參閱 Paul de Man, "Literary History and Literary Modernity," *Blindness and Insight: Essays in the Rhetoric of Contemporary Criticism* (New York, 1971), 和 Octavio Paz, *Children of the Mire: Modern Poetry from Romanticism to the Avant-Garde* (Cambridge, Mass., 1974).

26. 例如可參看 Ralph Cohen 頗有說服力的文章 "Literary Theory as Genre," *Centrum* 3 (Spring 1975): 45-64. Cohen 也把文學的變化看作一種體裁，見他的文章 "A Propadeutic for Literary Change" 及 White and Michael Riffaterre 回應他的文章，見 *Critical Exchange* 13. (Spring 1983): 1-17, 18-26, and 27-38.

27. Wayne Booth, *Critical Understanding: The Powers and Limits of Pluralism* (Chicago, 1979), 33-34.

有時這樣稱多元性) 取決於「合租房屋的租期」，而這個租期又取決於一種富有理性的、正直的、一種具有廣闊同情心和理解心的建設性行動。最後，布斯站在了一種康德式的 (難道不也是基督式的嗎?) 立場上，把批評看作一種必須在道德上、形而上的意義上暗含一切的範疇需求。

那麼，批評會不會是別的什麼呢? 自有史以來，批評家對此爭論不休，莫衷一是，假裝要從他們的信仰中產生不同的認識結構，再從這些分歧的結構中產生體系。文學理論中「合租的租期」可能導向具有短期信任的闡釋群體和產生批評權威的飛地。但是，難道這些能夠把批評界定爲一種歷史的體裁和認知的體裁嗎? 這就取決於我們怎樣看待體裁。按照傳統的觀念，體裁具有可辨認的特徵，既表明一個上下文的傳統因素又表明它的變化，批評家們 (例如斯坦利和利文斯通 (Livingstone)往往依據這些有用的類型特點來鑑別體裁。可是，這樣一種體裁觀在今天我們這個無章可循的時代實在是難以爲繼了。就連專門研究體裁的理論家們都號召我們超越體裁，保爾・艾爾納迪說，「當今最好的體裁分類促使我們離開它去關注文學的序列(the order of literature)而不理會體裁之間的區別。」28 不過，「文學的序列」這個提法本身也是頗成問題的。

特別是在某些邊緣性體裁——某些批評正是這樣的邊緣體裁——中，體裁的這種模稜兩可性表現得最充分。正如蓋里・索爾・莫森(Gary Saul Morson)評述的那樣，「人們爭論的不是意義本身而是發現意義的適當程序——不是個別的讀物而是怎樣去閱讀。」29 由於

---

28. Paul Hernadi, *Beyond Genres:New Directions in Literary Classification* (Ithaca, N. Y., 1972), 184.也可參看 *New Literary History* 13 (Autumn 1981)和 14 (Winter 1983)兩期上有關傳統和體裁的文章。

體裁的定義只是存在於它的形式特徵和傳統的解釋中，因此很少能給人們提供一個穩定的、認識論上的規範。這就導致了「體裁法則」中的某些悖論，德希達把它稱之爲「瘋狂的法則」，儘管即使瘋狂也不能界定它。德希達堅持要解構體裁，解構它的性別、本質和潛力，揭露它的「典範性」之謎。瘋狂的「體裁法則」只服從「體裁法則的法則」——一種污染的原則、破壞純潔的法則、寄生經濟學。30 德希達所作的也許正是人們對我們這位解構主義的魔術師所期待的。

人們很可能相信，即便沒有對某些類型作品的反創造(de-creation)(像我自己的超批評即此一例)，我們稱之爲文學、文學理論、批評的形態也已變成了(正像後現代主義一樣)「本質上衆說紛紜的概念」、爭論不休的論述領域。31 例如，最近斯蒂芬·克納普(Steven Knapp)和沃爾特·貝恩·邁克爾斯(Walter Benn Michaels)就提出了反理論的聲明，表達了否定批評理論和一種「修正的瘋狂」，32 這兩位作者借鑒了理查·羅蒂的實用主義和斯坦利·費什的文體學，出色而又狂熱地爭論說，「眞正的信仰」和「知識」在認識論上是同一的，

29. Morson, *The Boundaries of Genre,* 49.

30. Jacques Derrida, "La Loi du genre╱The Law of Genre," *Glyph* 7 (1980): 206 這期全是有關體裁的。

31. "essentially contested concept" 這一術語是 W. B. Gallie 在他的 *Philosophy and the Historical Understanding* (New York, 1968)中提出來的。Booth 對此有清晰的論述，見 *Critical Understanding,* 211-15 and 366.

32. 見 Steven Knapp and Walter Benn Michaels, "Against Theory," *Critcal Inquiry* 8 (Sumner 1982): 723-42, 和 *Critical Inquiry* 第九期(June 1983)上與之討論的文章，其中 Daniel T. O'Hara 的題目是 "Revisionary Madness: The Prospects of American Literary Theory at the Present Time" (pp. 726-42).

批評理論並沒有方法論上的重要性。他們的結論是,「如果我們的論點是眞實的, 那就只能有一個結果……, 理論應該丟棄。」33 事實上, 正像他們自己承認的那樣, 他們的結論並沒有什麼結果。關於自我消耗的理論家, 就討論到這兒。

我自己關於批評理論和實踐的結論其實並不新鮮: 像一切論述一樣, 批評服從人的需求, 而人類的需要不斷地賦予它新的定義。它是語言、權利和欲望的一種功能, 是歷史和偶然性的一種功能, 是目的和興趣的一種功能, 也是價値的一種功能, 更重要的是, 它是信仰的一種功能, 而信仰是由理性清晰地表達的, 由共識和權威促動和制約的。34(這一說法本身表達了一種符合理性的信仰。)如果像庫恩說的,「不斷質詢對方基礎的各個流派」在人文科學中佔據了主導地位; 如果像維克多・特納認爲的,「任何社會在任何時代的文化都更像一堆瓦礫, 或者舊意識形態體系的『分崩離析,』而不是這一體系本身」; 如果像喬納森・卡勒(Jonathan Culler)爭論的,「『闡釋的成規』……應該被看作……一個無限上下文的部分」; 如果像傑弗瑞・斯道特(Jeffrey Stout)堅持的,「理論術語應該爲興趣和目的服務, 而不是爲別的

---

33. Steven Knapp and Walter Benn Michaels, "A Reply to Our Critics," *Critical Inquiry* 9 (June 1983): 800.

34.不同觀點流派的思想家們都承認信仰和知識一般來說具有相關性, 特別是信仰和傳統禮俗具有相關性, 儘管他們在眞理的本質、現實主義和體裁等方面意見不盡一致。例如, Nelson Goodman 和 Menachem Brinker 一致認爲, 信仰是一個世界「可以接受的說法」, E. D. Hirsch 也贊同他們的看法。見 Goodman, "Realtism, Relativism, and Reality," Brinker, "On Realism's Relativism: A Reply to Nelson Goodman," and Hirsch, "Beyond Convention?" 這三篇文章都載於 *New Literary History* 14 (Winter 1983)上。

什麼服務」；如果像我提出的那樣，文學批評的原則是歷史的(即同時
是專斷的、實用的、傳統的、具有上下文的，而在任何情況下都不應
是絕對肯定的，不證自明的、不容置辯的)，那麼，一個批評的類屬概
念怎麼可能在我們這個具有不確定內在性的後現代中限制批評的多元
性或者控制語言的無限推延呢？35

4

要把我們這個學科一般的認識觀點換成一個可以更自由地接受政治、
欲望和信仰的觀點無須下地獄也無須上九天。我覺得這是一個在部分
上具有清晰性的、能對我們的意識形態需求作出反應的行動。我之所
以強調它部分上的清晰是希望它最終能變得徹底清晰。就目前的情況

---

35. Thomas S. Kuhn, *The Structure of Scientific Revolutions,* 2d ed.
(Chicago, 1970), 163; Victor Turner, *Dramas, Fields, and Metaphors:
Symbolic Action in Human Society* (Ithaca, N. Y., 1974), 14; Jonathan
Culler, "Convention and Meaning: Derrida and Austin," *New Literary
History* 13 (Autumn 1981): 30; Jeffrey Stout, "What Is the Meaning of
a Text?" *New Literary History* 14 (Autumn 1982):5. 我明白其他的思想
家們還提出了理解的「多樣性」和理解的「主觀性」之間的區別，目的是限制
激進的透視主義。例如可參看 Stephen C. Pepper, *World Hypotheses: A
Study in Evidence* (Berkelcy and Los Angeles, 1942); Stephen Toul-
min, *Human Understanding: The Collective Use and Evolution of Con-
cepts* (Princeton, N. J., 1972); and George Bealer, *Quality and Concept*
(Oxford, 1982). 但是我感到不解的是，他們之間的爭論爲什麼不能消除或者
說減少他們和相對主義者之間的分歧，爲什麼 Richard Rorty 和 Hirsch 居然
能夠找到就「客觀性問題」爭論的可能性，而客觀性問題成了 1984 年 4 月
University of Virginia 召開的討論會的主題。

而言，我必須把權力看作強制後現代相對主義的一個因素，限制批評多元性的一個因素。

　　毫無疑問，權力深刻地控制知識的觀點如果不能追溯到《易經》和埃及的《亡靈書》的話，至少可以追溯到柏拉圖和亞理斯多德。在上一個世紀，馬克思從理論上界定了文化和階級的關係，他使用過的術語不斷地復現在從圖騰馬克思主義(totemic Marxism)到戴著解構主義面具或接受主義臉譜的馬克思主義等形形色色運動中。然而對這個問題做出最狡詐的思辨的卻是傅柯，36 從《瘋狂和無理性》(*Folie et deraison,* 1961)發表以來，他的全部工作就是揭示論述的權力和權力的論述，發現知識的政治。不過，最近一個時期，他的思想已經變得古怪陳舊，因而使他那些正統的批評家們懊喪不已。

　　傅柯依然堅持認為，各種無中心的、漫無邊際的實踐「體現在技術過程、典章制度、習俗禮儀、團體機構、行為舉止以及傳播交際的形式中」。37 但是，他也接受了尼采的那個前提，即認為一種自私的興趣是先於權力和知識而存在的，是這種自私的興趣使權力和知識成型，並把它們納入自己的意志、欲望、歡樂和追求中。傅柯越來越感到，權力是一種逃避的關係、一種論述的內在性、一種欲望的推測。他說：

---

36. Jürgen Habermas, 在 *Knowledge and Human Interests* (trans. Jeremy J. Shapiro ,Boston, 1971), 和 *Technik and Wissenschaft als "Ideologie"* (Frankfurt am Main, 1968)中也對知識和社會提出了強有力的新馬克思主義的批評，而 Kenneth Burke 則在 *A Grammar of Motives* (New York, 1945), 中為 Foucault 和 Habermas 進行大規模政治和意識形態討論開了先河。

37. Michel Foucault, *Language, Counter-Memory, Practice: Selected Essays and Interviews,* ed. Donald F. Bouchard, trans. Bouchard and Sherry Simon (Ithaca, N. Y., 1977), 200.

「很可能馬克思和佛洛依德也無法滿足我們理解權力的願望，因爲它無處不在，既看得見又看不見，既在表面上又隱藏著。」38 這就可以解釋爲什麼他在最近的文章〈主觀和權力〉中要更急迫地提出「種種新的主觀性」（其基點是拒絕接受那些宣稱要以力量控制公民的個性特徵），而不是嚴厲譴責傳統的剝削利用方式。39

根據傅柯的看法，批評既是欲望的論述也是權力的論述，總之是一種論述，一種從個人的淵源上說是意欲的、動情的表達方式。然而像詹明信這樣的新克思主義者卻寧願把批評置於集體的現實上，在馬克思主義的傳統中辨別和「詳述以社會階級爲基礎的『正面解釋學』和受無政府主義的、個人主觀經驗限制的〔『負面解釋學』〕的區別，並把前者放在優先的位置上。」40 與此類似，像愛德華・薩伊德這樣的左派批評家也願意堅持說，「權力和權威的現實……正是使文本能夠存在、能夠走向讀者、能夠引起批評注意的現實。」41

一些黨派色彩和政治色彩不濃的批評家們可能會同時出現。的確，關於文學和批評的「約定俗成的觀點」現在在批評家中甚爲流行，顯得和這些批評家們的思想極不和諧。這些批評家是布萊契、布斯、唐納德・戴維(Donald Davie)、費什、赫斯、弗蘭克・克默德和理查・奧曼(Richard Ohmann)。布萊契頗有膽識地說：

---

38. Ibid., 213.

39. 見 *Michel Foucault: Beyond Structuralism*, 216-20.

40. Fredric Jameson, *The Political Unconscious: Narrative as Socially Symbolic Act* (Ithaca, N. Y., 1981), 286.

41. Edward Said, *The World, the Text, and the Critic* (Cambridge, Mass., 1983), 5.

> 文學理論應該對社會體制和專業機構的變化作出解釋，例如
> 說明公開講演、習俗體制、文化教育、禮儀官制等方面的沿
> 革和現狀。理論著作應該告訴人們爲什麼沒有一個階級的學
> 者、沒有一種題材（包括理論）可以是自我證明的、自我解
> 釋的、自我支持的，而這種情形是怎樣形成的。42

對於意識形態的關注隨處可見，《批評探索》上有一期專題討論了「解
釋的政治」，意識形態和批評之間那種顯而易見的聯繫驅使杰拉爾德•
格拉夫(Gerald Graff)這樣熱衷於爭論的批評家在這份雜誌隨後的
一期上抗議「虛假的解釋的政治」。43 同時，像杰弗瑞•哈特曼這樣一
貫緘默的批評家竟然也在最近的著作中承認政治的侵入。44 GRIP
（「文學體制化專業研究小組」的略稱）的活動像 KGB 和中央情報局
的活動那樣無處不在，當然它的活動要溫和得多。到處都在舉辦與「批
評」這一題目相關的研討會，諸如，「馬克思主義與批評」、「女權主義
與批評」、「種族關係與批評」、「技術與批評」、「大衆文化與批評」之
類，不勝枚舉，這就不僅使美國的飛機場總是忙亂不堪，也使美國的
航空公司大賺其錢。

　　當然，這一切折射了從五〇年代以來我們「關注的神話」（「myths

---

42. David Bleich, "Literary Theory in the University: A Survey," *New Literary History* 14 (Winter 1983): 411. 亦見 *What is Literature?* ed. Hernadi (Bloomington, Ind., 1978), 49-112.

43. 見 *Critical Inquiry* 9 (September 1982); 並見 Gerald Graff, "The Pseudo-Politics of Lnterpretation," *Critical Inquiry* 9 (March 1983): 597-610.

44. 見 Geoffrey Hartman, "The New Wilderness: Critics as Connoisseurs of Chaos," in *Innovation／Renovation,* 87-110.

of concern」, Northrop Frye 語)中的變化，但是它們也反映了我們對「批評」的看法的變化，一個從康德式到尼采式再到佛洛依德式或馬克思主義式的觀點（僅舉主要的三種）的轉變，一個從存有論到歷史理解的、從共時或類屬論述方式到歷時或意欲性活動的轉變。從恩斯特‧卡西勒、蘇珊‧朗格(Suzanne Langer)和老的新批評家稀里糊塗地到馬瑞‧克瑞格的新康德主義觀念的消退暗含著另一個損失，即自生自為的想像力和心靈贖罪能力的喪失。它也是「想像的圖書舘」即類似於安德列‧馬侯所說的「想像的博物舘」的整個藝術大廈的損失，或者說部分毀壞。而按照馬侯的觀點，這個「想像的博物舘」是可以戰勝時間和殘酷的命運的。45 可是那個理想現在已經消失了，圖書舘可能已經成了斷壁殘垣。不過，我們依然渴望著把藝術引入我們的生活，在文本中實行我們的意願，因此我們要冒險否定那些（不僅文學的）能最豐富地實現我們的歷史存在的能力。

我坦率地承認我不大喜歡意識形態方面的狂熱（最糟糕的狂熱充塞在我們的激情中，毫無令人信服的理由），我也不喜歡宗教和世俗的敎條主義者對人們的欺侮。46 我承認對政治懷有某種既愛又恨的矛盾心理，我們對藝術和生活的呼應中在在都有政治。那麼，政治是什麼呢？簡言之，當成熟召喚我們時的正確行動。可是，到底什麼是政治呢？在大庭廣眾之中吆三喝四、欺凌無辜的藉口、自以為理直氣壯的報復、冒充正大光明的權力、企圖自我逃避的激情、固有的虛偽和做作、習慣勢力的統治、歷史排演其惡夢之地、強烈持久的欲望、令人難耐的

---

45. Alvin B. Kernan 評論說：「如果社會環境……之間的衝突太激烈，那麼，浪漫主義的文學觀、想像的圖書舘及其具有能力的信仰和體制方面的宣言都將不再能存在。」見其 *The Imaginary Library: An Essay on Literature and Society* (Princeton, N. J. 1982), 166.

存有的陳腐。然而，我們所有的人都必須重視政治，因爲它構成了我們理論上的一致、文學上的逃避、批評上的反叛——形成了我這裏所寫的多元性的思想。

5

我們知道，政治已經變成暴虐的、獨裁的了。它還能夠制約其他的論述方式，把人類宇宙的一切事實——錯誤、覺悟、機會、煩惱、痛苦、夢想——納入它自己的術語庫中，因此正如克麗絲蒂娃所說的，我們需要「引入一種心理分析……一種平衡機制、一種矯正法來抵制政治的論述，否則，這種政治論述就將隨心所欲地成爲現代宗教，成爲我們終極的解釋。」47 不過，心理分析的方法也可能像任何別的方法一樣不斷衰落，除非欲望限制它的知識和詞彙。

我所說的欲望是廣義的，包括個人的、集體的、生物的、存有論的。它是從赫西俄德(Hesiod)和荷馬到尼釆、威廉·詹姆斯和佛洛依

46.雖然我們今天喜歡講「一切都是意識形態的」，但我們仍需區分不同的意識形態——法西斯主義、女權主義、拜金主義、素食主義等——區別它們公開的聲明和暗含的要求。即便是後現代主義，作爲一種政治意識形態，也需要做出類似的區分來。例如，Lyotard 相信「後現代狀況對解魅和盲信非法化是不理解的」(*La Condition postmoderne,* 8; 此句爲作者所譯)，而 Foster 則提出一種「抵抗的後現代主義」，認爲它「不僅是對現代主義官方文化的一個反實踐，也是對反動的後現代主義虛假的規範性的一個反實踐」(*The Anti-Aesthetic,* xii)。極爲有趣的是，法國的左派思想家們 Foucault, Lyotard, Baudrillard, Gilles Deleuze——關於「抵抗」的思想比他們的美國同行們更微妙。這眞可笑，也許還有點兒矛盾，因爲美國的大衆社會、消費社會或者後工業社會比法國的更發達。關於相反的論點請參閱 Said 對 Foucault 的批評，見 "Travelling Theory," *Raritan* 1 (Winter 1982): 41-67.

德等一系列作家極為關心的一種力量。它包含了宇宙的愛欲，阿爾弗
雷德·諾斯·懷特海稱之為「所有理想的積極娛樂，目的是使每一種
理想在恰當的時候有限地得到實現。」48 可是我說的欲望還有更特殊
的含義，保爾·梵樂希在並不情願地講每一種理論都是自傳的部分時
說的就是這個意思（後來這個「部分」逐漸增大，每一個把伊底帕斯
情結奉為圭臬的人都一定會同意這一點。）我所說的欲望還是歡樂原則
的一個方面，這一原則自由地出現在批評中，但往往不明顯。

　　這裏讓人自然想起優雅的巴爾特。巴爾特認為，文本的歡樂是乖
戾的、多形態的，是由身體的而不是心的間歇性創造的。斷裂、分離
縫合、剪開以及愛欲的位移都可以增大這種歡樂。他告訴我們：「文本
是一個崇拜物，這個崇拜物渴望得到我」。49 這樣的文本迴避由從前的
或者外在的標準做出判斷，在它的面前我們只能喊，「這正是我要的!」
這也是狄奧尼索斯動人的呼喊，帶著法國式的特殊音色。對巴爾特來

47. Kristeva, "Psychoanalysis and the Polis," 78.在我們這個需要治療的文
　　化中，政治的語言和欲望的論述常常相互尋找，彷彿馬克思和佛洛依德烏托邦
　　式的婚合在我們的語言中最終獲得了圓滿的結局一樣，因此便賦予那些政治概
　　念以愛欲的或解析的意義，例如，「力必多式的經濟」(Jean-François Lyotard,
　　Economie Libidinale [Paris, 1974])、「色情的誘惑」(Jean Baudrillard, *De
　　la séduction* [Paris, 1979)、「精神狂亂」或「低賤」(Julia Kristeva, *Powers
　　of Horror*)、「反伊底帕斯」(Gilles Deleuze and Félix Guattari, *Anti-
　　Oedipus: Capitalism and Schizophrenia*, trans. Robert Hurley, Mark
　　Seem, and Helen R. Lane [New York, 1977])和「政治無意識」(Jameson,
　　The Political Uoconscious)。也可參見 Ihab Hassan, "Desire and Dissent
　　in the Postmodern Age," *Kenyon Review*, n.s. 5 (Winter 1983): 1-18.
48. Alfred North Whitehead, *Adventures of Ideas* (New York, 1955), 276.
49. Barthes, *The Pleasure of the Text*, 27.

說，文本的歡樂來自身體「尋求它的觀念」的自由，也來自「轉移到指符的奢華檔次的價值」。50

我們無須在這裏爭論巴爾特在這篇具有魔力的文章中做出的著名辨析，這個辨析很可能是模稜兩可的，我們只要注意到歡樂在他的後期著作中成了一個不可分離的批評原則就可以了。在法蘭西學院的就職演說中他堅持「欲望的眞理」，認爲在多種多樣的論述中都存在著這種欲望的眞理：「語言中處處有欲望。」51 教師們最高職責就是使自己變得「空靈虛幻」，使自己的身體不斷更新以便和學生們同步，就是遺忘(désapprendre)。也許他能得到的眞正智慧是：「沒有能力、沒有多少學問、也沒有多少才智，那就可能更有趣味。」52 在那篇說明欲望的黑暗面的《一個戀人的論述片斷》中，他排除了解釋和解釋學的可能性，寧願在作愛前的戲耍中撥弄語言：「我在另一種語言上磨擦我的語言，就好像用詞彙代替手指一樣。」53

我們還容易想到其他說法。54 可我的論點是，不僅批評理論是我們欲望的一個功能，不僅批評往往把歡樂或欲望作爲自己關心的主題，而且更重要的是，時下許多批評都把語言和文學作爲欲望的工具，力圖充滿情欲地 (巴爾特說「如膠似漆地」[se coller])、風格獨特地從認識論上擁抱它們。克麗絲蒂娃評論說：「欲望和要獲取知識的欲望相

---

50. Ibid., 17, 65.

51. Roland Barthes, *Leçon inaugurale faite le vendredi 7 janvier 1977* (Paris, 1978), 25.

52. Ibid., 46.

53. Roland Barthes. *Fragments d'un discours amoureux* (Paris, 1977), 87. 我曾在早期的一篇文章 "Parabiography: The Varieties of Critical Experience" 中引述了包括這一結束句的一段話，見 *Georgia Review* 34 (Fall 1980): 600 (即本書第七章)。

互並不陌生」，「解釋是無限的，因為由欲望產生的意義也是無限的」。
55 令人高興的是，她的論點可以引出我的不完全結論。

　　且讓我恢復我的論點刻板的面貌。我以為，批評的多元性隱含在
我們這個後現代的環境中、隱含在它力圖抑制的相對主義和不確定內
在性中，但是，認知上的、政治上的、情感上的抑制仍是部分的，不
完全的，它們最終都將無法限制批評的多元性，無法形成共同一致的
理論或實踐，只能看著各種觀點和流派互相交流和爭鳴。難道當今有
任何力量能夠建立一個廣泛一致的論述嗎？

6

顯然，後現代批評的想像是一種被廢除的想像，也是一種規模宏大、
動盪不定的智性想像。我分享了它的激動，然而在我的激動中卻混合
著不安，我不僅對批評理論感到不安，也對這人世間權威和信仰的本
質深感憂慮。那個老的尼采式的虛無主義呼喊如今仍在耳際迴響：「沙
漠在延展！」。上帝、國王、父親、理性、歷史、人文主義都成了來去
匆匆的過客，儘管它們的力量在某些信念領域可能仍有一定的影響。
我們已經殺死了我們的諸神──我不知道是出於怨恨還是出於理智
──然而我們依然是意志、欲望、希冀和信仰的生物。現在我們用以

54.在美國，Leo Bersani 的著作提出了這樣的問題：「一種分裂的、不連貫欲望的
　心理能夠復元嗎？自我能夠被再次戲劇化的策略是什麼？欲望怎樣才能恢復
　它保護無法建構的場景的能力？」而它給予的回答是建議，當我們在語言中「尋
　找使我們不連貫的、不完全的、充滿欲望的自我多樣化時，充滿欲望的自我可
　能消失。」見 *A Future for Astyanax: Character and Desire in Literature*
　(Boston, 1976), 6-7.

55. Kristeva, "Psychoanalysis and the Polis," 82, 86.

建造我們的論述的事物無不是片斷的、暫時的、自造的。

　　有時候我想像一個新的康德從科尼斯堡大學出來，生氣勃勃地穿過鐵幕，手中拿著他的「第四大『批判』」，題目是《實用判斷力批判》這是一本皇皇巨著，它決心解決理論和實踐、倫理和審美、形而上理性和歷史生活之間的所有矛盾。我想抓住這本崇高的著作，然而這輝煌的景象卻驟然消失。我悵然若失，只好轉向自己的書架，從上面取下威廉‧詹姆斯的《信仰意志》(*The Will to Believe*)。

　　這本書似乎清新明晰，給人以親切感，它的想像力始終保持在理性上。它所講的正與我們這個「多元的宇宙」密切相關。讓我們聽聽詹姆斯是怎樣說的吧：

> 我稱那些假設它（多元性）是這個世界的永恆形式的人為激進的經驗主義者，因此，對他們來說，經驗的粗糙性和原始性始終是一個永久的因素，從這樣的經驗中不可能得出世界可以顯出絕對單一形態的結論。56

這就打開了通向「意志本性」的道路：

> 我講「意志本性」，並不僅僅意味著那些能夠確立我們至今仍不可迴避的信念習慣的審慎的意志，而是意味著信仰的一切因素，包括恐懼、希望、偏見、激情、模倣、黨同伐異和來自種族、階級、集團的環形壓力。事實上，我們明白自己有信仰，但卻不知道這種信仰為什麼產生以及怎樣產生的。(W, 9)

---

56. William James, "*The Will to Believe*" *and Other Essays in Popular Philosophy* (New York, 1956), ix. 下引此書略為 W 並註於本文中。

這段話寫在近一個世紀以前，但我相信今天仍舊毋容置疑、無可指謫。它提出了另一種(較低層次的)「權威」，一種實用的、經驗的、允許多元信仰存在的權威。在這些信仰之間只有不間斷的談判，即理性和興趣、欲望及權力和希冀之間的協商和交往，可是這一切都存在於、依賴於信仰，詹姆斯認為它是人身上最有趣的、最有價值的部分。他說，最終我們「激動的天性」將決定「選擇取捨，而它是不由理智來決定的」。(W,11)他甚至提出，從生物學的角度考慮，「我們的頭腦隨時準備既生產真實也生產虛假，那些說『與其相信一個謊言，莫如永無信念』的人恰恰表明他們內心生怕被人愚弄的強烈信念。」(W,18)

當代的實用主義者如羅蒂、費什、邁克爾斯之輩可能不會跟著詹姆斯走這麼遠，他們必然會像我們大多數人一樣在詹姆斯帶有唯靈意味的語言面前止步不前：

> 說我們的內心興趣和潛在世界包含的力量沒有真正的聯繫難道不是愚蠢的教條嗎？……假如我們的需要超越了可見的宇宙，為什麼它不可以成為不可見宇宙存在的一個標誌呢？……簡言之，上帝可以從我們的忠誠中抽取生命的力量並不斷創造出新的生命。(W,55,56,61)

我引這一段並不是要壓制形上學或宗教的要求，而是想暗示在我們這個後現代時期批評多元性的爭論最終將指向那個方向。為什麼一定要說是後現代時期呢？因為這一時期充滿了種種對抗的力量和不確定內在性。現在我們到處都可以看到被行星化和再部落化的雙重和同一過程撕裂的團體會社，被極權主義、恐怖主義、狂熱的迷信和激進的無信仰搞得四分五裂的集團和社會。我們還可以看到處處都有聯繫的／分離的技術上的瘋狂，它們以種種變異的、位移的形式影響著後現代的論述。

　　很可能某個野獸將再次無精打采地走向伯利恆，它的腰部和腿部上沾滿了血跡，它的名字和歷史的喧囂一起在我們耳邊鼓噪。很可能某種自然的大變亂、世界性的大飢荒或者外行星的智慧將會震撼地球，使它驚醒，使它明白自己的命運。很可能我們將不得不平庸無聊、稀里糊塗地打發日子，在「沙漠」中從一片綠洲向另一片綠洲流浪，就像我們幾十年幾百年來所做的那樣。我無法做出預見，但卻有某種微弱的預感，我在這裏講出來，目的是提醒我自己，對我們知識和行為的一切逃避都是在缺乏共同信仰的基礎上發展起來的，而共同信仰的缺失卻大大強化了我們的脾氣和意志。這就是我們後現代的環境。

　　至於說到較為切近的事情，我願公開承認：要想阻止批評的多元性滑入一元性或相對主義，除了提倡以實用主義的態度來選擇具有共同價值、傳統、期望和目標的知識領域外，我不曉得還有什麼別的途徑。要想使我們這片「沙漠」稍微變得綠一點，除了創造一塊塊溫和的權威的飛地(enclave)，在這些飛地上認真恢復公民的責任感、寬容的信仰和批評的同情心外，我不曉得還有什麼別的辦法。57 要想使文學、理論或批評在世界上有一個新的立足之地，除了使想像（至少局部地）重新神祕化，使奇蹟的支配作用重新回到我們的生活中，我不曉得還有什麼別的可能。在這一方面我仍舊覺得和愛默生心心相印：「奧菲斯的故事並不是寓言：你只要不斷地歌唱，歌唱，岩石就會成

---

57. James 又一次說：「我們任何人都不應否決他人，我們也不應與人對罵，相反，我們應該溫文爾雅地互相尊重，承認對方精神上的自由：我們只能建造一個理智上的共和國；只能採取一種寬容的內心精神，它是經驗主義的光榮，沒有這種寬容，其餘的一切寬容都是缺乏靈魂的；我們只能自己生活也讓別人生活，不僅在實際生活中應該如此，在精神生活中也應如此。」(W,30)試問，有哪一位後現代的多元主義者能夠超越這段話呢？

形，植物就會生長，動物就會出生。」58
　可今天誰還相信這個故事呢？

58. *Journals of Ralph Waldo Emerson,* 1820-1872, ed. Edward Waldo
Emerson and Waldo Emerson Forbes, 10 vols. (Boston, 1909-14), 8:79.

【第四部份】

後現代主義的尾聲

第九章　創造意義：後現代論述的磨難

序

創造意義：人們可能會從這個標題最強的意義上來理解它，把它看作對人的意義的探詢。這無疑是一個巨大的問題，我無意承擔，只想盡快地回到我的副標題上來，這就夠了。這個副標題想說明的是我們這個後現代時期知識和論述的磨難。

但是，這篇文章也是後現代的一部分。那麼，我怎麼能反映我的意義已經「反映」了的意義的危機呢？又怎麼能夠找到我們這個時代意義的危機的意義呢？作為一個「兼差」的實用主義者，我只想講述七則有用的故事。這些故事是對目前形勢實用而理智的敍述。每一則故事都是部分的、沒有結論的，然而加到一起，就可能說明我們這個時代知識的困境。這是我們理解我們文化的各個部分的一條綱領性途徑。

在結束此文的一個簡要的跋中，我提出一些個人的信仰，因為這些信仰同理論和實踐也有關係。沒有信仰，我們就找不到意義，也不能把上述部分歸攏在一起。重建在我這裏就意味著探索。

1

我想先從生物學開始。數百萬年以前，人類的大腦開始進化，這件不

同尋常的事究竟是怎樣發生的，我們無法確知，不過，眼、手、舌等感官的解放與此大有關係。內在和外在的選擇以及適應草原環境的需要以某種方式產生了人腦，這個器官使得 10^{13} 神經元的觸處充滿活力，這一數字比宇宙中基本粒子的總數還要大。[1] 故而大腦具備了做夢、運用語言和想像的能力，產生了迄今我們所知的一切文化，開始在進化過程中欺負基因。

　　不過，那個古老的故事流傳在丘腦的黑暗區域、邊緣地帶和原始譜系中。社會生物學家喜歡提醒我們注意這一點和我們的遺傳性。[2] 創造意義還依然要遵守進化過程中隔代遺傳的法則，現代主義者和後現代主義者都很了解這一點。然而，即使社會生物學家也承認，人腦也在學著改變自己的生存環境。作爲一個有綜合能力的學習者，這個具有大腦的生物「裝著廣泛的記憶，其中一部分永久有用的概率很低」；正如愛德華・威爾遜（Edward O. Wilson）說的，他學到了「感知歷史」，這使他獲得了恰如其分地「從一種模式推知另一種模式，並把若干模式並置的能力」。[3] 這樣，學習就成了進化的標兵，在某些情況下，會把人領向更高的智力階段。

　　然而，大腦這個無情的器官是怎樣達到它特殊的目的呢？這裏，我們需要提出大腦和心靈的關係這樣一個神聖的問題。在這類問題上，神經病學家喜歡保持沉默，儘管他們中最著名的一些人，像王爾德・

---

1. 達爾文的進化論由於新的遜分子的發現受到制約。參看 Lancelot Law Whyte, *Intertnal Factors of Evolution* (New York, 1965)。關於宇宙中基本粒子的數目，參看 Carl Sagan, *The Dragons of Eden: Speculations on the Evolution of Human Intelligence* (New York, 1977),42.

2. 可參看 Edward O. Wilson, *Sociobiology: The New Synthesis* (Cambridge, Mass., 1975), 3.

3. Ibid., 152.

潘菲爾德(Wilder Penfield)、約翰‧埃克爾斯(John Eccles)、羅傑‧斯佩里(Roger Sperry)有時也耽於猜測。例如，藩菲爾德「冒著被物理學家嘲笑的危險」，提出這樣的問題：「最高的大腦機制」是不是能為心靈提供一種獨特的、「改變了的」、「不再需要沿著神經元軸突傳導（電的）」的能的形式。[4]斯佩里不同意埃克爾斯和潘菲爾德的二元論，說自己既不是一個唯心主義者也不是一個唯物主義者，而是一個「精神主義者」(mentalist)，雖然像埃克爾斯一樣，他也把意識到的經驗的統一看作「是由心靈提供的，而不是由神經機制提供的。」[5]

不管怎麼說，心靈的謎也許有一天會被解開，神經哲學家一致認為，心靈和大腦如果說不是專制結構，也是組織嚴密的等級結構，因而並不是後現代的。二者在丘腦中開始結合，然後在皮質中繼續這種結合；最後由心靈發佈命令。

當然很可能出現這樣的情況，像奎斯特勒(Koestler)陰暗地暗示的那樣，心靈瘋了，大腦變成了一個有病的進化器官，一個最終進行種族屠殺，也許是生物屠殺的工具。[6]這裏我贊成愛因斯坦的觀點，那就是相信「世界的神祕正在於它的可理解性」。[7]這是一個了不起的觀點，一個信念，說明心靈作為宇宙的一部分（一個分離的部分）能夠充分地理解它。假如「知識就是信念」(Bronowski 語)；假如「我們這個星球上全部進化的紀錄……說明了一種向理智發展的進步傾向」(Sagan 語)；假如「那個曾統治我們的生物領域達幾億年之久的老的

4. Wildet Penfield, *The Mystery of the Mind: A Critical Study of Consciousness and the Human Brain* (Princeton, 1975), 50. 也可見pp. 73, 80f.

5. Roger Sperry, *Science and Moral Priority: Merging Mind, Brain, and Human Values* (New York, 1983), 85.

6. Arthur Koestler, *The Ghost in the Machine* (New York, 1967), 239ff.

非認知觀念……已經不再起作用」(Sperry 語)；假如心靈神祕地和宇宙共鳴(Einstein 語)；假如不再有核子的、最終的災難降臨到人類頭上，假如這一切都是正確的話，我們是否可以不必去推測，「創造意義」是生物進化的必然，是我們在諸多星球中脆弱的命運和神祕的職責？8

2

斯諾勛爵(Lord Snow)的幽靈提醒我，人文主義者懷疑那些樂觀的、預示性的觀點，因此，我將把大量的這類看法留給未來的命運去做判斷。下面我來講第二個故事，即心理分析和遺傳心理學是怎樣簡潔地澄清了認知的規範的。

　　我們知道，佛洛依德認為獲取知識的動力來自愛欲本能的昇華，這一點在他的《列奧納多‧達芬奇：性行為研究》中表述得最清楚。我們無須去探討這位心理分析專家衆說紛芸的殘忍，且來看看達芬奇漫無邊際的好奇心和天衣無縫式的心靈。佛洛依德先引述了達芬奇的這段話：「如果一個人對對象的性質沒有完全的了解，就沒有權利去愛或恨它。」，然後評論道：「他 (達芬奇) 只是把他自己的激情以變化的形態移入了探詢中。」9 達芬奇是一個在現代史的黎明醒得早的人，而

---

7. 轉引自 Penfield, 90。Sagan 也提出了同樣的見解：「自然選擇就彷彿是一面智性的篩子，產生了人腦和理智，使它們不斷地增強了認識自然法則的能力。通過自然選擇造就的人腦與宇宙間的這種共鳴可以幫助我們解釋愛因斯坦提出的一個令人困惑的說法：宇宙最不易被人理解的性質就在於它是那樣地容易被理解。」參看 Sagan, 232ff.

8. Sagan 引述 Bronowski, 238； Sagan, 230； Sperry, 8.

別人那時還在酣睡,因而他讀出了上帝留在世間萬物上看不見的署名。佛洛依德說, 他試圖貶低權威 (聖父) 的價值, 在自然 (聖母) 中尋找「一切智慧的源泉」,「他只是在人能夠獲得的最高昇華中重複當他孩提時好奇地審視世界、世界強加給他的那些東西。」10 在達芬奇的身上, 知識就是一種愛。

　　雅克‧拉岡是法國解析佛洛依德的大師, 他以意識形成中鏡子的說法取代了佛氏的伊底帕斯情結。他認為, 在「鏡子階段」嬰兒瞥見了自己的形象, 也就是身體的一部分, 學到了第一次異化, 由此引向對自我的發現。但是在這一階段, 嬰兒沒有語言和知識,「我們必須以父親 (陽具或指符) 的名義來辨認這種從歷史的黎明起就一直把他的形象看作法律形象的象徵功能。」11 這樣,「語言就成了」獨特的自我意識的「中介因素」, 心理分析的經驗發現,「人的語言規範成了形成他自己形象的法律。」12 這就是說, 認知的規範是在我們稱之為語言的那個廣大的、變化多端的指符序列中作為一種激進的鏡子的力量構成自我的。拉岡雖然有把一團亂麻理清的天才, 但也沒有把這點講得很透徹。

　　拉岡的心理分析和從笛卡爾到胡塞爾的傳統徹底決裂, 遺傳心理

9. Sigmund Freud, *Leonardo da Vinci,* trans. A. A. Brill (New York, 1947), 78, 20.

10. Ibid., 96f. 佛洛依德這裏所說的「酣睡」的形象指 Merejkowski.

11. Jacques Lacan, *The Language of the Self: The Function of Language in Psychoanalysis,* trans, Anthony Wilden (Baltimore, 1968), 41. 根據 D. W. Winnecott 和 Jacques Lacan 的說法, Gabriele Schwab 對 "Genesis of the Subject, Imaginary Functions, and Poetic Language" 提出了敏銳的討論, 見 *New Literary History* 15, no. 3 (Spring 1984): 453-74.

12. Ibid., 288f., 86.

學也是如此。與心理分析不同，遺傳心理學探索超越兒童時代心靈的結構發展。在讓‧皮亞傑看來，生物學和知識之間沒有任何裂縫，13 學習是在有機體及其環境之間的一件連續不斷的事，是種系發生學和個體發生學意義上的一個建設性的交換。人類帶給他的這種學習事務一種創造性的不平衡、一種對存在的永久開放、一種不斷創新和介入的能力。這樣做，人類不僅遊戲或學習，還要學習怎樣學習。(皮亞傑講過一個故事，說他的一個孩子通過嬰兒圈欄的欄縫把一個大玩具立了起來，因而拿回了這個玩具，但孩子「對這一偶然的成功並不滿足，而是一次一次地把玩具放出去再拿回來，直到『懂得了』究竟是怎麼回事才肯罷休。」14) 皮亞傑指出，這樣的學習不停地拓展了人的環境，是一個進步，這一進步來自「要求認知功能必須為自己不斷進行練習的那些規則的規則。……」15 所以，皮亞傑以為，知識是我們和現實交換中最高的、最精細的、最有效的控制力。

　　無疑，人們還可以舉出別的認知心理學家或信息理論家，較為知名的有：杰洛姆‧布魯納(Jerome Bruner)、格里戈利‧貝特森(Gregory Bateson)、約翰‧封‧諾埃曼(John von Neumann)、路德維希‧封‧貝爾塔朗菲(Ludwig von Bertalanffy)、沃倫‧麥卡拉夫(Warren McCullough)。16 不過，我以為要點已經很清楚了。百餘萬年猿人發展的歷史、人腦的進化以及人的慾望的不斷湧現命令我們

---

13. Jean Piaget 寫道：「生物學必須為自己提供某種解釋，說明其純有機方面的產生和發展，也就是種系發生和個體發生方面的情況，這兩方面恰恰是生物學家必須從事的領域」。參見 *Biology and Knowledge: An Essay on the Relations Between Organic Regulations and Cognitive Processes,* trans. Beatrix Walsh (Chicago. 1971), 1.

14. Ibid., 350.

15. Ibid., 353.

不停頓地去創造意義。別人（解構主義、文本主義和後現代主義的那
些宗師們）可能會響應「沒有真實、沒有淵源的……世界的自由遊戲」
的號召，力圖「超越人和人文主義」。17 但是，他們僅僅是為了舒服才
這樣做的，當生活不再對他們提出真正的要求時，他們就會同我們一
樣去尋找意義。

3

意義就是命運。但是我們應該創造怎樣特定的意義呢？這就要來談談
第三個故事了，這就是歷史的故事。這故事有著更多的歧義，只能說
明我們的部分問題。18 這裏，我只想做一個簡明的敍述，因為沒有任
何東西不能捨掉。我想談的是西方論述中的歷史危機，這個問題是從
漢斯·布魯門伯格（Hans Blumenberg）的《現代的合法性》中引出的。

---

16. Jerome Bruner 在 *On Knowing: Essays for the Left Hand* (Cambridge, Mass, 1979), 172.中寫道：「認知心理學很快就找到了和人工智能的共同點，後者的啓發精神是固戀十九世紀的心理極難限制的。」

17. Jacques Derrida, "Structure, Sign, and Play," in *The Languages of Criticism and the Sciences of Man*, eds. Richard Macksey and Eugenio Donato (Baltimore 1970), 264.

　無論如何，請注意，Derrida 的原話是這樣說的：「歡樂地肯定這個世界的自由遊戲，肯定它的沒有真理，沒有根源，『為人們提供了一種積極解釋』（雙引號是我加的）……」即使在這句話裏也可以看出一種執著的認知需求。

18. Hayden White 說：「不論是歷史的真實還是歷史的意義，都不是以一種故事的形式存在於『那兒』，等著歷史學家來分辨它的疆界、確認形成它意義的情節。」參見 "Historical Pluralism," *Critical Inquiry* 12, no. 3(1986): 487. 也可參看他的 "Getting Out of History," *Diacritics* 12, no. 3(Fall 1983), 13.

這本書頗有一些權威性，風格獨特，就像悶在墊子下面的形而上的呻吟。

　　布魯門伯格要使現代歷史「合法化」，他使用了「人的理性」、「理論上的好奇心」、「自我肯定」之類的術語，卻絲毫不涉及宗教信仰。在他看來，現代活動不僅把神的觀念「顛倒攪亂」移入世俗的觀念中，例如，把末世學移入「進步」觀念，而且也是一個中世紀和古代無法比擬的歷史發展，所以，他竭力為現代辯護，駁斥那種認為現代代表了「歷史失敗」的觀點。為此，他把這個世界的信仰危機追蹤到早期的諾斯替主義。他說，「自我肯定的毫無意義是諾斯替主義的遺產」，教堂的神父們「沒有戰勝這種神祕主義，只是把它轉換成了另一種形式。」19 這一轉換主要歸咎於奧古斯丁(Augustine)，他急於為上帝和他的世界洗刷掉罪惡之源的惡名，而把罪惡以原罪(Original Sin)的形式加在了人的身上。從此之後，人就在魔鬼的幫助下一直背負著罪惡的沉重負擔。這就提醒現代的自我肯定既要放棄諾斯替神祕主義拒絕世界的遺產又要放棄基督教教義拒絕世界的遺產。20 這種自我肯定比物質的存在遺留的東西更多；它「暗含著一種存在的綱領，人按照這一綱領確定自己在歷史環境中的存在，」以便實現自我。21

　　這裏我們接觸了問題的難點。布魯門伯格做了這樣的結論:「人認識到不僅自然可以由他處置，而且自我也可以由他處置，這就跨越了

19. Hans Blumenberg, *The Legitimacy of the Modern Age,* trans. Robert M. Wallace(Cambridge, Mass. 1983), 136.

20.我在本書中所稱的New Gnosticism僅僅指對現實中人類心靈的不斷干擾以及語言和符號對其不斷增強的調停作用，請參看本書第八章原註21，不過，請注意，中世紀的Gnosticism雖然旨在把人類的注意從這個現實世界引開，但仍然堅持把知識而不是信念作為拯救的手段，在這一點上它同New Gnosticism有共同的地方，表現了對普通男女智力的關注。見Blumenberg 290-307頁。

自我提高的第一個階段。……對世界信念的毀滅使他第一次成了一個
從災難性的嗜睡狀態甦醒的、富有創造力的生命」。22 這個觀點指明了
一個十分重要的、似非而是的理論：人類只有在神義（神的設計、神
的目的）失去了共有的意義之後才能開始賦予意義和尋找意義。從啓
蒙運動到尼采以來的哥白尼、伽利略、開普勒、培根和牛頓以及所有
的哲學家，理論的好奇在他們那裏已經不再是幸福論的慰藉或者指向
幸福的嚮導，這種好奇首先指向了自然，把萬事萬物納入了它的視野。

　　這是一個看似合理的、也的確富有說服力的說法，它說服我們，
認知規範從早期的諾斯替主義以來經歷了許多轉折，在現代獲得了極
其新穎的力量。然而，我以爲布魯門伯格的這個說法未能充分說明自
浪漫主義以來西方自我肯定的試驗，未能充分說明現代主義本身的諸
多變遷，也就是說，未能說明世俗社會的巨大困難及其知識的迷惘。
（像哈伯瑪斯一樣，布魯門伯格只能把現代主義理解成啓蒙運動的產
物。）科學、懷疑主義、客觀性、理性以及人類在世上的本質全都在上
一世紀蒙受了巨大的刺激和挑釁。這些挑釁顛覆了我們接受意義的能
力。最大的挑釁者就是尼采，他用無情的明晰度預測了後現代主義論
述的危機，所以，我將通過他來講述我的下一個故事，也就是哲學的
故事。

4

尼采在 1883—1888 年瀕臨瘋狂之際所寫的筆記《權力意志》中，最後

---

21. Blumenberg, 138.

22. Ibid., 138 頁。和 Blumenberg 有時平行但往往不同的觀點可參見 Jeffrey
Stout, *The Flight from Authority* (Notre Dame, 1981).

一次回到了他的 (也是我們的) 主要論題上:「我要講述的是下兩個世紀的歷史,是即將來臨的、必將以這種方式來臨的虛無主義。」23 一百年之後, 我們大部分人不得不悲傷地承認, 上帝、國王、人、理性、歷史、人文主義、國家這些不可抗拒的權威都成了來去匆匆的過客; 甚至語言這個我們知識階層最年輕的神祇也威脅說要退出歷史舞台, 成為另一個失敗的神。我們生活在一個政治恐怖主義的時代, 一個道德上臨時對付的時代、一個精神上雜湊的時代, 但是我們繼續相信, 虛無主義不屬於我們, 是別人的事。

可是, 按照尼采的觀點我們必須跨越的那個意義的沙漠、價值的沙漠究竟是什麼呢? 還是讓我們看看他那些零碎的預言和突然爆發的情緒吧!

虛無主義究竟意味著什麼? 那是**剝奪了自身價值的最高價值**。目的是沒有的;「為什麼?」找不到答案。

　　理性範疇內的信念是虛無主義的根源。我們按照適用於一個純虛構世界的範疇衡量了這個世界的價值。

　　如果說這不是一個衰敗和活力喪失的時代, 那至少是一個輕舉妄動地、隨心所欲地進行試驗的時代。很可能大量粗製濫造的試驗造成了一派衰敗的印象, 甚至造成了衰敗本身。

　　「現代性」、……大量易於激怒的情感、……大量截然不同的印象、食物、文學、新聞、形式、趣味甚至景物中的世界主義, 這個潮流以最快的速度前進, 印象相互擦掉對方, 本能地拒絕接受任何東西, ……自發性深刻的弱點:

---

23. Friedrich Nietzsche, *The Will to Power*. trans. Walter Kaufmann and R. J. Hollingdale (New York, 1976), 3.

歷史學家、批評家、翻譯、觀察家、收集家、讀者，他們全都是具有反應能力的天才——全都是科學。24

　　確實，尼采對我們這個時代的感覺是近乎超自然的。他認識到我們的知識、政治、藝術中的虛無主義，他從邪惡、吸毒、疾病、獨身、歇斯底里和無政府主義中找到了證據，他明白我們如何用怨恨、服從、狂熱、甚至神祕主義和科學來麻醉自己。難道就沒有出路了嗎？他喊道，出路在清晰、對我們喪失信念的反諷、對我們的「權利意志」的確認、生命本能的恢復、通過調節獲得力量、也許有一天「所有價值的價值轉換」。

　　這樣，尼采就在和現代「解構因素」誓不兩立的對抗中（不合時宜地）完成了布魯門伯格的歷史的獨奏。尼采誇大其辭地說，虛無主義可能是兩千年基督教的遺產，但他又說，虛無主義是擺脫誘惑的結果。人性必須爲其從史前以來就存在的虛弱的夢和妄想、欲念和「誇張的天眞」付出代價。正是在這裏他感到一個重大的矛盾，假如人類的一切創造——包括神話、宗教、藝術、科學、政治——都是「謊言」或「虛構」的話，那麼，毫無疑問，某些虛構必定能爲生活服務。雖然尼采揭示了存在的虛構性，但他拒絕那些羸弱的虛構、那些自我擔心的形象。因此，他讚美悲劇藝術，認爲它頌揚了權力，治癒了意志，改造了大地。他解釋說，「人最終發現事物中除了他自己輸入的東西外別無它物：他們的發現就是科學，而他們的輸入則是藝術、宗教、愛、驕傲等。」25

　　我們現在開始認識到爲什麼尼采對有關後現代論述的任何觀點都

---

24. Ibid., 9, 13, 40, 47.

是至關重要的：他打破了一切關於絕對真理的觀念，同時讚頌使生命昇華的虛構。說得粗俗一點，「任何事物都沒有內在的意義；一個強烈的意義只能從一切事物中拈出。」26 我們現代苦惱的癥結正在這句格言中。

我們知道，尼采預示了當代的哲學和文學理論，理查‧羅蒂把他和威廉‧詹姆斯、海德格、維特根斯坦、杜威並列，說他們是形上學偉大的破壞者、「一切知識基礎的」哲學的毀滅者。27 羅蒂認為，從實用主義的角度看，「把杜威和傅柯、詹姆斯和尼采結合在一起的……」是他們的「共識，即在我們的內心深處除了我們自己置於其中的東西外別無長物；除了我們在創造實踐中創造的標準外別無標準；除了符合這一標準的理性尺度外別無理性尺度；除了服從我們自己的常規的爭論外別無爭論。」28 至於說到文學理論，我們都清楚，所有關於作者、讀者、文本、比喻、再現、置換、作為語法虛構的主體、意義中的權力意志等問題的爭論無不涉及尼采。

可現在該是恢復或者說重複我們自己觀點的時候了。我曾竭力爭辯說，認知需要是生物進化和人類從心理上把握自我、創造自我的一個具有預示力的因數。創造意義是一種預見性的行動。我也曾說明，

---

25. Ibid., 327.

26. Nietzsche 寫道：「我們需要謊言，目的是了征服這個現實、這個『真理』，也就是為了生存。」Ibid., 451 頁。

27. Richard Rorty, *Philosophy and the Mirror of Nature* (Princeton, 1979), 4.

28. Richard Rorty, *Consequences of Pragmatism* (*Essays : 1972-1980*) (Minneapolis, 1982), xlii. 也可參看 pp. xviii, xxi, 40, 161.我還可以補充說，Nietzsche 激進的透視主義像 Michael Polanyi、Stephen Pepper、Nelson Goodman 等人的觀點一樣為多元思想家們開闢了不同的道路。

這種需要在從古代的諾斯替教到當代世俗的神祕主義的西方歷史中屢逢危機。我們把最近這場危機叫做虛無主義。恰如希里斯·米勒(J. Hillis Miller)所說，虛無主義並不是自選的名字，而是仇恨的標誌，是形上學加給它的敵人的，其目的是「掩蓋那不可救藥的東西」，而手段則是「消滅隱藏其中的虛無(nothingness)」。29 現在，我們最終可以談談後現代的論述了。那麼，怎樣在其中創造意義，又怎樣從其中創造意義呢？例如，當羅蘭·巴爾特——他無疑是我們這個時代也許是我們這個世紀傑出的批評家——宣稱：「必須力圖分裂的不是符號，不是一邊的指符和另一邊的意符，而是符號的觀念：人們可以把這一行為稱作符號分裂的行為。人們今天力圖分裂的正是西方的論述，它的基礎、它的基本形式。」30「今天」已然是昨天了。我以為，今天某些東西在召喚我們超越這個「分裂」，超越符號分裂。要明白這個召喚是什麼，那就得談談下一個故事，後現代文化也就是我們的文化的故事。

5

後現代主義我已講了許多，連我自己都覺得有些膩了。31 這裏不打算進一步潤飾或界定這一概念，只想談談在一個「不確定內在性」(寓於內在性中的不確定性) 的時代創造意義的艱難。在這樣一個時代裏，符號像落葉般向四面八方飄散，權威在人們怨聲四起的凜冽秋風中萎

---

29. J. Hillis Miller, "The Critic as Host," in Harold Bloom, et al., *Deconstruction and Criticism* (New York, 1979), 228.

30. 引自 Josué V. Harari, ed., *Textual Strategies: Perspectives in Post Structuralism Criticism* (Ithaca, N. Y., 1979), 30.

31. 見本書第八章第 2 節。

謝。當然，我不指望討論所有的困難，因為在我們這樣一個多樣化的社會裏，這樣的困難太多，無法遍覽，我以為，可以從當代兩位主要思想家的爭論中看出這些困難的大略，這兩位思想家是德國的新馬克思主義者于爾根・哈伯瑪斯和法國的後結構主義者讓—弗朗索瓦・李歐塔。談完他倆的爭論，就結束這段關於後現代文化的故事。

有趣的是，他倆的爭論由於美國實用主義者理查・羅蒂的參與而不是仲裁形成了鼎足而三的局面。32 羅蒂很快就抓住了爭論的中心問題：那就是共識，或者更有傾向性地說，是總體化。李歐塔要把佛洛依德和馬克思這兩位懷疑大師置於懷疑之下；他拒絕接受任何可能產生另一種後設敘述即另一套強制性符碼的政治。而哈伯瑪斯則以正義和啓蒙的名義堅持一個宇宙神教徒的理性觀念（一個「較好」而不僅是「上下文關係」的思想）。在李歐塔看來，語言一般來說是矛盾的，共識僅僅是論述的一個階段；而在哈伯瑪斯看來，語言主要是交流的，共識正是論述的目標。由此出發，他們自然會在知識、道德、歷史等問題上得出不同的結論。

至於羅蒂，他相信可能懸置後設敘述（李歐塔希望如此）而不向非正義屈服(哈伯瑪斯希望如此)。可羅蒂又稱，這正是理論不能勝任的，因為理論總是尋求「自動證明」，這反倒是通向生活的社會實踐的

---

32. Richard Rorty, "Habermas, Lyotard, et la Postmodernité," *Critique* 442 (mars 1984): 181-97, 其英譯見 *Praxis International* 4, no 1(April 1984): 32-44. Rorty 把 Habermas 的講演作為討論的主要文本,,該講演 1983 年 3 月做於 Collège de France，後收入 Richard Bernstein 編的集子 *Habermas and Modernity*(Cambridge, Mass., 1985)；另一主要文本則是 Lyotard 的 *The Postmodern Condition* 中(Minneapolis, 1984)。當然，他也認識到，這一爭論也與早期的一些著作有關。

任務。這樣，羅蒂就恢復了培根的崇高地位以反對笛卡爾，駁回了哲學家們以論述爲「基礎」的要求，也駁回了知識分子要作爲政治「前衞」的要求，他接受了培根的知識和力量緊密相關的觀點，也接受了杜威的世界通過司空見慣的日常生活重顯魅力的觀點。

　　現在我必須加入，使他們的三分局面變成四角論爭。我的看法是，李歐塔對「分歧」(le différend)——不是德希達的「延異」(différance)——的強調、對我們的論述領域中不可比較性的強調同我自己關於後工業社會的看法一致。而他要把意志、慾望、隱喻、遊戲等重新巧妙地挿入後現代理性中的迫切意願也是我的願望，33 然而，李歐塔沒有完全面對他的「少數派的語言遊戲」的政治結果，也就是他的正義的謬論，他的宗派、他的「野史」像馬克思主義總體性的專制一樣也幾乎是恐怖主義的。對羅蒂，我有親切的同鄉感（對威廉・詹姆斯則有更多的同感），我很快會談到他們，以便從我們的絕境中創造出意義，可現在還是先來談談文學理論的故事。

6

不談文學理論就結束這個故事集對我來說是難以想像的。這不僅是因爲我個人對理論有興趣，對它有一種矛盾心理，而且還因爲它把我們大家和解釋文化的共同任務緊緊連在一起。的確，在過去的二十年中，理論不僅是批評的拱頂石，也是人性的根本。

　　許多因素對文學理論的主要功能作出了貢獻，它隨時準備探索文

33.「這就使無限的願望顯得十分輕靈：太少的『勞動』，太多的學習，認識、創新、傳播，」見 Jean-François Lyotard, *Le Tombeau de l'intellectuel et autres papiers* (Paris, 1984), 86f. 亦見 pp. 79-83.

化的各個領域，探索人文的不同學科：藝術、戲劇、文學、哲學、歷史、心理分析、語言學、人類學。34 但是，理論（這裏我必須混入我的隱喻）最終不是人性的拱頂石，而是一個名叫「拱頂石」的滑頭，他狡猾地顛覆（解構）了他假裝捍衛的權威。雅克・德希達正是第一個這樣的滑頭，他這麼說：「我們正處在一個不能令人滿意的，難於對付的政治環境中，……向原始無政府狀態再前進一步就會有產生等級政治的危險。『思想』既要求理性的原則又要求超越理性原則，既要求政府又要求無政府，二者間的差異不過是『一眨眼的瞬間』而已。」35

正是在理性眨眼的瞬間，理論以模仿的語言對我們講話。可它講些什麼呢？它提出問題，對傳統的意義和人文的思想大加嘲弄。我這裏只扼要地舉出三點：

1.第一點涉及「**文學性**」(literariness)的問題，也就是使文字轉化為文學的先設特性。藝術眞像康德想的那樣具有特別尊貴的存有論地位呢，還是它的定義是約定俗成的、符合傳統的呢？有些批評家，如馬端・克瑞格，溫婉而審愼地哀悼這個「高高在上的客體」的衰落；而另一些批評家與衆不同，如赫斯和保爾・德曼，則對文學性的消失興高彩烈。36 隨著文學性的消失（實際上它像總是微笑者的笑那樣徘徊難去），文學和批評之間的區別也隨之消亡，這激怒了幾乎每一個與之相關的人，只有極少數人例外，他們跟著巴爾特呼喊：「現在不再有

---

34. 見 Ralph Cohen, "Literary Theory as a Genre," *Centrum* 3,no. 7 (Spring 1975), 57; 和 Evan Watkins, "Conflict and Consensus in the History of Recent Criticism," *New Literary History* 12, No. 2. (Winter 1981), 350-54.

35. Jacques Derrida, "The Principle of Reason:The University in the Eyes of its Pupils," *Diacritics* 13, no. 3(Fall 1983), 18f. 20.

批評家了，只有作家。」37（紐赫文［New Haven］的作家們對此立即表示贊同，我也一度表示同意。）進一步說，隨著文學性的消失，對一個客觀審美結構的要求也動搖了。作品本身傾向讀者（因為作者已經「死」了），迷失在人的反應的瘋狂的相對性之中。

文學性的喪失動搖了文學，取消了它的界限。沒有形式或類屬的約束，我們從文學中創造特定意義的能力就要大大減弱，即便我們作為讀者的自由會大大膨脹。

2.第二點涉及「解釋學」(hermeneutics)的問題。從施萊爾馬赫(Friedrich. D. E. Schleiermacher)和狄爾泰(Wilhelm Dilthey)，中經海德格、伽達默、里柯(Paul Ricoeur)、伊瑟爾，到德希達，解釋的「科學」不斷遭到懷疑，在我們今天的人看來。解釋學已經變得容易激起偏見、不穩定、可疑；在海德格之後，解釋的循環如果不是邪惡的、危險的，也是滑稽的、可笑的。現在，解釋學已讓位於解構主義、文本主義、符號學、修辭學、「主觀批評或超批評」，讓位於不承認任何明確意義的閱讀。38 譬如，德希達區分了兩種對於解釋的解釋：一種夢想解析真理的祕密；另一種只肯定遊戲。39 德曼拒絕解釋，推崇修辭學，這種修辭學「激烈地懸置了邏輯」，開闢了具有乖常參照系的讓人眼花繚亂的種種可能性；而費什則把解釋看作「構造的藝術」，而不是「賦於意義的藝術」。40

---

36. 見 Murray Krieger, *Arts on the Level: The Fall of the Elite Object* (Knoxville. 1981), 10-19; E. D. Hirsch, *The Aims of Interpretation* (Chicago, 1972), 108; Paul de Man, *Blindness and Insight: Essays in the Rhetoric of Contemporary Criticism* (New York, 1971), 12.

37. Roland Barthes, "Theory of The Text." in *Untying the Text: A Post-Structuralist Reader,* ed. Robert Young (Boston & London, 1981),44.

　　難怪有些批評家提出「反對解釋」(Sontag 語)，另一些批評家則提出「超越解釋」(Culler 語)，因爲解釋學已不再能爲我們找出任何潛在的、必要的意義，它的所有「法則都被完全擱置」。

　　3.第三點涉及「語言」本身的問題和我們對語言的迷戀。自從尼采早期的文章〈超道德意義上的眞實和虛僞〉發表以來，西方思想界有一種傾向，即避開它長期關心的一些問題，而轉向語言及其本身的變化。到維特根斯坦，這種傾向又發生了關鍵性的轉變，不過他本人卻斷然抵制「語言對我們智力的迷惑。」41 邏輯實證主義、日常語言哲學、言語行動理論、結構主義、文體學、解構主義等種種思潮都把各自的大量貨色帶進了我們的文字之城和巴別塔中。42 維特根斯坦站在不可言說事物的危崖上，他最後的教訓似乎在我們這兒失去了。我們

38.對這一問題討論得較清楚的，可參見 Paul B. Armstrong, "The Conflict of Interpretation and the Limits of Pluralism," *PMLA* 98, no. 3 (May 1983): 341-52.也可參閱 *New Literary History* 14, no. 1 (Autumn 1982) and 15, no. 2(Winter 1984)的文章，這些文章討論意義、創造性和解釋等問題。

39. Jacques Derrida, *L'Écriture et la différence* (Paris, 1967), 427.

40. Paul de Man, *Allegories of Reading: Figural Language in Rousseau, Nietzsche, Rilke, and Proust* (New Haven, 1979), 10; Stanley Fish, *Is There a Text in This Class? The Authority of Interpertive Communities* (Cambridge. Mass., 1980), 327. Wolfgang Iser 較爲謙虛地承認，解釋「雖然是一種認知行爲，但卻可以在認知和不可比擬的事物之間架起一座橋梁。」對 Iser 來說，解釋在本質上也是「實用的」，當我們忘記了這一點時，我們就把自己囚禁在自己的解釋框架中了。他在 "The Interplay Between Creation and Interpretation," *New Literary History* 15, no. 2(Winter 1984), 394, 395 中總結說:「這就是，物化。」

41. Ludwig Wittgenstein, *Philosophical Investigations,* trans, G. E. M. Anscombe(Oxford, 1968), 47.

繼續活躍在我們的「語言的牢房」(Nietzsche 語)裏, 活躍在我們的「飛瓶」(Wittgenstein 語)中, 在這兩處之外, 沒有任何理論可以使我們獲得解脫, 因爲語言似乎「已經總是」(Derrida 語)無處不在。

可見, 反對理論的要點是: 語言的內在性、文學性的喪失、對解釋學的摒棄。這三點使我們的意義煙消雲散了。我們的文本或生活沉沒在指符(signifiers)變幻無常的汪洋大海中, 我們無法從這樣的文本或生活中創造意義。

後現代主義理論儘管充滿了激情和華彩, 卻只能打擊我們創造意義的欲望, 只能引逗我們去進一步遐想, 不能幫助我們確定意義。對這一點, 文本主義者自有見解, 保爾・德曼在一篇題爲〈抵制理論〉的文章中說: 那些責備文學理論對社會和歷史 (即意識形態) 現實已經過時的人, 只不過在申明他們害怕自己神祕的思想被他們力圖貶損的理論工具暴露的心態。」他不抱偏見地說明, 理論「本身是對它自己的抵制」, 因此必將不可避免地解構它自身。43

然而, 一個人「神祕的思想」可能是另一個人堅強的信念。針對失去本色的後現代主義理論, 種種相反的理論應運而生, 它們試圖恢復這個世界斑斕的色彩, 他們以歷史、道德、政治的名義約束語言的自由遊戲和知識的不穩定性, 爲此, 他們當然要恢復早期的種種社會

42.關於語言的哲學方面的一些重要爭論, 可參看 Richard Roryt, ed., *The Linguistic Turn: Recent Essays in Philosophical Method* (Chicago, 1967); 關於其文學方面的一些重要爭論, 可參看 Barbara Herrnstein Smith, *On the Margins of Discourse: The Relations of Literature to Language* (Chicago, 1978), 和 George Steiner, *After Babel: Aspects of Language and Translation* (New York, 1975).

批評形式，就是說，他們要不斷重新創造伊克西翁的轉輪。①在這些相反的理論中，最讓人樂於接受的也許是梅爾‧艾布拉姆斯和韋納‧布斯的批評多元論了。44 其他的批評家們提出了一些更奇特、更富爭論性的見解，此刻，我想到弗里德利克‧詹明信的「辯證批評」(dialectical criticism)、愛德華‧薩伊德的「世俗批評」(secular criticism)、杰拉爾德‧格拉夫的「文學即主張」(literature as assertion)、弗蘭克‧侖特里契亞(Frank Lentricchia)的「爲社會變化的批評」(criticism for social change)。45 不論如何獨特，這些左派批評家們都有共同的激情，那就是重新把握歷史環境的密度和社會含義的豐富性，侖特里契亞說得很明白：「批評……是知識的產物，是爲權力或者社會變化服務的。」46

---

43. Paul de Man, "The Resistance to Theory," in *The Pedagogical Imperative: Yale French Studies* 63, ed. Barbara Johnson, pp. 11, 20. Murray Krieger 會否定這一點並爭辯說，解構主義者不可避免地會使用他們「文字分析的原始工具」，見 "In the Wake of Morality:The Thematic Underside of Recent Theory," *New Literary History* 15, no. 1(Autumn 1983), 130f.

44. Abrams 預料說：「使文學語言可理解性解體的各種模式在一定時期內會流行起來，可是，隨著時間的推移，我們和我們的前輩共同的閱讀方式必將吸收種種新的方式能夠提供的東西。」見 M. H. Abrams, "Literary Criticism in America," in M. H. Abrams and James Ackerman, *Theories of Criticism: Essays in Litearture and Art* (Washington, D. C., 1984), 29. 可參看 Wayne Booth, *Critical Understanding: The Limits of Critical Pluralism* (Chicago, 1979).關於其他認爲本文只是居間而非構成的觀點可參見 Walter A. Davis, "The Fisher King: *Wille zur Macht* in Baltimore," *Critical Inquiry* 10, no. 4 (June 1984)和 James Phelan, "Data, Danda, and Disagreement," *Diacritics* 13, no. 2 (Summer 1983).

　　這些批評家們能夠把我們領出那沙漠嗎？我懷疑。這裏只能提出一些理由。我眞誠地贊同他們宣稱的基本意圖，但沒有被他們的論爭、受傷的權利意志或者（尙未獲得的）美德姿態攪得過分心煩意亂。在這些不完全的意欲中，我們大家都在不同程度上是同謀。但我發現他們那種特別推崇馬克思主義的傾向卻像幽靈般空幻，他們把馬克思主義作爲唯一申述異議和獨立思想的論述方式，絲毫不顧這種主義在理論上的困難、經濟上的絕境、政治上的壓迫和預見性上的失敗，不顧它作爲一種希望的論述的退卻。(美國的馬克思主義，即我們的資產階級自我批評的最新版本，與後工業社會關係最密，可在這樣社會中的馬克思主義最不像它自己。) 我也發現他們突出政治的需要越來越狹隘，他們不僅強調政治的意義，而且把政治擺到最重要的位置上，正如詹明信所說：它是「一切閱讀和解釋的絕對領域」。47 我還發現他們掩藏著的社會決定論、集體主義的偏見、對審美愉悅的不信任、把人類現實理性化或「藍圖化」的癖性、隨時準備把他們自己的信仰說成普遍的價值和他們自己的理論說成無可辯駁的事物結構的傾向。這些都是令人不安的。

　　顯然，喜歡爭論是極易傳染的：我自己就有過一個與人爭論的例

45. Fredric Jameson, *The Political Unconscious: Narrative as a Socially Symbolic Act* (Ithaca, N. Y.: 1981); Edward W. Said, *The World, the Text, and the Critic* (Cambridge, Mass., 1983);Gerald Graff, *Literature Against Itself: Literary Ideas in Modern Society* (Chicago, 1979), and "Literature as Assertion," in *American Criticism in the Poststructuralist Age,* ed. Ira Konigsberg(Ann Arbor, 1981); Frank Lentricchia, *Criticism and Social Change* (Chicago, 1983).

46. Lentricchia, 11.

47. Jameson, 7.

子。我曾概括過新社會批評家們的責任，我自己也常常分擔這種責任。在我談這一問題時侖特里契亞無所謂地說:「在美國，從愛默生到博克，『積極的』批評家總是要加入批評的一方，因為正是在美國，批評的力量才不斷壯大起來。」48 我加劇了社會批評家和文本批評家之間的分歧，而在我們這樣一個對話的時代，他們雙方都必須相互重視。49 可我這裏仍然要說明，批評家們組成不同的派別，不論它是認知的還是政治的，都可能限制他們的想像力，抑制生活中存在的廣泛同情和相互聯繫。而在我們這樣一個高度發達的時代，文學要肯定的首先是生活。

　　最後，讓我再一次重申我自己的觀點:不管來自生物進化和心理分析的認知需要獲得什麼樣的力量，它都要經受西方歷史的考驗和現代哲學上虛無主義的危機，這一危機由於後現代文化的「不確定內在性」和後現代文學理論的嘲弄變得更加深重了。人文領域的意義現在承受著解釋上永久的巨大痛苦或者沉默的解體。如果我們不能像詹明信那樣使我們自己相信馬克思主義為文學和文化文本語義的可理解性提供了最終的前提的話，那麼，我們能不能在我們的實際事務中創造意義呢? 50

　　這就引出了我的最後一個故事，我希望它比其它六個故事更實用、更優越。

---

48. Lentricchia, 6.

49. Said 在談到他的「世俗的批評」時說:「『反諷的』和『對立的』一起使用時並不是一個壞的字眼」。de Man 也熟悉反諷, 他說:「Irony 不再是一個修辭手段，而是一切通過修辭的認知寓言的解構，易言之，是對所理解的系統解構。」見 Said, 29, 及 de Man, *Allegories,* 301. Jameson 恰當地說:「解釋不是一個孤立的行動，它發生在荷馬描寫過的戰場上，在那裏大量解釋性的見解不是開放的便是隱含在衝突中。」(p.13)

7

在這篇文章中同時也在我們的文化中，現在是進行暫時的重建和實用主義地重新神話化的時候了。51 即使在法國，解構主義的氛圍都轉向了，羅蘭·巴爾特在法蘭西學院的繼任者伊夫·博納弗瓦(Yves Bonnefoy) 1981 年的就職演說與巴爾特 1977 年的就職演說就截然不同，在這篇演說中他呼籲回到「存有」或「在」(being or presence)中來，這就意味著使語言重新回到人類關係中來。52 這裏包含著一種實用主義的暗示，而一個多世紀以來美國的思想家對此格外垂青。(確實，美國的實用主義正在回到理智領域中來，使它清晰而具有較濃的世俗性。)那麼，實用主義究竟是什麼？我將首先討論羅蒂，隨後討論無與倫比的威廉·詹姆斯，力爭在討論中來回答這一問題。

實用主義把（大寫的）眞理放在括號中，避開形上學和認識論，不認爲論述有普遍的「基礎」，正像羅蒂挖苦地說的那樣：「人們不應該期望哲學上產生一種有趣的理論來說明眞理，對實用主義者來說，『眞理』只是一種特性的名稱，而一切眞實的宣言都具有這一特性。」53 這不是兜圈子。使宣言眞實（在較低的層次上）的是功用、上下文

---

50. Jameson, 75.

51. Jacques Derrida 總是意識到要求存在、重新神祕化的無可避免的衝動，儘管別的批評家對這種衝動的認識比他更肯定。例如，可參閱 Krieger, *Arts,* 42f., 及 Ralph Cohen, "The Statements Literary Texts Do Not Make," *New Literary History* 13, no. 3 (Spring 1982), 389f.

52. Yves Bonnefoy, "Image and Presence: Yves Bonnefoy's Inaugural Address at the Collège de France," *New Literary History* 15, no. 3 (Spring 1984): 447.

關係，我把後者稱作特殊情況下慈善的結果，因爲人類沒有鏡子來反映現實那付不可改變的面孔。雖然關於結果的種種判斷本身是可爭議的，但它們仍舊會被日常的思緒和談判所左右，因此，仍是我們日常無休無止「談話」中的一個部分，羅蒂認爲，這個「談話」取代了知識作爲「使信仰正當化的社會理由」的地位，成了我們「改善」自己人格的主要論述。54（解釋學不再是一種「獲得知識」[knowing] 的方式而是一種「複製」[copying] 的方式。）這個「談話」沒有終結，因爲它的目標既不是終止辯論也不是達成協議。然而，這並不意味著陷入「相對主義」，羅蒂堅持說：「眞正的爭論不在於一些人認爲這個觀點和那個觀點一樣好而另一些人不這樣認爲，而在於一些人認爲我們的文化和目的或直覺離開談話就無法獲得支持而另一些人仍希望從別的地方獲取支持。」55

　　這裏，我們看到了文本主義和羅蒂的實用主義之間的契合，雖然羅蒂本人把文本主義看作「觀念論的當代副本」。56 我們也同樣看到了它們之間在對實用主義做經驗主義的解析中的分歧，一個相信行動，另一個相信理論的反諷，前一種信仰包含著某種關注道德和社會問題的實用主義，而後一種信仰卻缺乏這樣的實用主義。前一種信仰讚賞古代的認知需要，這種需要現在並非轉化成了某種不變的眞理，而是某種實用的選擇，某種期待行動的上下文關係。簡言之，實用主義同我們這個並非靜止、荒蕪，並不放棄價值判斷的後現代生活中的一切不穩定性親密無間。

---

53. *Consequences,* xiii.

54. Rorty, *Philosophy,* 170, 210, 370-73.

55. *Conseqnences,* 167.

56. Ibid., 139-59.

　　我承認對美國實用主義粗率的寬容和祈願精神有某種同情，我也
承認對它那種迴避或延宕關鍵問題的傾向感到某種不快。例如，我們
應該怎樣來裁決短期功用和長期功用之間互相競爭的主張、不同的善
良意見,怎樣來改變存在的行動呢？什麼可以防止羅蒂的無休止的「談
話」釀成戰亂呢？如果我們贊成羅蒂的觀點，不再去問「是眞的嗎？」
這樣的問題，那我們該如何回答他提出的另外一些問題：「相信那一點
是個什麼樣兒？如果我相信了，會發生什麼事？我將會產生什麼樣的
信仰？」57 因爲即爲哲學家也應該知道，行動或信仰的結果比眞理的觀
念並不缺少偶然性。

　　儘管羅蒂擺出一付「博識廣聞的文藝愛好者、在各種論述間往來
調停的蘇格拉底式的多元實用主義者」的姿態，但他最終還是以十分
吝嗇的態度大大克扣了後現代社會「談話」中信仰、欲望和權力的作
用。58 他充其量是一個冷靜的、清醒的、明智的諷刺家，對形上學大
加嘲弄，由於沾染了分析哲學的氣味而略顯凋敗，他所賞識的作風是
那種高談闊論式的不贊成。

　　相反，詹姆斯的作風卻雍容大度、友善健談、樂於讚人。他有一
種敢於冒險的精神，既生機勃勃又豁達瀟脫。他說：「我提出一種名稱
奇特的實用主義，這是一種能滿足兩方面需要的哲學。它一方面像理
性主義那樣具有宗教性,同時又像經驗主義那樣保存了與事實最豐富、
最親密的關係。」59 這樣的實用主義不看「初始的事物、原則、範疇和
假定的必然性」，而是關注「最終的事物、成果、結局和事實」，像一
座哲學大廈中的長廊一樣，它通向許多房間。60 的確，它通向當代批

---

57. Ibid., 163.

58. *Philosophy,* 317.

59. William James, *Pragmatism* (New York,1955),33.

評家們寧願永遠關閉的房間。它抓住了我們的信仰，包括我們的知識和行動中固有的那些形而上的或宗教的觀念。實用主義「願意包容那些神祕的經驗，只要這些經驗能夠產生實際的結果」，甚至「願意接納一個生活在私人的、實際的世界中——只要可能在那兒找到他——的上帝。」61

因此，詹姆斯並沒有要使一切信仰非神祕化的仇恨的衝動。雖然他承認真理具有豐富的多樣性，它「像健康、財富、力量一樣在人們的日常經驗中自然形成」，他仍提醒我們注意重建自己的論述，並把它建立在處於具體環境中人欲的具體現實上，而不是建立在某種絕對的岩石上。62 但那個頑固的問題依然存在，而且將永久存在：活躍在不同環境中的不同信仰能夠相互忍耐嗎？它們會把我們拋回到那個「茹毛飲血、互相殘殺」的原始狀態嗎？要回答這樣的問題使我們想到了詹姆斯的「多元的宇宙」。

這種多元性來自一種嚴密的哲學觀點，而不是某種令人作嘔的寬容情感、一種對人類意識缺乏理解的激進思想。我們永遠無法窮盡需要我們去認識的那個世界，也永遠無法把所有的部分同那個整體聯在一起。詹姆斯好像在對李歐塔說：「世界充滿了不完整的故事，它們相互平行，往往偶爾開始，偶爾結束。」63 對我們來說，根本不存在囊括一切的統一體，這就導致了「純理性的多元性」，一個「永遠不完整的、時時受條件限制的、容易喪失的」64、各個部分並置的宇宙，在這樣一個神聖的格局中，我們必須對「一與多」的問題注入更新的興趣，因

---

60. Ibid., 47 頁。William James 很喜歡 Papini 這個大廈長廊的比喻。

61. Ibid., 61.

62. Ibid., 143.

63. Ibid., 98.

爲這個問題是多元性本身的首要問題，它必須同時徹底拋棄一元論和相對主義。還是詹姆斯說得好：「當其部分以某種確定的關聯維繫在一起時，世界是『一』，當其部分無法找到確定的關係被維繫在一起時，世界是『多』。然而，隨著時間的流逝，人的精力將不斷地形成種種聯繫體系，世界最終將在這些體系的聯結中變得越來越統一。」65（最後這句話表達的觀點就是我所謂的新諾斯替主義。）

詹姆斯自己承認，多元性的問題曾使他苦苦思索了許多年——「一個事實和與它同一的事實怎麼能夠有那麼不同的體驗?」——直到後來從柏格森那兒獲得幫助才突破了「唯智論的邏輯」，從這種邏輯導致的死胡同中走了出來。66 將自己置於「活生生的、流動的、積極的現實中……一個跳躍的位置上」，他感到「一切抽象和區別」、一切理性的二律背反都消溶了。67 但是，他那種「跳躍」卻與我們並不相關，我們所關心的實際上是如何在我們的「宇宙」中保持一個「多元宇宙」，因而像詹姆斯已經做到的那樣，獲得一種能夠爲多元立場奠定基礎的道德責任感。那是一種能夠盡量滿足我們要求的責任感、一種倘不能

---

64. James 那個神祕地預示了後現代風格的陳述是這樣的：「很可能是這樣的：世界的一些部分和另一些部分維繫極其鬆散，鬆散得好像只有一個連接詞『和』(and)連結著。它們甚至可能時分時合，來去自如，而毫不會使別的部分發生內部變化。這種關於一個世界在構成上不斷增大的多元觀是實用主義不能從自己嚴肅的思考中排除的，這一觀點還會把我們引向更遠的假設：這個現實的世界絕不是像一元主義者告訴我們的那樣『永遠』完整，而卻可能是永遠不完整的，隨時增加或者減損。」(ibid., 112) 也可參看和 James 這一觀點相呼應的「哲學多元論」，Robert　Nozick 在 *Philosophical　Explanations* (Cambridge, Mass., 1981), 18-24, 643-47. 中對此有精采的闡釋。

65. Ibid., 105.

66. William James, *A Pluralistic Universe* (Cambridge, Mass., 1977), 94f.

67. Ibid., 116.

滿足我們的要求便引向調解和談判而不是引向教條主義和無理抗拒的責任感、一種對我們實際上能夠信任的、包含種種不確定可能性的系統負責的責任感、一種承認現存信仰的責任感：我們沿著自己的「信仰之梯」從「可能是眞實的」向「應該是眞實的」逐級爬上去，漸漸地看到，生活向遠方展開，比觀念理性顯示的要廣闊得多。68

這樣，一個多元的宇宙可以支撐我們豐富的多樣的信仰，那些能夠對行爲作出回答並構成意義的信仰。這就是我們的信念。正如詹姆斯所說的，信念幫助創造它自己的社會事實，假如社會不是由一個堅韌的信任網構成，那它就什麼都不是。「我們的信念正是他人信念中的信念，在最偉大的事件中情況更是如此。」69 我可以對他的說法做這樣的補充，我們共同的激情是「信仰意志」，像尼采的「權力意志」一樣富有活力。依靠這樣的意志，我們創造了人類世界；依靠這樣的意志，我們使後現代成爲一個古舊的概念。我們那個「具有意願的天性」將不會在遊戲中消失，那是一個認眞的、冒險的遊戲、一個深深鑴刻在我們特定的歷史中、像宇宙般廣袤的遊戲。威廉·詹姆斯說：

> 在每一個眞實的存有中都有某種外在於每一個別的存有的、不受其控制的神聖的特質。上帝的存有與我們的不同，是神聖的，和他創造的世界合作似乎是他要我們做的一切。……在我們沉默的理論中我們似乎在聆聽，聽到了存有搏動的某種聲音；它就產生在我們身上，它告訴我們，它的搏動、承受苦難和爲這個宇宙服務的沉默意願比所有的理論加在一起還要多。70

---

68. Ibid., 148.
69. William James, *The Will to Believe and Human Immortality* (New York, 1956), 9; 亦見 pp. 18f.,25, 28f., 52-58, 92-110.

從這裏我找到了醫治後現代論述危機足夠的鎮痛劑。

跋

最後，我必須放棄對意義的尋求，因爲只要人的心靈要求了解事物，這種人的尋求便沒有完結。我還必須把我自己的論述重新置於許多後現代的知識之中。這種種後現代的知識並不是「支撐我們廢墟的碎片」(Eliot 語)，而是構成我們自身和我們認識的部分。詹姆斯評論道，我們公民的和智性的政體「不像一個帝國或王國，而更像一個聯邦共和國」，在這樣的政體中，「不論有多少部分報告說自己是有效的意識或行爲中心」，總會有某些部分「依然是自治的、缺席的、不臣伏於統一的」。71 但是，我仍以爲，我們的碎片是相互關聯的，我們的知識活在我們創造和不斷再創造的模式中。

　或許我所講過的並沒有超過亞里斯多德在其《形上學》中的第一句話所說的意思（附帶說一句，不是他的《倫理學》、《修辭學》、《政治學》、《物理學》或《詩學》中的第一句話，而是他的《形上學》中的第一句話）：「從天性上說，一切人都強烈期望獲取知識。」(All men, by nature, desire to know)這裏所謂「天性」，包括了人的生物性、心理、哲學和第二天性、歷史方面的性質。而在時下的論述氛圍中，一些後現代作家好像忘記了我們原初的認知需求，另一些人（主要是社會批評家）則試圖從這種或那種圖騰體系中提取全部意義。他們都不能獲得成功。我相信美國的實用主義爲我們的思維和行動提供了真正的可能性，因爲它達觀地避開了哲學上懷疑主義和意識形態上教條

---

70. Ibid., 141.

71. *A Pluralistic*, 145.

主義的極端。邁克爾·帕蘭依(Michael Polanyi)認為，這兩種極端結合起來就會在歐洲大陸上引起政治上的極權主義。72

從關鍵的意義上說，實用主義符合我們後現代的狀況，它還給人類現狀的許多因素帶來了積極的選擇。然而，實用主義並不能回答我們的一切問題，它能回答的問題並不比其他任何主義或方法多，他那種神祕啓示的成分並不比其他任何主義或方法少。實用主義最終並不能避開它自身閃爍其辭的不足，因為它必須等待時間作出判斷，顯示結果。實用主義願意承認這一點，雖然在自我治療中它嚮往一種整體論。對此，詹姆斯最後這樣說：「這個多元宇宙的不完整性像最可能的假設一樣，也可以由多元論哲學來表達，那就是它通過『我們』自我補償，通過『我們的』行為部分地修補它的種種斷裂。(雙引號係著者所加)」73

「通過我們」：這正是問題的關鍵最終所在。也許不是最終，因為這個「通過我們」可以依賴於任何理論流派、政治觀念或者專業規範都不能哺育的一種信念。那麼這種信念是什麼？我實在對大家講不清楚，不過，在重讀《伊萬·伊里奇之死》時，我感到托爾斯泰以直欲粉碎一切的態度接近了它。「為什麼要遭受這麼大的苦難啊?」伊萬奄奄一息地躺在病榻上問。「[他心中的]那個聲音回答道，『因為沒有任何理由，它們原本是那樣的。』此外便萬籟俱寂，一切皆無」，隨後在彌留之前或者就是彌留之際：「突然一個力量猛擊他的胸間和肋骨，使他喘不過氣來，他落入一個深深的洞中，而在洞的底部卻是一派光明。」74

難道一切意義不正是從這樣一個直覺到的光明之域過濾出來的

---

72. Michael Polanyi and Harry Prosch, *Meaning* (Chicago, 1975), 10f.
73. *A Pluralistic*. 148.

嗎？不過，這不是該在這個場合回答甚至提出的問題，而也許只能在某一天去「跳舞」。75

譯註

① Ixion's wheel: 伊克西翁是希臘神話中的拉庇泰王，由於與親戚反目，被迫逃亡，後被宙斯收留。他企圖引誘天后赫拉，宙斯命令赫耳墨斯把他綁在地獄的轉輪上，永遠受折磨。

---

74. *The Short Novels of Tolstoy,* ed. Philip Rhav, trans. Aylmer Maude (New York, 1949), 463, 468.

75. Elizabeth Sewell 在 *The Field of Nonsense* (London, 1952), 192 中力圖從無意義中創造出意義，她說：「看到我們從無意義中走出來跳舞，……令人驚嘆不已。」

第十章　回顧中的前瞻

1

自從後現代主義開始侵入我們的意識以來，三分之一個世紀已經過去了。但是，一切問題都沒有獲得解決。一部分原因是後現代主義只教我們就它本身的問題提出問題而不去解決這些問題。然而，難道我們能就此滿足嗎？那個暗含著意外和超越的問題也許並不是後現代主義的。不管怎麼說，僅僅提出問題這樣一個事實很難使我們保持耐心，也無法滿足我們更好地認識這個時代的需要。

我想再次借用詹姆斯的實用主義來說明問題，當然，它不可能解除我們的一切痛苦，但卻能夠為我們認識現狀提供某些現成的、有用的東西。後現代主義如今已經變成了一片輝煌的、滑稽的文化垃圾和瓦礫，倘若對它再做一個最後的回顧，我們就會看出，這個說法也許更有說服力。這樣的回顧如果不能預測前景的話，至少可以暗示幾乎就是現在的未來。

2

後現代主義每一位批評家的第一個想法必然是力圖闡明這個術語包含的「現代主義」這樣一個義素。這樣做往往會導致理智上的災難，甚至產生批評上的傲慢。I 後現代主義和現代主義在時間上有重疊和交

叉，它們之間的連續性或非連續性究竟是怎樣的程度，必須由歷史的
預設加以判斷，也許將成爲一個永遠爭論不休的問題。顯然，許多人
都有這樣的共識，即現代主義曾經與傳統決裂，赫伯特‧里德、劉易
斯、杰弗里‧巴拉克拉夫(Geoffrey Barraclough)、戴維‧瓊斯、阿
蘭‧巴洛克(Alan Bullook)、格奧爾格‧施泰納等不同的學者都持這
樣的觀點。里卡多‧奎農(Ricardo J. Quinones)最近就此發表了簡明
的見解:「現代主義者曾經把反浪漫主義做爲現代主義的定義之一，而
後現代主義者卻不把反現代性做爲後現代主義的定義之一。」2 這就自
然說明時間上的線型關係，顯然是後結構主義者極不贊成的。3 事實最
終證明，在任何情況下後現代主義預示的地緣政治變化都比所有現代

---

1. Linda Hutcheon 在 *Narcissistic Narrative: The Metafictional Paradox*
   (Waterloo. Ontario, 1980), 2.中說:「後現代主義中的『後』並不主要指『在
   什麼之後』(after)，即不是指對現代主義的延續和反動。」Updike 引證了 John
   Barth, 說得更恰當:「好的後現代主義者……『把本世紀前半葉束在腰帶下，而
   不是負在背上。』他把現代人消化了，所以他看起來比較豐滿。」("Modernist,
   Postmodernist, What Will They Think of Next?", *New Yorker,* 10
   September 1984, 142.)當然，這是 Robert K. Merton 在 *On the Shoulders
   of Giants: A Shandean Postscript* (New York, 1965)中探討過的那種古代
   比喻的一個翻版。

2. Ricardo J. Quinones, *Mapping Literary Modernism: Time and Develop-
   ment* (Princeton, 1985), 254. 也可參看 Timothy J. Reiss, *The Discourse
   of Modernism* (Ithaca, N. Y., 1982), 5, 858.

3. 例如，後期的 Paul de Man 曾這樣說:「對我來說，困難在於『後現代的方法』
   似乎是某種天眞的歷史方法。……試圖用不斷增加的現代性的術語來界定文學
   運動將是一個無底的深淵(Hassan 的著作中也有這樣的意思)。」參見 Stefano
   Rosso, "An Interview With Paul de Man," *Nuova Corrente* (1984),
   310. 然而，難道不是 de Man 本人精妙地告訴人們，「無底的深淵」潛伏在所有
   的修辭形式中嗎?

主義的文體和感性革命具有更大的動力——不過，如果我們把這些變化說成是現代主義的，那當然得另當別論。

假如說批評家們在現代主義和後現代主義之間斷裂的廣度或深度方面未能形成一致的意見的話，其原因部分是他們沒有一個統一的文化轉型理論。一些人堅持傳統的文學史觀點，而另一些人則採納了雷內・湯姆(René Thom)的「災難理論」，這種理論描述了體系在不被消除的情況下那種沒有摧殘和激進變革的非連續性。4 還有一些人仍然堅持共存的關係模式、變化可以擦掉再寫上的說法，和種種「軟」的理論。5 我們不妨暫時接受這樣一個後現代主義觀點，即維持對於現代主義的爭論，在一種多元時間性的歷史模式中，也就是各種時間交織的文化形式中重新評價它。正像馬泰・林卡內斯庫所說的：「後現代主義的好處是把歷史問題做為一個領域……一個過程重新展現在我們面前，在這個過程中，不可逆轉性滲透在那些看似重複和不重複之中，簡言之，這個過程充滿了各種各樣連續的或不連續的知識、技術、實踐和反實踐，充滿了形形色色的傳統——自然，這傳統不是現代主義者打著想像中**已淪喪的統一性**的旗幟，所反叛的那種想像中的**傳統**。」6 這是我們穿越後現代主義，使我們適應我們的變化模式的一個後現

---

4. 見 René Thom, "The Rational and the Intelligible" 和 Horia Bratu, "Vocabulary of Crisis: Catastrophes," 皆刊載於 *Krisis,* no. 2(1984): 120-26 and 127-36.

5. 許多這類問題在 Douwe W. Fokkema, *Literary History, Modernism, and Postmodernism* (Amsterdam, 1984)和 Douwe W. Fokkema and Hans Bertens, eds., *Approaching Postmodernism* (Amsterdam, 1986)中獲得很好的討論。也可參看底下註 42。

6. Matei Calinescu, "Postmodernism and Some Paradoxes of Periodization," in *Approaching Postmodernism,* 252.

代的、對話的途徑。

　　在建立起這樣的觀點之後，我們就可以辨析各種不同的現象，有時還需要把家族相似(family resemblance)的理論加在這些現象上。我們可以舉出下面這些不同的現象：具體詩、新小說、拉丁美洲小說、偶發事件、解構主義、勞瑞·安德森(Lauric Anderson)、安迪·沃霍爾、約翰·巴思的作品、「潛在文學協會」(OULIPO)和「語言協會」(L-A-N-G-U-A-G-E)等，區別它們的類似和差異。我在本書中曾多次說過，這種辨析既不是專斷的，也不是任意的。當後現代主義這一術語傳播到德、義、英、法等不同國家時，我們的確可以說它已經塑造了西方的論述模式。它的傳播說明，充滿活力的後現代主義的模型（如果不是它的起源的話）可能已經塑造了美國的六〇年代，包括那些種種解放的、反文化的思潮。

　　這裡似乎沒有必要再次講述後現代主義的歷史，它的歷史，或者不如說故事，別人已經講得很清楚了，當然，未必講得完全一樣。7也許我這裏需要說明的只是，在美國，後現代主義的潮流既是負面的，也是正面的，是烏托邦的，不僅像法國批評家們最近所說的那樣是反對遵守道德規範的、反合法化的。確實，後現代主義思潮從馬歇爾·麥克魯漢、巴克敏斯特·富勒、約翰·凱奇、諾曼·布朗、卡洛斯·康斯坦尼達、赫伯特·馬庫色等人的預見中汲取了營養，也從未來主義者、生態學家、女權主義者和民權主義者的運動，以及消費者運動和名目繁多的各種行動主義者的活動中獲得了支持。後現代主義的一部分來自上面這些源泉，一部分則來自靈視，正因爲如此，它在六〇年代曾突然轉向布萊克，而在最近又突然轉向愛默生。

　　今天這個觀點之所以需要強調是因爲，解構主義對後現代主義構成了現實的威脅，它不僅要把後現代主義納入自己的反諷中，而且要抵消後現代主義的烏托邦意志。這個意志居然向實用主義學了某些東

西，避免了「馬上要獲得自由!」的那種不耐煩和包羅萬象的要求，它
學會從權力的異常和慾望的漂移中，從大眾文化的夢和新技術的神祕
中，從規範的解析和各種抑制的喪失中，從心靈的堅執中尋找自由，
或者學會至少在其中遊戲。所以看起來後現代主義比現代主義更能夠
避免反叛的壯舉和默許的痛苦。然而這樣做，它就把自己置於種種敵
對的意識形態之前，這些意識形態力圖盜用當代的變化，幾乎淹沒了
它。

　　不過，後現代主義本身也發生了變化。它的早期曾瀰漫著一種冷
漠的、分散的前衞派氣質，這明顯地表現在約翰・凱奇、梅爾斯・庫
寧漢、羅伯特・勞申伯格、南姆・瓊・派克(Nam June Paik)、羅伯
特・威爾遜、唐納德・巴塞爾姆等人的作品中。從戲劇方面看，它在
與現代主義的鬥爭中形成了自己獨特的風格、多元時間性和分裂意識。

---

7. 參閱 Michael Köhler, "`Postmodernismus': Ein begriffsgeschichtlicher
Überblick," *Amerikastudien* 22 no. 1(1977): 8-18; Andreas Huyssen,
"Mapping the Postmodern," *New German Gritique* 33 (Fall 1984): 5
-52; and Hans Bertens, "The Postmodern Weltanschauung and its
Relation with Modernism," in *Approaching Postmodernisim.*我還可以指
出三個有助於散播後現代爭論的學術事件: 由 *Boundary* 2 主辦的討論
"Postmodernity and Hermeneutics" 的學術會議(1976 年在 Binghamton,
N.Y.舉行); 同年在 the University of Wisconsin-Milwaukee 召開的關於
Postmodern Performance" 的討論會; 和由 Modern Language Associa-
tion 召開的關於 "The Question of Postmodernisim" 座談會(1978 年在
New York 召開的年會)。事後出版了三份刊物: *Boundary* 24, no. 2 (Win-
ter 1976); Michel Benamou and Charles Caramello, eds., *Performance in
Postmodern Culture* (Madison. Wis., 1977); and Harry R. Garvin ed.,
Romanticism, Modernism, Postmodernism. (Lewisburg, Pa., 1980).

後來，它那種反省的、滑稽模仿的氣質在使它脫離現代主義方面起了
關鍵的作用，這種氣質主宰了從納博科夫到庫弗(Coover)和巴思等各
種各樣後設小說作家(metafictional writers)的創作。(上述兩種氣質
在半個世紀之前的馬塞爾·杜象身上並存著。杜象曾是達達主義和反
身式謎的大師，後來成爲後現代主義的具有諷刺意味的、熱心的倡導
者。)到七○年代末，後現代主義擴散成種種折衷主義的傾向：一些成
了新浪漫主義的(主要表現在音樂、藝術和建築中)，另一些成了矯揉
造作的、庸俗下流的、大眾的、解構主義的、新達達主義的、玄祕地
反身的，或者簡直是多餘的。8

3

我注意到近十年來種種不同的意識形態爭論不休，它們有時爲後現代
主義說話。這些意識形態有新保守主義、新馬克思主義、後結構主義
和新實用主義，此外，還有一些攻擊謾罵的東西，像查爾斯·紐曼
(Charles Newman)的《後現代的輝光》就是一例，這本書使杰拉爾
德·格拉夫的《自我否定的文學》顯得更迷人。9

　　一個幽靈追逐著新保守主義者，這就是頹廢墮落，它比共產主義

---

8. Christopher Butler 還區別了兩種後現代主義的傾向：碰運氣的作文法和受
　　規則制約的作文法。他進一步認識到一般後現代主義反存在主義的、反意識形
　　態的氣質，也就是一種新的、抽象的唯美主義。他說，這種唯美主義的一切「藝
　　術都處於理論的活力和折衷主義之間」。見 *After the Wake: An Essay on the*
　　Contemporary Avant-Garde (Oxford, 1980),116, 及 ix 132, 159.

9. 見 Charles Newman, *The Post-Modern Aura* (Evanston, Ill., 1985)；並參
　　閱對這本著作的許多不同的回應 (包括我本人的回應)，載於 *Salmagundi* 67
　　(Summer 1985): 163-97.

更厲害。它遮蓋了他們關於後現代變革的觀點，不過，他們這些觀點既沒有緊迫感，也沒有敏銳的觀察力。因此，丹尼爾・貝爾說：

> 我相信我們已經來到西方社會中的一個分水嶺：我們都親眼看到了中產階級思想的終結，這個關於人類行爲和社會關係特別是經濟變革的思想形成了現代二百年的歷史。我還相信現代主義的創造力和思想影響已經結束，作爲一個文化運動，它曾在過去的一百二十五年中統治了一切藝術，形成了我們象徵的表達方式。10

貝爾上述這段話充滿了哀怨。他憂心忡忡地認爲，經濟、政體和文化等領域的割裂、宗教倫理和中產階級價值觀念的危機、權利和妒忌的政治出人意外的降臨、各種風格流派的調和混雜、滲透全社會的不分良莠的標新立異傾向、公衆和個人生活中事實和幻想的混淆、後現代自我（靠享樂主義、消費和狂熱培養起來的自我）本身的衰弱（如果不是淘空的話），這一切都破壞了西方的秩序。

然而，還有更多的理由值得引起警惕。因爲貝爾把後現代前衛們越來越關注的文化，也就是整個象徵領域，當作了主犯。藝術改變了生活，正如「後現代主義倡言的那樣，過去在夢幻和想像中起作用的一切現在必須在生活中加以實踐……允許在藝術中出現的一切也應該允許在生活中出現。」11 這樣，文化上的前衛就可以從總體上塑造社會，左右它的風俗、道德和政治。貝爾相信，這種對好戰的老前衛派的同化和「民主化」危及了一個社會的根本思想。

當然，貝爾誇大了後現代前衛們的影響，他在提出上述見解時表

---

10. Daniel Bell, *The Cultural Contradictions of Capitalism* (New York 1976), 7.
11. Ibid., 53f.

現了敏銳的判斷力，但他畢竟是一個對當代想像力不贊成我們的政體這一事實感到悲哀的社會學家。(我不知道他對美國古典文學及其可怕的黑暗力量作何感想。)像大多數新保守主義者一樣，他對後現代主義的觀點是相當不幸的：現代主義的消亡在身後留下了一個淘空的自我和一個萎縮的公民，後現代文化把這種消亡變成了對日常行為價值和中產階級自由主義現實的「猛烈攻擊」，那麼，什麼地方能夠找到合法性和「規範的」秩序呢? 貝爾以為，也許只有「某些宗教觀念在西方社會的回歸」能夠解決我們的信仰危機，使我們重新回到現實的大地上。12 這使我們不禁想到艾略特，他在〈蘭貝斯散想〉(Thoughts After Lambeth)中預示了一個非基督教文明的失敗。

新保守主義立場的特點是採用墮落頹廢的詞藻來說明後現代主義，它認為時間只能帶來巨大的悲哀，從後現代主義那兒什麼好的東西都出不來。這也正是希爾頓·克萊默(Hilton Kramer)淒涼地唱著的調子。克萊默想要分解六〇年代，把它那些「陰險的攻擊」統統顛倒過來。他要重新肯定現代主義，說現代主義保持了高級文化和低級文化之間的界限，它是苦行主義的、嚴厲的、無威脅性的，能夠幫助我們阻止批評標準中「致命的崩潰」。這是一個政治工程，它假定文化和資本主義之間有一種簡易的關係：「現在，只有在我們這樣一個民主社會中才能保存和繁榮高級藝術的價值。」13 正如克萊默所問的那樣，為什麼只有左派才享有使藝術政治化的特權?

按照克萊默的說法，現代主義在後現代主義中否定自己，宣告了

---

12. lbid., 29. 亦見 278-82.

13. "A Note on The New Criterion," *The New Criterion* 1, no. 1 (September 1982)的編者案語(p.5)。此文的文體風格說明 Hilton Kramer 正是作者。

自己的終結,而後現代主義激發了十九世紀中產階級藝術的懷舊情緒,然而,它所激起的不僅是懷舊,還有滑稽、反諷、回歸、以通俗的笑鬧代替現代藝術高級的嚴肅的傾向。所以,克萊默坦率地說,後現代主義是對其不妥協的敵手現代主義的「平庸的報復」,但是,一切都沒有喪失,這一報復並未完成,因為現代主義作為一個「生機勃勃的傳統」生存下來,依然是我們的藝術需要的東西。至於後現代主義,它以「純粹否定的方式把現代主義的遺產置於一個戲劇性的歷史地位,這樣就幫助我們重新認識了它的重要性。」14

　　新保守主義者對現代主義的眷戀倘能溫婉一些,就更容易被人理解。這種眷戀自然是對往昔的懷念,說得具體一點,是對一種更為安全、柔順的現代主義,也就是「正宗的現代主義」的渴望,它沒有恐怖、痛苦或者挑釁。的確,現代主義成了「美好的舊日」、「良好的道德」、「高尚的目的」以及人們常說的維多利亞時代一切優秀品質的符號。這個「正宗的現代主義」已經深深地結合進中產階級的文化之中,它以高貴的姿態和後現代主義形成對照,而後現代主義則與「為種種美學和政治目的服務的、令人傷心的、有時虛無主義的經院習氣」15 並無區別。

4

在一些有趣的論點上,新保守主義者與新馬克思主義者是完全一致的,雖然後者在討論後現代主義時具有更大的理論熱情。新馬克思主義者

---

14. Hilton Kramer, *The Revenge of the Philistines: Art and Culture, 1972 -1984* (New York, 1985), 11.

15. lbid., xiii.

全然漠視僅有理論而沒有實踐的馬克思主義並非真正的馬克思主義這樣一個基本觀點，在他們那裡，「理論」不過是一個崇高的幻想，其目的是把馬克思主義與它的歷史分離，把思想與結果分離。簡言之，新馬克思主義者忽視馬克思對費爾巴哈(Feuerbach)最根本的論述，那就是哲學的任務不僅是要理解世界，而且要改變世界。這種背離（僅是他們對馬克思主義的背離之一）使新馬克思主義哲學在馬克思主義從未「實踐」過的美國大行其道，在那裡，這種哲學成了「辯證非物主義」(dialectiacal immaterialism)、運載抱怨的公共汽車、希望的神學，更主要的是，成了一種使它的鼓吹者們自以為獲得了高尚道德和完全免疫力的智力活動。16

馬克思主義理論的良好風格自然是我們（「中產階級」）應有的自我批評的一部分，也觸及了我們真正的病痛，指出了我們這個豐裕的、多元的社會中難以排除的貧窮、種族主義和性別歧視。並且，容我們承認，馬克思主義還提供我們一種我們所保有的最為縝密的社會歷史論述，它為流行的文本主義的疑慮和迷惘提供了一個鎮定物。然而，不論是馬克思主義的拯救的神話還是它那種歷史的論述，都無法在我們面前掩飾它不自由的內在氣質以及在西方社會中作為一種批評方式的不足。

這一切都未能阻止新馬克思主義者給予後現代主義充分的注意，他們中的一些人把後現代主義作為「後期資本主義」衰退的證據加以

16. 在 Frederick Crews, "Dialectical Immaterialism," *The American Scholar* 54, no. 4 (Autumn 1985): 449-66 中，可以看到一種雖然有時顯得高傲，卻總是有趣的，對當代馬克思主義的有力批評。在 Martin Jay, *Marxism and Totality: The Adventures of a Concept from Lukács to Habermas* (Berkeley, 1984)中，則可以看到一種更徹底、冷靜的批評。

歡迎；另一些人則力圖在後現代主義的歷史挑戰中復甦他們自己的理論——假如他們要恢復自己的「進步」形象，就無法再忽視這些挑戰。這兩類人中無論哪一類都要尋求後現代主義的「敵對」作用，那就是先把藝術界定爲社會解放的一個範疇，然後只需要確定這種解放是否符合馬克思主義思想即可。這就可以使他們擺脫審美意識的重負，從馬克思本人到哈伯瑪斯的一系列思想家除阿多諾和本雅明之外都從這一重負下獲得了解脫。

　　哈爾・福斯特(Hal Foster)編的文集《反對審美》是一個很好的例子，這本書自始至終回響著反審美的調子。福斯特首先重申了許多早期關於後現代主義的觀念，接著把後現代主義分成好壞兩種：「隨後出現了一種抵抗的後現代主義，它不僅是一種與官方的現代主義文化對著幹的實踐，而且是一種與反動的後現代主義的『虛僞的標準』對著幹的實踐。」17 毫無疑問，現今的後現代主義揭示了我們文化中許多拙劣、可笑的東西，也暴露了它那反覆循環著的糟粕，但只要它所揭

---

17. Hal Foster, ed., *The Anti-Aesthetic: Essays on Postmodern Culture* (Port Townsend, Wash., 1983), xii. Foster 在另一篇文章 "(Post-) Modern Polemics," *New German Critique* 33 (Fall 1984): 67-78 中修改了這一二分法，在那篇文章中，一個文本的後現代主義和另一個拼湊作品的後現代主義被最終說成是「主體和歷史敍述的同一種精神分裂症的症狀，也就是後期資本主義具體化和碎片化同一進程的徵象」(76)。Charles Russell 對後現代主義趨勢有不同的、更闊大的觀點，參閱他的 *Poets, Prophets, and Revolutionaries: The Literary Avant-Garde from Rimbaud through Postmodernism* (New York, 1985), especially 236-70.如要了解文學上後現代主義的最新研究成果，可參閱 Charles Caramello, *Silverless Mirrors: Book, Self, and Postmodern Fiction* (Tallahassee, Fla., 1983)和 Carl Darryl Malmgren, *Fictional Space in the Modernist and Postmodernist Novel* (Lewisburg, Pa., 1985).

示的東西具有實質意義，它就能抵制對它的歷史意圖（反動的或者進步的）所做的任何膚淺判斷。因爲這類判斷具有某種我們尚未獲得的文化合理化的色彩。一位較爲清醒的新馬克思主義者安德列亞斯·于森（ Andreas Huyssen）這樣說：

> 後現代主義……是在一個充滿張力的領域發揮作用的，在這一領域中，傳統和革新、保守和創造、大衆文化和高級藝術進行著激烈的交鋒，而後者與前者相比，不再能自動地處於優勝的地位，人們也無法再用進步對反動、左派對右派、現在對過去、現代主義對現實主義、抽象對表現、前衛對拙劣這樣一些範疇來把握這個充滿張力的領域。在對現代主義所作的經典闡述中，這些對立的觀念雖然是至關重要的，但畢竟已經瓦解，這個事實本身就是變化的一個部分。……18

的確，我們文化中的「進步因素」已經不再（過去也不曾）能夠以先人一籌的思想術語來自我證明，而權力，不管是正當使用的還是濫用的，也不再總是他者的和壓迫剝削的。19 那麼，「抵抗」怎麼能那樣透明呢？馬克思主義的模式幾乎已經過時了，它裝出一副挑釁或疏遠的姿態，散發出堡壘上的硝煙味或腐臭、骯髒的街道的氣味。而後現代的生活在最壞的情況下會默默地穿過我們所表現的那些「污穢」和空虛的景象；它那包在明亮外表下的麻木需要更聰明的反抗戰術。

---

18. Andreas Huyssen, "Mapping the Postmodern," 48.
19. 正如 Umberto Eco 所說：「我想把後現代主義視爲所有學過傅柯的教誨的人的方向[他還可能加上李歐塔和波德希雅爾]；傅柯的教誨指出，權力已經不是存在於我們之外的某種單一的事物。」見 Stefano Rosso, "A Conversation with Umberto Eco," *Boundary 2* 12, no. 1 (Fall 1983), 4.

20

　　弗里德里克‧詹明信在《反對審美》中的文章具有很強的歷史意
識，在他看來，後現代主義擦掉了過去，是符號的精神分裂症，是「一
個已經沒有能力處理時間和歷史的社會的病症，這個症狀足以令人驚
醒。」21 這樣，懷舊和東拼西湊的模仿就會佔上風：「在一個風格的創
新已經不可能存在的世界上，人們能做的就只有模仿死去的風格了，
也就是通過面具和假想博物館中風格的聲音講話」；這就「必然導致藝
術和審美的失敗、導致新事物的失敗，必然被過去所束縛。」22 但我們
可以毫不遲疑地說，這一觀點充其量只有局部的正確性；它以強迫後
現代主義適應較老的──就某些方面而言也是反動的──觀念。也就
是說，這一判斷既界定又批判了創新，它所使用的術語是現代主義的，
甚至是愛德華七世時代的，而且用在當今這樣一個在自我表現和內在

20. 見 Jean Baudrillard, "What Are You Doing After the Orgy?", *Artforum,* October 1983, 43.

21. Fredric Jameson, "Postmodernism and Consumer Society," in *The Anti-Aesthetic,* 117.

22. Ibid., 115f.

23. Jameson 在一篇廣泛探討文化和建築，並給人深刻印象的長文中試圖辯證地
　　「堅持後現代主義的眞理」。但這些努力仍舊是一些意圖而已，意識形態的鐵箍
　　遲早要壓下來：「這個全球性的，特別是美國的，後現代文化是美國的軍事和經
　　濟控制全世界的整個新潮流的內在和上層建築的表現；從這個意義上說，文化
　　的下面正像整個階級的歷史那樣，是血污、折磨、死亡和恐怖。」參見 "Post-
　　modernism, or The Cultural Logic of Late Capitalism," *New Left Review* 146 (July-August 1984), 57; 在 Jameson 看來，任何情況下，後現
　　代主義都不允許有「批評的距離」，這就造成了巨大的憂傷。他寫道：「我們現
　　在必須肯定的是，成爲後現代主義眞實時刻的正是全球這個格外非道德化的、
　　壓抑的新空間。」(ibid., 88)

程序上完全不同的社會中。23

所有這一切並不意味著人們無需對後現代主義作出判斷；貝爾、克萊默、福斯特和詹明信對它表示的不滿是眞實的。然而這些不滿引出的不僅是攻擊和反駁，也引出了具有想像力的評價，引出了對我們的理解模式的眞正激進的思考。我以爲這世界並不比我們對它的認識更惡劣，而和我們對它的認識完全一致。

正是如此，福斯特文集中所收波德希雅爾的文章給我的感覺是(富有詩意的) 激進，他說「有些事情發生了變化」，「浮士德式的、普羅米修斯式的 (也許還有伊底帕斯式的) 〔他是否還要加上馬克思式的呢?〕生產和消費時代已經讓位於網狀『蛋白質』時代，讓位於一個變化多端的、有著自戀癖的時代，這個時代沉沒在一個信息交換世界的聯繫、接觸、鄰接、反饋和交接面的汪洋大海中。」24 在這樣一個世界中，「人物、風景、時間全都一場場地消逝了，公共的空間也是如此：社會的劇院和政治的劇院都不斷地縮減爲有許多腦袋的大軟體。」25 信息不再存在，只有傳播媒介在純粹地循環著。「人們不得不延長這一馬克思主義的分析，或者把它推向第二或第三種力量，以便把握這個信息世界的透明度和污穢度，這個信息世界早已把商品世界的那些關係分析抛在了腦後，這就是信息交換的迷狂。」波德希雅爾做了這樣的總結。26

這裏我們看到了一種眞正的後馬克思主義的 (不僅是新馬克思主義的) 分析，這一分析用極其充分的術語使後現代的狀況問題化了，

---

24. Jean Baudrillard, "The Ecstasy of Communication," in *The Anti -Aesthetic*, 127.

25. lbid., 129.

26. lbid., 131.

這些術語在任何情況下都比哈伯瑪斯那篇引出《反對審美》的、論現代性的著名文章中使用的術語更有成效。我相信那篇文章產生的反響主要不是理智的力量而是道德的要求，更主要的是引起後現代論爭的愈來愈大的活力。因此，我們有必要回顧一下這場論爭的主要內容，其焦點集中在後現代的合理性上。

5

論爭的初始狀態總是朦朧的；我們只知道這場論爭從美國漂向了歐洲。27 在法國，氣質上傾向於不確定內在性的李歐塔考察了信息社會，把後現代主義概括爲「對後設敍述信念的喪失」(incredulity toward metanarratives)，他接著說：

> 在後設敍述之後合法性在哪裡呢？操作性標準是技術的，和對於真實或正義的判斷毫無關係，合法性是不是會像于爾根·哈伯瑪斯想的那樣在通過論爭獲得的共識中找到呢？這種共識破壞語言遊戲的異質性。創新總是產生於分歧和爭論。後現代的知識不僅是權威們的工具，也精煉了我們對差異的敏銳感覺，加強了我們忍受那些無法相互比較的事物的能力。它的原則不是專家的同質同構性，而是創新者的不合邏輯性。28

從第二次世界大戰以來出現的新技術和自由資本主義的重新布局對種種重要規範的廢棄起了決定性的作用，各種科學邊界的重新劃分作爲一切語言遊戲中更大範圍的散播的一部分也起了同樣的作用。所以李歐塔就「依然存在於哈伯瑪斯文章中的那個信念」展開了爭論，「這個信念就是，人性作爲一個集體的（普遍的）主體通過一切語言遊戲中允許的各種『動議』的規則化尋求其共同的解放，而任何聲明

的合法性都存在於它對那種解放的貢獻之中。」29

　　這一苛評值得注意。不過李歐塔的立場是模稜兩可的，看到發達國家和不發達國家近來的政治傾向，他聲稱，「大多數人由於喪失了敍

27. Jean-François Lyotard 和 Julia Kristeva （見註 7）分別參加了在 Milwaukee 和 New York 舉辦的後現代主義研討會。Lyotard 隨即發表了 *La Condition postmoderne* (Paris, 1979), Jürgen Habermas 則發表 "Die Moderne:Ein unvollendetes Projekt" （*Die Zeit,* no. 39, 26 September 1980.）間接回應他；此文最先是獲 1980 Frankfurt 的 Adorno 獎講演，後來重印為 "Modernity versus Postmodernity," trans. by Seyla Benhabib, *New Geman Critique* 22 （Winter 1981）: 3-14 及 "Modernity-an Incomplete Project," in *The Anti-Aesthetic.* 此後，爭論不斷擴大，下面是較為重要的爭論文章: Jean-François Lyotard,: "Answering the Question: What is Postmodernism?" in Ihab Hassan and Sally Hassan, eds., *Innovation/Renovation: New Perspectives on the Humanities* (Madison, Wis., 1983), 後當作附錄重印於 jean-François Lyotard, *The Postmodern Condition,* trans. Geoff Bennington and Brian Massumi(Minneapolis Minn., 1984)；Jean -François Lyotard, "Règles et Paradoxes *et* Appendice Svelte," *Babylone* 1 （Hiver 1982-1983）: 67-80; Richard Rorty, "Habermas and Lyotard on Postmodernity," *Praxis International* 4, no. 1 （April 1984）: 32-44; Jürgen Habermas, "Habermas: Questions and Counter-Questions," ibid., 229-49; Jürgen Habermas, " A Philosophico -Political Profile: Interview," *New Left Review* 151 （May-june 1985）: 75-105; Albrecht Wellmer, "On the Dialectic of Modernism and Postmodernism," *Praxis International* 4, no. 4 （January 1985）: 337-62, 這是一篇觀點格外均衡、具有洞見的論文。此外，可參看下列三個刊物中的文章: *New German Critique* 33 （Fall 1984）, *Theory, Culture and Society* 2, no. 3 （Spring 1985）和 *Critique,* no. 456(1985).這裡提及的許多文章後來也收集於 Richard J. Bernstein, ed., *Habermas and Modernity* (Cambridge, Mass.: MIT Press, 1985).

述而喪失了懷舊情緒，但我們絕不能得出結論說他們退縮到了野蠻狀態。使他們避免退縮到這一狀態的原因在於他們知道，只有從他們自己的語言實踐和交流的相互作用中才可以產生合法性。」30 他的立場也是不誠實的。他認爲「對語言遊戲異態性的認識」導致「對恐怖的棄絕，這就設定並盡力使各種語言遊戲是同貌異源的。」31 懷舊這一在今天特別流行的說法也可以表達某種慾望、未來原則和希冀。靠任何理性的觀點是很難「丟棄」恐怖的。我們不難回想到，這些「語言遊戲」也會犯滅絕種族、掠奪大地、毀滅城市的罪行。

後現代主義的所有理論家們面對的棘手問題是不可比較性、不可表象性；也就是，在後現代主義社會中如何保存、克服或居間調停種種差異的問題。爲了保存這些差異，李歐塔強作歡顏，不過他的追隨者們很可能稱之爲異教徒的歡樂；爲了克服這些差異，哈伯瑪斯倡導一種超越我們的歷史可能性的更大的理性。巧妙地會合於實用主義，他們自己的思想對於這些赤裸裸的簡化說法，自然是很難接受的。32

就拿哈伯瑪斯來說吧，他拒絕接受這些說法有更大的目的，那就是在今日之世恢復馬克思主義合理性原有的崇高地位。他以爲這樣就可以將他自己置身於戰後德國知識分子趨之若鶩的啓蒙傳統中，他以啓蒙的名義爲現代性辯護，稱之爲對後現代文化的「反動性」所作的一場尚未完成的解放鬥爭。他故作驚人之語地問道：「我們究竟是應該

---

28. Lyotard, *The Postmodern Condition*, xxivf.

29. Ibid., 66.

30. Ibid., 41.

31. Ibid., 66.

32. 尤其參閱 Jean-François Lyotard, *Le Différend* (*Paris,* 1983)和 Jürgen Habermas, *Theory of Communicative Action*, v, l, trans. Tom McCarthy (Boston, 1983).

堅持雖然可能微弱的啓蒙精神呢，還是宣佈整個現代性的大廈已經垮台了呢?」33 答案自然是不言自明的。對哈伯瑪斯來說，「在這場未竟的鬥爭中」許多東西仍處於危險狀態: 藝術在世界上的地位、「現代文化和日常生活之間的再聯繫」、「生活世界從自身發展習俗規範」的能力，「這些習俗規範既限定了一個幾乎自動的經濟體制的內在動力，也限定了它必須履行的職責。」34 假定這種對現代性的理解是正確的，那麼，哈伯瑪斯把「青年保守主義者的反現代主義」(在法國，從巴達伊中經傅柯到德希達)、「老保守主義者的前現代主義」(列奧·施特勞斯 [Leo Strauss]、漢斯·約納斯 [Hans Jonas]、羅伯特·施伯蒙 [Robert Spaemann])和「新保守主義者的後現代主義」(在德國，「早期的維特根斯坦、中期的卡爾·施密特和後期的戈特弗里德·貝恩」)加以區別就毫不奇怪了。35

按照其具體的循環論證法，哈伯瑪斯毫不遲疑地否決了後現代主義，他比丹尼爾·貝爾一點也不遜色，只不過動機全然不同就是了。哈伯瑪斯認爲馬克思主義永遠是「進步的」，這樣，他除了認定別的一切意識形態是反動的或保守的以外別無選擇，而不管這些意識形態究竟能提出什麼樣的見解。由於青年時代經歷了第三帝國的黑暗統治，他便總是憂心忡忡地看待一切事物: 神話、浪漫主義、華格納、尼采、海德格、德希達、後現代主義以及所有從某一歷史階段看來是大寫的東西在他看來都有可能復活舊日的惡夢。當然，這些還不足以使他的

33. Habermas, "Modernity versus Postmodenity," 9.

34. Ibid., 13.

35. Ibid.至於更精密的整理，可參看 Fredric Jameson 的 "The Politics of Theory: Ideological Positions in the Postmodernism Debate," *New German Critique* 33 (Fall 1984): 53-65.

論點不引起反感。

對他的反感來自馬克思主義者也來自非馬克思主義者，人們不贊成他關於理性、歷史、藝術、共識、主體、現代性和後現代性的思想。這裡我只想提及他後兩方面的幾個基本觀點。正像李歐塔提示的那樣，現代性不僅是對「啓蒙時代」的重新發現，也能使意志和慾望重新進入理性、使「無限的意願」重新投入語言本身。36（這樣，創新，不論是現代的還是後現代的，都能繼續對語言王國的不可調和性起作用。）而現代性本身，如果從歷史的角度而不是從馬克思主義的角度去理解，也只能是一種多次修改的闡釋、一篇反覆講述的故事。這就正如馬丁‧杰伊（Martin Jay）說的，「哈伯瑪斯需要對他所捍衛的現代主義中的審美實踐的本質作更加明確的解釋。」37 他還需要對後現代主義作更加細緻的闡述，這個主義也許不必把傅柯和德希達算作「青年保守主義者」。

但是，在一個對話的時代，人們的思想相互影響，實用主義有時頗爲流行。哈伯瑪斯似乎已經修改了，至少澄清了自己關於後現代主義論爭的立場。他現在在阿多諾的負面的辯證法（the nagative dia-lectics）、傅柯的考古學和德希達的解構主義之間發現了某種契合，也在他自己和羅蒂之間發現了更大的契合。38 此外，他還認爲美國的實用主義是繼馬克思和祁克果之後對「黑格爾所作的第三個富有成效的答覆」，並把這說成是他的一個長期發現。他說：「每逢碰到在民主的

---

36. Lyotard, "Règles et Paradoxes *et* Appendice Svelte," 77-79.

37. Martin Jay, "Habermas and Modernism," *Praxis International* 4, no, 1 (April 1984), 12. 還可參看 Wellmer, "The Dialectic of Modernism and Postmodernism," 357-60.

38. Jürgen Habermas, "A Philosophico-Political Profile," 81, 82, 93.

理論方面需要彌補馬克思主義的不足時，我就依靠這種美國版本的實踐哲學。」39 他甚至對實用主義的妥協表示歡迎。他補充道：「正因為如此，在多元的思想趣味中周旋，我毫不感到困難，不管怎麼說，我們預料，生活形態的多元化和生活方式的個人主義化在一個名符其實的社會主義社會中將以指數的速率增長。」40 可見，哈伯瑪斯的思想傾向於後現代主義的烏托邦式的允諾，即一個未來的社會，當它降臨的時候，我們自然既不會把它叫做資本主義也不會把它叫做社會主義。

　　最後，正是這種思想傾向區別了後現代主義的種種價值觀念，也區別了這些價值觀念和它們部分地分擔的實用主義。所以，儘管哈伯瑪斯對實用主義很友好，也無法摒棄哲學作為「理性的保護人」的作用。他不能像羅蒂或李歐塔那樣作出讓步，即認為正當的信念主要取決於「此地而非彼地社會中盛行的生活習俗，而不取決於好的理性。」41 他害怕，這樣的讓步會損傷哲學的功能，滋養出政治上的反動。儘管他像所有後現代思想家一樣急切地要削弱「總體性的主張」，然而最終他還是「以關於總體結構的有力陳述」42 頗有興味地加入到這些主張中。

---

38 Jürgen Habermas, "A Philosophico-Political Profile," 81, 82, 93.

39. Ibid., 77.

40. Ibid., 96.

41. Jürgen Habermas, "Habermas: Questions and Counter-Questions," 231.

42. Ibid., 248. 可參看 Pier Aldo Rovatti and Gianni Vattimo, eds., *Il Pensiero Debole* (Milano, 1983), 其中有關「弱思想」的討論顯得較具人類學性格，而非系統性性格——也因此而較接近實用主義。

6

美國的實用主義選擇了另一條道路。羅蒂說，眞正的問題不是一個理論的問題，而是一個實踐的問題。我想補充說，這個實踐是整體和部分之間不確定的、無休止的談判。羅蒂最終必然遠離李歐塔和哈伯瑪斯，遠離藝術上和政治上的前衞主義，遠離「崇高的」和「信息交流的合理性」。他願意轉而追隨杜威。他引述了杜威的這段話：「當哲學必須和事件的力量合作並講淸日常瑣碎生活的有機含義時，科學和感情就會相互滲透，實踐和想像就會相互結合。」43 他在李歐塔和哈伯瑪斯之間「採取折衷的立場」，力圖尋求一種「非理論化的團體感」、一種「社會生活」的形式，按照這種形式，「社會作爲一個整體肯定它自身的力量和存在，而無須爲自身奠定堅實的基礎。」44

後現代主義（不僅在美國）傾向於種種實用主義，這使它自身陷入了「反對理論」的爭論中。迄今爲止，這種爭論主要是在文學理論家中進行的，是由斯蒂芬·克納普和沃爾特·貝恩·邁克爾斯挑起的。然而這種爭論也引起了一個更廣泛的文化上的問題：如果後現代的知識從本質上說是敍述的、臨時的、「無根基的」，那麼，理論如何能夠界定或控制實踐（行爲、價值、規範）呢？當然，克納普和邁克爾斯會拒絕承認理論的這種權威作用，他們在後來的一篇文章中曾明確地

---

43. Rorty, "Habermas and Lyotard on Postmodernity," 42.

44. Ibid., 41, 43. 因此，Vattimo 結論說，Rorty 比 Habermas 更願意把解釋學溶入人類學的範疇。參見 Gianni Vattimo "Difference and Interference: On the Reduction of Hermeneutics to Anthropology," *Res* 4 (Autumn 1982), 87.

說：「我們的論點從一開始就是分明的，那就是，不管人們在語言、解釋和信仰上採取怎樣的立場，在實踐中他們都是實用主義者。」45

　　但是，這些作者在談到信仰這樣一個關鍵問題時都像多數新實用主義者事實上所做的那樣隨便，例如，斯坦利・費什在討論後現代的或「反基本主義的」（antifoundationalist）思想時說：「反基本主義理論告訴我們，從來就沒有理由〔可斷定有根有據的真理存在〕，因此，也就沒有辦法依據某種本身來源並非信仰的東西來驗證我們的信仰。」46 如果承認我們從來沒有擺脫過信仰，那麼這是什麼樣的信仰？信仰如何在許多個別的實踐中起媒介作用？信仰和信仰的媒介作用有程度和等級的不同嗎？當一個人的信仰和他人的信仰發生衝突時，或者同自己的不同信仰相互衝突時，會產生什麼樣的結果？對於這類至關重要的、甚至折磨人的問題，時下的大多數實用主義者們都不屑一顧，然而，類似的問題曾經使皮爾斯（Peirce）、杜威，特別是威廉・詹姆斯大傷腦筋。

　　我在先前曾經指出過，信仰是後現代狀況的癥結所在，因為後現代狀況是多元的、互相衝突的、不確定的；不管是意識到還是意識不到，信仰都會告訴我們，我們的一切勞動是合法的，我們的一切妄想也是合法的。在討論過後現代社會瀰漫的各種程序及其含混的內在性怎樣使信仰的一切問題變得更加困難之後，我將最後回到這個論點上

45. Steven Knapp and Walter Benn Michaels, "A Reply to Rorty: What is Pragmatism?" *Critical Inquiry* 11, no. 3 (March 1985), 472. 這場論爭中的文章都收集於 W. J. T. Mitchell, ed., *Against Theory: Literary Studies and the New Pragmatism* (Chicago, 1985).

46. Stanley Fish, "Consequences", *Critical inquiry* 11, no. 3 (March 1985), 440.

來。

7

我重申，後現代主義理論仍有種種困難和逃避傾向。許多困難起於西方社會本身的模稜兩可上。(我們給這些社會起了很多名字：後工業社會、大眾傳媒社會、消費社會、信息社會等，這些標籤說明我們對它們突兀的新生特點產生的直覺和困惑。我們從馬克思或韋伯、涂爾幹(Emile Durkheim)或戈倫(Arnold Gehlen)、貝爾或帕森斯(Tolcott Parsons)的著述中尋求幫助，以便說明這些特點。然而，有一點很清楚，對於這些社會的政治、經濟和文化，我們始終沒有獲得一個理性的模式，有時甚至缺乏經驗的理解。我們只有一面被現實不斷打碎的、只能在我們欲望的想像中復原的意識形態之鏡。

也許從啓蒙時代以來，我們的種種社會理論除了它們坦白眞誠的意識形態外並沒有什麼變化。但是，也許當代的種種社會理論也無法解釋新的技術現實中出現的新穎、乖戾、欺詐和稍縱即逝。當傅柯講到「不思維」(the unthought)、德勒茲講到「塊狀莖」、李歐塔講到「小馬克思小姐」(little Miss Marx)，以便爲當代的知識和力量勾劃出邊界時，47 我們感到至少需要創造一套新的詞彙。當波德希雅爾宣佈一切可以闡述的社會關係已經終結，或者當他談到當代西方社會中「權力的陰影」(shadow of power)、「吸收或內爆的力量」(force of absorbtion or implosion)、「空間的黑色整體」(black whole in

---

47.參見本書第七章第 3 節。

48. Jean Baudrillard, *À L'Ombre des majorités silencieuses ou la fin du social* (Fontenay-sous-Bois, 1978), 52f.

space)時，我們同樣感到了這種需要。他說，「大眾和他們隨意的脾氣會使我們接觸社會的帕塔費西學，這就最終將使我們從阻礙我們的社會形上學中解脫出來。」48

我不完全相信「大眾」公然蔑視一切理解，也不完全相信認知的擴散滿足了時代的迫切需要。這種負面的態度或假設忽視了頑固執拗的本能，也就是我們這個世界對生存的要求。進一步說，這一假設來自政治上相互作用的語言模式，這個模式不斷地產生我們生活中包括痛苦、折磨、死亡的隱喻性「物質」。然而我確信，我們社會論述的術語，它那沉默的、構成性的隱喻現在仍需不斷創新。

確實，像左翼和右翼、基礎和上層建築、生產和再生產、唯物主義者（一度曾相當威風）和唯心主義者、客觀和主觀、社會和自我、遺傳和環境等術語及其暗含的一切頑固性現已變得不實用，只能使偏見永久持續下去。在一個被控制論和符號學包圍的社會中，在一充滿變化、仲裁、位移、阻塞、流動的社會中，一個暫時中止使用傳統區別，暫時揚棄、改變甚至忘卻它們的事務模式難道不是更接近我們的目的，更接近我們的生活嗎？這樣一個模式在任何情況下都更接近我們含混的內在性、我們無處不在的干預性、我們模稜兩可的「新諾斯替主義」。49

這些不含有「宗教」色彩的內在性並沒有逃脫意見不合的思想家們的注意。譬如，丹尼爾‧貝爾曾談到「科學的迅猛發展和分支迭出、

49. 儘管我在我的 "The New Gnosticism," *Paracriticisms: Seven Specula-tions of the Times* (Urbana, Ill., 1975.)中更完整地闡述了這一現象，我在本書中還是採用了這個說法。

50. Daniel Bell, *The Coming of Post-Industrial Society: A Venture in Social Forecasting* (New York, 1973), 44.

新智力型技術的興起、對研究和發展預算的系統研究、以及更重要的理論知識的規範化」50，結果，現實不再是自然的或人為的，而變成了象徵的、事務的、「通過自我和他者意識的相互作用而產生經驗的」，社會本身則變成了「一個意識網、一種表現為社會結構的想像形式」。51 詹明信從一個不同的角度暗示了同樣的現象，他談到，「技術的崇高」或者「高技術的偏執狂」造成了某種「巨大的交流網和電腦網」，從而使「今天多元民族的資本主義」發生了形變。52 李歐塔通過他在喬治‧龐畢度中心舉辦的那個新奇的、引起恐懼和爭論的、題為「非物質」的展覽告訴我們，現實是一套不斷轉變的信息，在這套信息中我們的五官感覺消失了。走過這樣一個（幾乎是）非物質的電子世界，一個充滿看不見的密碼、藝術觀念和聽不見的耳語的空間，參觀者覺得自己也消失在沒有實體的感覺和心態中了。符號學的模式取代了物質的模式和／或精神的模式。我們只剩了動力的形式以及這些形式的事務流，只剩了非物質。在展覽的一個心智區，李歐塔通過耳機向我們呢喃道：「誰知道呢？總有一天我們將生活在存在中，人們將活在他們的故事裏，就像太陽系中的星體在銀河中遨遊那樣。」53 當然，我們

---

51. Ibid., 488.

52. Jameson, "Postmodernism, or The Cultural Logic of Late Capitalism," 79f.

53. Jean-François Lyotard, "Site of Stellar Crucibles," trans. Ali and Mary Chokri, in *Immaterials,* pamphlet of the Centre Georges Pompidou Exhibition: 28 March-15 July, 1985, 12. 可參看與這次展覽有關的其他出版品，特別是 Jean-François Lyotard and Thierry Chaput, "La Raison des Épreuves," *Épreuves d'écriture* (Paris, 1985),6f., 和 Élie Théofilakis, ed., *Modernes, et après? "Les Immatériaux"* (Paris, 1985), especially 4-14.

同時也生活在無處不在的假象中。

　　或者像波德希雅爾在《摹擬》中所說的那樣，我們生活在「過眞實」(the hyperreal)中，這個字「旣避開了想像世界，也避開了眞實和想像的任何區分，在它那裏只有循環發生的模式和摹擬產生的差異。」54 這是一個神祕的世界，那裏地圖可能先於領土存在，因爲地圖和領土已經變成了同一體。這是一個摹擬的世界，而不是一個再現的世界，它旣不能忍受右派也不能忍受左派，因爲它摒棄掩蓋眞實的虛構，破壞權力的活動；一個人怎麼能夠懲罰或者獎勵罪惡或德行的摹擬呢？因此，它變得「無法將眞實的過程分離出來，或者無法證明眞實」。55 波德希雅爾最後說，我們「被生產和再生產的歇斯底里」所控制，不是生產商品這種「政治經濟學美好時代」的遺跡，而是散播「過眞實」。56

　　當然，人們始終會有這樣的感覺，那些先進的思想家們正在發現法國的麥克魯漢，就像他們先前發現法國的尼采和法國的佛洛依德那樣。然而，波德希雅爾對於當代社會晦澀的、充滿比喻的見解像李歐塔在「非物質」中的觀點一樣，使我們接近認識後現代社會內在的特點、它那符號學的性質、它那歡樂的或恐怖的或死一般的迪斯奈樂園。難怪我們在現實面前暈頭轉向，到處是「交流的狂熱」和「過眞實的歇斯底里」，我們發現，那些傳統的觀念，不論是文學的還是政治的，用以說明後現代主義都無能爲力。

---

54. Jean Baudrillard, *Simulations* trans. Paul Foss, Paul Patton, and Philip Beitchmann (New York, 1983), 4.

55. Ibid., 41.

56. Ibid., 44.

8

變化在許多層次上發生，再發生。作為一個文化的(如果不是全球的)
變化，後現代主義已經證明自己是相當冷漠的和愛開玩笑的，有時是
虛假的。

從事後看，「非物質」展覽預示了人類狀況的深刻變化，也許還預
示了人的未來狀況的深刻變化。就在這個訴諸人的智力的展覽在龐畢
度中心閉幕之後幾個月，又一個展覽在巴黎的大宮博物館開幕了。這
個展覽以「85 年風格」作標旗，旗幟上畫一幅愛因斯坦的頭像，他的
舌頭滑稽地出吐了出來。這個佔地一百公頃的展覽充斥著後現代的種
種設計，從圖釘到遊艇，應有盡有，它展示了後現代主義的另一個特
徵。穿過那些雜七雜八、胡拼亂湊、讓人眼花繚亂的精神、滑稽模仿
和揶揄挖苦的攤位，我開始感到臉上的笑容凍結了，但這笑決不會變
成怒容滿面，只不過不快的一瞥而已。我覺得那種後現代主義已經變
成了陷入羅網的機智，一種等待著人們不信任的機智。與大宮博物館
巨大的玻璃空間不同，後現代的設計是一種排除了英雄主義、幻想和
信念的小的美好時代的設計。

然而，沒有某種支撐的、給予能力的信念，人們從來未能長久生
存。無論後現代主義的不確定性還是它鬼怪般的內在性都不能阻止詹
斯姆式的「信仰意志」。如果說後現代主義指向了什麼方向，它現在指
向的首先是超越對老信仰哀悼或懷戀的方向，是許多方向，是信仰本
身，如果不是復活的老信仰的話。不育的時代已經過去了，這要感謝
那些解密的大師。德希達的《明信片》既有命運也有目的地：它是一
個宇宙，一個滿含著人的意志、心靈、信仰和別的東西的動人的宇宙。
沒有某種光輝、奇蹟和智慧，我們都將在這個後現代的氛圍中冒變得

不育的危險。

我談到了信念、信仰，那麼，是什麼樣的信念或信仰呢？在懷疑主義和人生無常之間，什麼樣的作爲能夠提高生活的意義而且這樣的作爲又是可能的呢？在本書中我已經三次提到威廉・詹姆斯，這裡，我將再次提到他，以便爲我們打開一個通向最近未來的窗口。

早在我們這個時代之前的那個充滿虛無主義、宗教狂熱的動盪不定的時代裡，詹姆斯就懂得，沒有什麼理性的標準能夠幫助我們區分過多的信念和過少的信念，因此，我們就必須在「一個半瘋狂、半獲得拯救的」宇宙中不斷地奮鬥，永久地經受磨煉。但是，詹姆斯也懂得，信仰意志怎樣才能夠變成知識或行動：

> 一個關於世界的觀念在你的腦海裡油然而生，不管它是怎樣產生的。這是眞的還是假的？你總會這樣問。
>
> 它很可能在什麼地方是眞的，你會說，因爲它並不自相矛盾。
>
> 它宜是眞的，倘若它是眞的，那就太好了。它應當是眞的，你現在這麼想。
>
> 它必須是眞的，你心裡有一個執著的念頭悄然說，接著產生了最後的結果——
>
> 它必須被認爲是眞的，你決定了；對你來說，它必須彷彿是眞的。
>
> 這樣，你的行爲在某些特定的情況下就會是使它最終確定無疑地眞實的一種手段。
>
> 在上述過程中沒有一個步驟是合乎邏輯的，然而無論一元論

57.William James, *A Pluralistic Universe* (Cambridge, Mass., 1977), 148.

者還是多元論者都會同樣地採取這一方式，堅持這一思路。是生活超越了邏輯，是實踐理性讓理論理性在一旦獲得結果後爲它找到了論據。正是通過這一途徑，我們中的一些人堅持那個尚未完成的多元宇宙；也正是通過這一途徑，另一些人堅持那個超越時間的、永遠完整的宇宙。57

這個「尚未完成的多元性」並不是成熟的，而是粗澀的，亟需給予重視的，它不斷地要求我們在道德、政治、認知的領域裏做出努力，當然不是教條主義式的努力。假如它「依賴」什麼的話，它無疑要依賴能夠找到答案的信仰，即對一個堅持差異的宇宙的某種終極信任。只要有兩個頭腦力圖理解這個宇宙，那麼，就沒有任何控制的力量或者甜蜜的誘惑、沒有任何理論能夠把兩個理解縮減爲一個。實用的多元主義並不是哲學體系：它似乎正是我們在這個世界上存在的條件，後現代主義將我們從歷史中，也即從人人都沉睡於其中的暗夜裏喚醒，使我們清楚地看到這一實用的多元主義。

讓後現代主義去開闢它自己的道路吧。也許我們從後現代主義學到的正是諸神在神話和歷史中教我們的：即使在他們無所不見的眼睛中，宇宙也不是單一的，而在我們的眼睛中，宇宙既是一個又是許多個。

譯後記

這是一本難懂難譯的書。我之所以說難，有三個原因：第一、自五、六〇年代以來的數十年間，西方文化界的變化太快太複雜，且不說層出不窮的組織會社、形形色色的心理治療機構、名目繁多的神祕信仰、五花八門的通俗文藝、無以數計的作家、作品、雜誌、出版社常常令人眼花撩亂、目不暇給，就是那些常見諸報端的重大思潮、流派、品類如結構主義、解構主義、新歷史主義、新保守主義、新馬克思主義、新實用主義、後人文主義、女權運動、疲沓派、荒誕派、黑色幽默、新小說、具體詩、具體音樂、行動繪畫之類，其內涵也龐雜多變，要熟知其詳殊非易事。這些處在不同層面屬於不同類別的文化現象相互交織、相互衝突，形成了迷宮般的網絡，面對這樣一座巨大的迷宮，不要說一般讀者大眾摸不著門徑，就是學界中人，眞能穿堂入室、出入自如者恐怕也不多見。本書討論的正是這樣一個背景。要想讀懂它，對於當代西方文化起碼要有基本的（如果不是透徹的）認識。第二、本書在論述方面採取了不同於傳統的方式，這也給讀解帶來了困難。自喬伊斯的《尤利西斯》、《芬尼根們的守靈》問世以來（當然，如追根溯源尚可以更早），西方學者在求新求變的心理大潮驅使下，競相在論述方式上進行實驗，變改文體、自造新詞近些年蔚成風氣。不少人推崇無關聯排列式句法，切斷語言的各種聯結，使語言碎片化，還有些人在印刷、版式、文字排列諸方面玩弄新花樣。這種情況不僅出現在文藝作品中，也出現在批評著述中。本書作者係研究後現代主義的專家，自然難免採用一些「後現代主義的」論述方式。如本書的

一些章節（二、三、五、六、七章）就採用了頁邊和頁中加引文和難明真意的圖案或電影分鏡式的手法，給人形式上的新穎感和陌生感，加上不時出現的一些難於查找的新字、新詞，往往使讀者有如入五里霧中之嘆。第三、本書作者學殖豐厚，涉歷極廣，曾在理工和人文兩個方面攻讀並獲取學位，所以能將自然科學和人文社會科學兩大領域融匯貫通。書中時而述及自然科學方面的知識，以印證關於人文現象的論點。這種恢宏的氣勢和廣闊的範圍也非一般學者可以企及。①有此三者，可見讀解本書之難。而要想譯好本書，讀解應該是前提。

譯者在讀譯中，讀讀譯譯，譯譯讀讀，前後歷時一載，初稿譯畢之後，又反覆修改三次，不僅力圖矯正錯誤，而且想把原譯中拘泥於原文字句的地方盡可能改得柔順些。譯者遵循的基本原則是在不損傷原意的前提下化長句為短句、化被動語態為主動語態，並按照個人理解補足原文中丟棄的關聯環節（作者刻意追求的那些所謂「超批評」的形式不在此例），以便使譯文語意更顯豁些，文氣更流暢些，從總體上更容易理解些。對一些常見的術語的迻譯，也求盡量符合中文習慣而不盲從潮流。如目前西方學術著作中普遍使用的 "discourse" 一詞，不少人譯作「話語」。這個詞在本書中出現次數極多，若譯為「話語」則使許多地方難於理解，況且「話語」也不能盡含此詞的原意，幾經斟酌，以為譯作「論述」或「論述方式」較為妥貼。②此外，像 "signifier" 和 "signified" 兩詞也不譯為「能指」和「所指」，而譯為「指符」和「意符」。相信細心的讀者自會看出，譯者的用心無非是想使讀者在讀解此書時稍感容易些、輕鬆些。

後現代主義描述了西方二十世紀四、五十年的文化現象（作者認為很難給出後現代主義開始的時間，如果一定要給，文學藝術中的後現代主義似乎始於三〇年代末），概括了這一階段哲學、社會學、心理學、政治哲學、文學、視覺藝術、音樂、建築、批評等各種領域的主

要思潮。作爲一個時期的名稱，它顯然是不完滿的、不準確的，甚至在今後一段時間內還將是有爭議的，但它卻又是難以取代的。我們只要看看西方的文化史就可以明白，自文藝復興以來，巴洛克、古典主義、浪漫主義、現實主義、現代主義，幾乎沒有一個時期的名稱在起訖時間上是確定的、在語意上是完美的、無爭議的，可它們卻是有效的、不能取代的，原因很簡單，它們基本上概括了一個時期的特徵。我以爲對後現代主義也可以作如是觀。

作爲一個時期的概念，後現代主義對現代主義既有繼承的一面，又有反撥的一面，也就是說，這裏既有連續性，又有不連續性，既有銜接，又有斷裂。二者中無疑後者是主要的，起決定作用的（本書似乎主要強調了後者）。但前者也不應忽視。我們應當從連續與斷裂、歷時與共時這兩個完全相反的方面來看待這一時期，把它既看作一個歷時結構，又看作一個共時的結構，或者如本書作者所言，把它看作一個歷時和共時相結合的結構，這樣，就把時期和類型的因素結合了起來，在時期中看到了類型，而類型又集中反映於一個特定的時期。換言之，這樣我們就可以把後現代主義既理解爲一個時期，同時也理解爲一個類型，一種模子。

後現代主義無疑已確立了自己在西方文化史上的地位，今後任何人要研究西方文化史都無法避開它，正像人們不可能避開浪漫主義、現實主義、現代主義一樣。進一步說，人們要研究「後現代主義」，哈山教授這本書則不可不讀，甚至應該首先讀。這不僅因爲他是那些最早從肯定和正面的意義上力圖理解並闡釋後現代文化現象的學者之一，還因爲三十年來他一直堅持對這一領域的研究，是所有後現代主義理論家中最多產的一位。到目前爲止，他所出版的著作中有七本（《沉默的文學》，1967；《解放》，1971；《超批評：關於當代的七個思考》，1975；《奧菲斯的肢解：走向後現代文學》，1982；《眞正的普羅米修斯

之火》，1980；《創新／革新：關於人類的新觀點》，1983；《後現代的轉向》，1987）是集中討論後現代問題的。更重要的是，對於「後現代主義」這一概念的確立，他的作用是不可磨滅的。荷蘭學者漢斯·伯頓斯(Hans Bertens)說：「他對這個術語的逐步被接受所作的貢獻超過任何批評家。」③這個評價可以說一點也不誇張。他對後現代主義的長期研究不僅是嚴肅的、認真的，而且是系統的、有機的，這本書不僅是這一研究所獲豐碩成果的一個具體體現，也是他一系列研究的一個總結。它不僅以清晰的脈絡、充實的內容回顧了歷史、辨析了異同、指明了特徵，而且以不偏激的態度指出我們對後現代主義應採取的基本立場。可以說既有理論性，又有實用性。從這些意義上說，它確是有關後現代主義討論迄今尚無出其右的第一本書。

　　這本書對於後現代主義的最大貢獻我以為有以下幾點：

　　一、它首先把後現代主義的基本特徵概括為兩點：不確定性和內在性。認為不確定性涵括了所有那些要解體(unmaking)的意志、欲望和傾向，諸如：含混、分裂、解構、離心、位移、變形、多元性、隨意性等，而內在性則代表了心靈在符號中概括自身的能力，也就是人的智性運用符號和語言干預自然、創造自身的能力，它涵括了散佈、傳播、推進、相互作用、相互依存、交流等欲望和傾向。這個概括的理論意義並不在於它是否準確全面，而在於它可以深化人們對後現代主義的理解。不確定性和內在性並不是辯證的、對立的,但卻代表著兩個完全不同的方向：從不確定性，我們看到後現代文化中那種瘋狂的、要反叛、瓦解一切的巨大力量；如果說這是一種革命的話，那麼這個革命的對象就是西方數千年來形成的那套形而上的(metaphysical)思維模式以及一切現存的、確立的規範、體系和權威。而從內在性，我們則看到了這種瘋狂的解構意志下面潛藏的另一種創造的力量，這是一種破舊而後立新的力量，革故而後鼎新的力量，這種力量是人的

心智中固有的、內在的，因而也是富有朝氣的、充滿活力的，它必將創造出意義、創造出人類自身。也許目前我們還無法說明它將創造出什麼樣的意義，然而它那種創新的精神卻是不容置疑的。我們必須從不確定性和內在性兩個方面來觀察分析，才能全面把握後現代主義。倘若僅僅看到不確定性，則容易引出逆反、排斥心理，從而導致全盤否定後現代主義；倘若僅僅看到內在性，則容易忽略後現代主義的本質特徵，導致對它的膚淺理解。所以只看到一方面是片面的、不全面的，只有將二者結合起來，才能從根本上理解後現代的精神。我們不妨說，不確定和內在性的相互作用、相互依存構成了後現代運動的基本模式。

　　二、這個概括本身反映了作者對後現代主義理解的深度，也為作者的全部論述提供了一個堅實的理論基礎。正是從這一基礎出發，作者在全書的（甚至在他全部著作的）論述中自始至終表現出理智、寬容的態度和明晰、辯證的精神。作者提出大量後現代文化現象和事實，力求作出理論上的概括和抽象，同時清醒地意識到任何概括和抽象潛在的危險性，因而總是不忘記申明這些概括和抽象的臨時性、相對性、不穩定性。我們由此便容易理解為什麼作者總是在提出問題，往往以問題代結論。這是一種頗為明智的作法，它不僅是一種論述方式的變化，也反映了一種基本的學術態度。它提出的問題往往能夠啓發讀者的想像，引出讀者的思考，既避免了理論概括的不足，又避免了理論上的僵化和過分自信。從這意義上說，這種論述方式就不僅是新穎的，也是富有創造性的。

　　三、在哈伯瑪斯、李歐塔、羅蒂的三角爭論中作者實際上採用了一種接近羅蒂的立場（當然，他和羅蒂也有分歧），這種立場來自從威廉・詹姆斯、愛默生、杜威直到羅蒂的實用主義傳統。我以為這種立場對我們是很有啓迪的。儘管一些人可能會把這種立場抨擊為「新實

用主義」，但我卻願意讚頌作者求實的作風和務實的態度。今天我們處在理論上紛爭不已的時代，面對著如此龐大、如此複雜的文化現象，何妨先承認問題、研究問題，等問題研究透徹後再來做結論呢？縱觀本書和作者的其他著述，我們不難發現這一基本立場。在那些難於做出結論的地方，作者寧願保留問題、懸置問題，不作結論，從而引出新的問題、新的思考。這不僅爲後現代主義的討論，也爲我們整個的學術研究指出了方向。

總之，本書充滿了機警、睿智、獨到的見解，讀者若反覆閱讀，自會了然於心。限於篇幅，譯者不再饒舌了。此外，譯者也有一些與作者不盡相同的看法（如：後現代主義對現代主義有沒有繼承的一面呢？如何從社會、政治、經濟的變化方面來理解後現代現象呢？後現代的基本特徵除不確定內在性外是否還可以有一些別的特徵呢？等），當另文闡述，於此不贅。

在結束這篇「譯後記」的時候，我還想提醒讀者，本書出現了大量的人名、書名。這些人大都是當代歐美的文學家、藝術家、哲學家、批評家、社會學家和科學家，他們中的許多人今天正在歐美各大學中執教。譯者無力也感到沒有必要爲他們人人做註譯，這是要請讀者原諒的。不過，譯者以爲，這是一本入門的必讀書，重要的是書中闡述的基本精神，對於一般讀者來說，抓住這些基本精神就盡夠了。然而對於那些打算研究後現代主義的學者來說，了解熟悉這些名字就是十分必要的了，因爲正是這些名字構成了後現代主義思潮的基礎。對那些打算以此書爲起點的學者來說，作者所附的書目是極其有用的。此外，他們還應該重視新馬克思主義者、新保守主義者、後人文主義者從不同角度對後現代主義的分析。可以說，當此書譯畢的時候，譯者正是站在這樣一個起點上。

譯者在大學和研究院讀書期間就熱衷於現、當代西方文學，十餘

年來教學和研究的領域也在這一方面，一九八七年曾負笈英倫，專習
英美現、當代文學。去年初冬，正當譯者修改譯稿，爲一些疑難之點
而大費躊躇之際，得到了富布賴特基金會同意資助譯者赴美研習美國
現代文學和後現代主義的通知，於是毫不猶豫地選擇了本書作者，帶
著尚未修定完的譯稿來到了密爾瓦基。哈山教授親切接待了譯者，除
釋難答疑之外，還爲這個中文版寫了簡短而有意義的序言。爲此，譯
者要感謝哈山教授和富布賴特基金會，沒有他們的幫助，這本譯著要
達到目前的水平是很困難的。當然，譯文中一定還會有這樣那樣的問
題，這是要請專家和讀者大眾教正的。不過，其中的任何問題和錯誤
都應由譯者負責，這是不言自明的。此外，對這樣一本難懂難譯而且
難排難印的書，時報的主編廖立文先生也付出了艱辛，他不僅校改譯
文的疏漏，考訂譯名，甚至關注版式和排印的細節。這也是應該感謝
的。

一九九二年四月／密爾瓦基

註釋

① Stephen Minot 在《北美研究》（*The North American Review,* 1975. III P80)的書評中論及《超批評》時說，哈山之所以超越他人，取得成功，……沒有一個能「完美地理解《芬尼根們的守靈》和巴克明斯特·富勒的 $\frac{n^2-n}{2}$ 的頭腦」，是絕對不可能的。

② OED 稱 discourse 目前流行的用法是「對一個具有一定篇幅的題目所作的口頭或筆頭表達」（a spoken or written treatment of a subject in which it is handled or discussed at length)。按漢語的習慣，「論述」既包含了口頭，也包含了筆頭，較爲切近原意。

③ Douwe Fokkema and Hans Berteus 編：《走向後現代主義》（*Approaching Postmodernism*)，王寧等譯《北京、北大出版社，1991》P11-12.

書　目

像後現代主義這樣一個沒有一定形態的題目,要爲它「選定一份書目」,必然會有許多難於公開和盡述的想法和決定。在較深的層次上,它反映了編者的個人趣味和見識。具體到這本書的書目,可以說它反映了我自己對於後現代主義及其範圍和侷限的認識。不過在編定這個書目的過程中,我力圖從一個研究後現代主義的普通讀者出發。具體來說,我遵循了下述一些實用原則:

　　1.本書目把後現代主義作爲一個文化領域而不僅是一個文學領域,因此它有選擇地收入了別的學科中的一些有關著述。

　　2.雖然本書目以後現代主義爲主,但也收入了一些關於現代主義的著作,這有助於澄清本書的一些主要論點。

　　3.對後現代主義影響頗大的一些作者——像馬克思、尼采、威廉・詹姆斯、佛洛依德、維特根斯坦、海德格等,本書目只收他們著作中和後現代主義爭論關係特別密切的部分。

　　4.本書目主要選收著作而不是論文,因爲論文一般都被收集在不同的文集中。對於少數意義重大的論文,本書目首先列出該文的出處,即它第一次出現的地方和時間,隨後給出收載它的文集。

　　5.本書目僅列出以英語出版或被譯成英語的著述。主要採用美國版本而不是英國版本,以方便美國讀者。

＊　　　　　　＊　　　　　　＊

Abbas, M.A. "Photography／Writing／Postmodernism." *Minnesota Review,* n.s. 23 ［1984］: 91-111.

Ackroyd, Peter. *Notes for a New Culture: An Essay on Modernism.*
New York: Barnes and Noble, 1976.

Albright, Daniel. *Representation and the Imagination: Beckett. Kofka.
Nabokov, and Schoenberg.* Chicago, Ill.: University of Chicago
Press, 1981.

Alpert, Barry. "Post-Modern Oral Poetry: Buckminster Fuller,
John Cage, and David Antin." *Boundary* 23 [1975] : 665-82.

Alter, Robert. *Partial Magic: The Novel as a Self-Conscious Genre.*
Berkeley and Los Angeles, Calif.: University of California
Press, 1975.

——. "The Self-conscious Moment: Reflections on the Aftermath
of Modernism." *TriQuarterly* 33 [1975] : 209-30.

Altieri, Charles. "From Symbolist Thought to Immanence: The
Ground of Postmodern American Poetics." *Boundary 2* 1
[1973] : 605-41.

Amerikastudien 22, no. 1 [1977] .Issue on Postmodernism.

Andre, Linda. "The Politics of Postmodern Photography." *Min-
nesota Review,* n. s. 23 [1984] : 17-35.

Antin, David. "Modernism and Postmodernism: Approaching the
Present in American Poetry." *Boundary* 21 [1972] : 98-113.

——. *Talking at the Boundaries.* New York: New Directions, 1976.

Arac, Jonathan, ed. *Postmodernism and Politics.* Minneapolis, Minn.:
University of Minnesota Press, 1986.

Arac, Jonathan, Wlad Godzich, and Wallace Martin, eds. *The Yale
Critics: Deconstruction in America.* Minneapolis, Minn.: Unvier-
sity of Minnesota Press, 1983.

Armstrong, Paul B. "The Conflict of Interpretation and the Limits
of Pluralism." *PMLA* 98 (1983): 341-52.

Arnheim, Rudolph. *Entropy and Art: An Essay on Disorder and
Order.* Berkeley and Los Angeles, Calif.: University of Califor-

nia Press, 1971.

Artaud, Antonin. *The Theatre and Its Double*. Translated by Mary Caroline Richards. New York: Grove Press, 1958.

Bakhtin, Mikhail M. *The Dialogic Imagination: Four Essays*. Edited by Michael Holquist. Translated by Caryl Emerson and Michael Holquist. Austin, Tex.:University of Texas Press, 1981.

——. *Problems of Dostoyevsky's Poetics*. Edited and translated by Caryl Emerson. Minneapolis, Minn.: University of Minnesota Press, 1984.

——. *Rabelais and His World*. Translated by Helena lswolsky. Cambridge, Mass.: Harvard University Press, 1968.

Barth, John. "The Literature of Exhaustion." *Atlantic Monthly,* August 1967, 29−34.

——. "The Literature of Replenishment: Postmodernist Fiction." *Atlantic Monthly,* January 1980, 65-71.

Barthes, Roland. *Critical Essdys*. Translated by Richard Howard. Evanston, Ill., Northwestern University Press, 1972.

——. *Image-Music-Text* Translated by Stephen Heath. New York: Hill and Wang, 1977.

——. *A Lover's Discourse: Fragments*. Translated by Richard Howard. New York: Hill and Wang, 1978.

——. *The Pleasure of the Text*. Translated by Richard Miller. New York: Hill and Wang, 1975.

Baudrillard, Jean. *In the Shadow of the Silent Marjorities: or, the End of the Social and Other Essays*. Translated by Paul Foss, Paul Patton, and John Johnston. New York: Semiotext(e), 1983.

——. *The Mirror of Production*. Translated with an Introduction by Mark Poster. St. Louis, Mo.: Telos Press, 1975.

——. *Simulations*. Translated by Paul Foss, Paul Patton, and Philip

Beichtman. New York: Seimiotext(e), 1983.

Beebe, Maurice. "What Modernism Was." *Journal of Modern Literature* 3 (1974): 1065-84.

Bell, Daniel. *The Coming of Post-Industrial Society*. New York: Basic Books, 1973.

——. *The Cultural Contradictions of Capitalism*. New York: Basic Books, 1976.

Bellamy, Joe David, ed. *The New Fiction: Interviews with Innovative American Writers*. Urbana, Ill.: University of Illinois Press, 1974.

Benamou, Michel, and Charles Caramello, eds. *Performance in Postmodern Culture*. Madison, Wis.: Coda Press, 1977.

Benstock, Shari. "From the Editor's Perspective." *Tulsa Studies in Women's Literature* 3 (1984): 5-28.

Bergonzi, Bernard, ed. *Innovations: Essays on Art and Ideas*. London: Macmillan, 1968.

Berman, Marshall. *All That is Solid Melts Into Air: The Experience of Modernity*. New York: Simon & Schuster, 1982.

Bernstein, Richard J., ed. *Habermas and Modernity*. Cambridge, Mass. M. I. T. Press, 1985.

Bersani, Leo. A *Future for Astyanax: Character and Desire in Literature*. Boston, Mass.: Little, Brown 1976.

Blau, Herbert. *Blooded Thought: Occasions of Theatre*. New York: Performing Arts Journal Publications, 1982.

——. *Take Up the Bodies: Theater at the Vanishing Point*. Urbana, Ill.: University of Illinois Press, 1982.

Bleich, David. *Subjective Criticism*. Baltimore, Md.: Johns Hopkins University Press, 1978.

Bloom, Harold. *The Anxiety of Influence: A Theory of Poetry,* New York: Oxford University Press, 1975.

——, et al. *Deconstruction and Criticism*. New York: Seabury Press, 1979.

——. *Kabbalah and Criticism*. New York: Seabury Press, 1975.

——. *A Map of Misreading*. New York: Oxford University Press, 1975.

——. *Poetry and Repression: Revisions from Blake to Stevens*. New Haven, Conn.: Yale University Press, 1976.

Bolin, Brent. *The Failure of Modern Architecture*. New York: Van Nostrand Reinhold, 1976.

Bonito Oliva, Achille. *The International Trans-Avant Garde*. Milan: Giancarlo Politi Editore, 1982.

Bonnefoy, Yves. "'Image and Presence': Yves Bonnefoy's Inaugural Address at the collège de France." *New Literary History* 15 (1984): 433-51.

Boorstin, Daniel. *The Image: A Guide to Pseudo-Events in America*. Magnolia, Mass.: Peter Smith, 1985. Originally published under the title: *The Image or, What Happened to the American Dream*. New York: Atheneum, 1962.

Booth, Wayne. *Critical Understanding: The Powers and Limits of Critical Pluralism*. Chicago, Ill.: University of Chicago Press, 1979.

Borges, Jorge Luis. *Other Inquisitions, 1937-1952*. Translated by Ruth L.C. Simms. Austin, Tex.: University of Texas Press, 1964.

Bornstein, George. "Beyond Modernism." *Michigan Quarterly Review 12* (1973): 278-84.

Boulding, Kenneth. *The Meaning of the Twentieth Century: The Great Transition*. New York: Harper and Row, 1964.

Boundary 23, I (1981). Issue on "Why Nietzsche Now? A Boundary 2 Symposium." Published also as *Why Nietzsche Now?*

Edited by Daniel T. O'Hara. Bloomington, Ind.: Indiana University Press, 1985.

Boundary 24, 2 (1976). Issue on "The Destructionist Program." Published as *Martin Heidegger and the Question of Literature.* Edited by William V. Spanos. Bloomington, Ind.: Indiana University Press, 1979.

Bradbury, Malcolm, and James McFarlane, eds. *Modernism: 1890 -1930.* London: Penguin Books, 1976.

Brooke-Rose, Christine. *A Rhetoric of the Unreal: Studies in Narrative and Structure, Especially of the Fantastic.* Cambridge: Cambridge University Press, 1981.

Brown, Curtis F. *Star-Spangled Kitsch: An Astounding and Tastelessly Illustrated Exploration of the Bawdy, Gaudy, Shoddy Mass-Art Culture in this Grand Land of Ours.* New York: Universe Books'. 1975.

Brown, Norman O. *Love's Body.* New York: Random House, 1966.

Bürger, Peter. *Theory of the Avant-Garde.* Translated by Michael Shaw. Minneapolis, Minn: University of Minnesota Press, 1984.

Burke, Kenneth. *Language as Symbolic Action: Essays on Life Literature, and Method.* Berkeley and Los Angeles, Calif.: University of California Press, 1966.

Burnham, Jack. *Great Western Salt Works: Essays on the Meaning of Post-Formalist Art.* New York: George Braziller, 1974.

Butler, Christopher. *After the Wake: An Essay on the Contemporary Avantgarde.* Oxford: Clarendon Press, 1980.

——. *Interpretation, Deconstruction, and Ideology: An Introduction to Some Current Issues in Literary Theory.* Oxford: Clarendon Press, 1984.

——. "The Pleasures of the Experimental Text." In *Criticism and Critical Theory.* Edited by Jeremy Hawthorn. London: Eward

Arnold, 1984.

Butor, Michel. *Inventory: Essays*. New York: Simon and Schuster, 1968.

Butterick, George F. "Editing Postmodern Texts." *Sulfur 11* (1984): 113-40.

Cage, John, *Empty Words*. Middletown, Conn.: Wesleyan University Press, 1979.

———. *For the Birds*. Boston, Mass.:Marion Boyars, 1981.

———. *Silence: Lectures and Writings*. Middletown Conn.: Wesleyan University Press, 1961.

———. *A Year From Monday: New Literature and Writings*. Middletown, Conn.: Wesleyan University Press, 1967.

Caliban 12 (1975). Issue on Postmodernism.

Calinescu, Matei. "Avant-Garde, Neo-Avant-Garde, Post-Modernism: The Culture of Crisis." *Clio* 4 (1975): 317-40.

———. "'Avant-Garde': Some Terminological Considerations." *Yearbook of Comparative and General Literature 23* (1974): 67 -78.

———. *Faces of Modernity: Avant-Garde, Decadence. Kitsch*. Bloomington, Ind.: Indiana University Press, 1977 2d ed., rev. Durham, N. C.: Duke University Press, forthcoming.

Calvino, Italo. "Notes Toward a Definition of the Narrative Form as a Combinative Process." *Twentieth Century Studies 3* (1970): 93-101.

Capra, Fritjof. *The Tao of Physics: An Exploration of the Parallels Between Modern Physics and Eastern Mysticism*. 2nd. ed., rev, Boulder, Colo: Shambhala Press, 1983.

Caramello, Charles. *Silverless Mirrors: Book, Self, and Postmodern American Fiction*. Tallahassee, Fla.: University Presses of Florida, 1983.

Caws, Mary Ann. *The Eye in the Text: Essays on Perception, Mannerist to Modern*. Princeton, N.J.: Princeton University Press, 1981.

Chefdor, Monique; Ricardo Quinones; and Albert Wachtel, eds. *Modernism: Challenges and Perspectives*. Urbana, Ill.: University of Illinois Press, 1986.

Chiari, Joseph. *The Aesthetics of Modernism*. London: Vision, 1970.

Chicago Review 33, nos. 2 and 3 (1983). Issues on Postmodern Literature and Criticism.

Clarke, Arthur C. *Profiles of the Future: An Inquiry into the Limits of the Possible*. New York: Bantam Books, 1964.

Cohen, Ralph. "A Propadeutic for Literary Change." *Critical Exchange 13* (1983): 1-17.

——, ed. *New Directions in Literary History*. Baltimore, Md.: Johns Hopkins University Press, 1974.

Cohn, Ruby. *Currents in Contemporary Drama*. Bloomington, Ind.: Indiana University Press, 1969.

Cooper, David Graham. *The Death of the Family*. New York: Pantheon, 1970.

Couturier, Maurice, ed. *Representation and Performance in Postmodern Fiction*. Montpellier: Delta, Presses de l'Imprimerie de Recherche, Université Paul Valéry, 1983.

Cox, Harvey G. *The Feast of Fools: A Theological Essay on Festivity and Fantasy*. Cambridge, Mass.: Harvard University Press, 1969.

Crimp, Douglas. "The Photographic Activity of Postmodernism." *October* 15 (1980): 91-101.

Croyden, Margaret. *Lunatics, Lovers, and Poets: The Contemporary Experimental Theatre*. New York: McGraw Hill, 1974.

Culler, Jonathan. *On Deconstruction*. Ithaca, N.Y.: Cornell University Press, 1982.

——. *The Pursuit of Signs: Semiotics, Literature, Deconstrucion.* Ithaca, N.Y.: Cornell University Press, 1981.

Cullum, J.W. ";Nathan Scott and the Problem of a Postmodern Ethic." *Boundary 2* 4(1976): 965-72.

Daiches, David. "What Was the Modern Novel?" *Critical Inquiry 1* (1975): 813-19.

Danto, Arthur C. *The Transfiguration of the Commonplace: A Philosophy of Art.* Cambridge, Mass.: Harvard University Press, 1981.

Davidson, Michael. "Languages of Post—Modernism." *Chicago Review 27* (1975): 11-12.

Davis, Douglas. *Art and the Future: A History/ Prophecy of the Collaboration Between Science, Technology and Art.* New York: Praeger, 1973.

——. *Artculture: Essays on the Post-Modern.* New York: Harper and Row, 1977.

Deleuze, Gilles, and Félix Guattari. *Anti—Oedipus: Capitalism and Schizophrenia.* Translated by Robert Hurley, Mark Seem, and Helen R. Lane. New York: Viking Press, 1977.

——. *Nietzsche and Philosophy.* New York: Columbia University Press, 1983.

de Man, Paul. *Allegories of Reading: Figural Language in Rousseau. Nietzsche, Rilke and Proust.* New Haven, Conn.: Yale University Press, 1979.

——. *Blindness and Insight: Essays in the Rhetoric of Contemporary Criticism.* New York: Oxford University Press, 1971.

Depew, Wally. *Nine Essays on Concrete Poems.* Alamo, Calif.:Holmgangers Press, 1974.

Derrida, Jacques. *Dissemination.* Translated, with an Introduction, by Barbara Johnson. Chicago, Ill.: University of Chicago Press, 1981.

——. *Margins of Philosophy*. Translated, with notes, by Alan Bass. Chicago, Ill.: University of Chicago Press, 1982.

——. *Of Grammatology*. Translated by Gayatri Chakravorty Spivak. Baltimore, Md.: Johns Hopkins University Press, 1976.

——. "The Principle of Reason: The University in the Eyes of its Pupils." *Diacritics 13* (1983): 3-21.

——. "Structure, Sign, and Play." In *The Languages of Criticism and the Sciences of Man.* Edited by Richard Macksey and Eugenio Donato. Baltimore, Md.: John Hopkins University Press, 1970.

——. *Writing and Difference*. Translated, with an Introduction and additional notes, by Alan Bass. Chicago, Ill.: University of Chicago Press, 1978.

Donadio, Stephen. *Nietzsche, Henry James, and the Artistic Will.* New York: Oxford University Press, 1978.

The Drama Review 19, no. 1 (1975). Issue on Post-Modern Dance.

Doubrovsky, Serge. *The New Criticism in France.* Translated by Derek Coltman. Chicago, Ill.: University of Chicago Press, 1973.

Ebert, Teresa L. "The Convergence of Postmodern Innovative Fiction and Science Fiction." *Poetics Today 1* (1980): 91-104.

Eco, Umberto. *The Role of the Reader: Explorations in the Semiotics of Texts.* Bloomington Ind.: Indiana University Press, 1979.

——. *A Theory of Semiotics*. Bloomington, Ind.: Indiana University Press, 1976.

Ehrmann, Jacques. "The Death of Literature." *New Literary History 3* (1971): 31-48.

——. "Introduction: Games, Play, Literature." *Yale French*

Studies 41 (1968): 5.

Ellmann, Richard, ed. *The Artist as Critic: Critical Writings of Oscar Wilde*. New York: Random House, 1969.

——, and Charles Feidelson, eds. *The Modern Tradition: Backgrounds of Modern Literature*. New York: Oxford University Press, 1965.

Enzensberger, Hans Magnus. *The Consciousness Industry: On Literature. Politics, and the Media*. New York: Seabury Press, 1974.

Esslin, Martin. *The age of Television*. San Francisco, Calif.: Freeman, 1982.

——. *The Theatre of the Absurd*. 3d ed., rev and enl. Harmondsworth, Middlesex, England and New York: Penguin, 1980.

Fanon, Frantz. *The Wretched of the Earth*. Preface by Jean Paul Sartre. Translated by Constance Farrington. New York: Grove Press, 1968.

Federman, Raymond. "Fiction Today or the Pursuit of Non-Knowledge." *Humanities in Society 1* (1978): 115-31.

——. "Imagination as Plagiarism (an unfinished paper...)" *New Literary History 7* (1976): 563-78.

Felperin, Howard. *Beyond Deconstruction: The Uses and Abuses of Literary Theory*. Oxford: Clarendon Press, 1985.

Ferkiss, Victor. *The Future of Technological Civilization*. New York: George Braziller, 1974.

Fiedler, Leslie. *Collected Essays. 2* volumes. New York: Stein and Day, 1971.

——. "Cross the Border-Close the Gap." *Playboy,* December 1969: 151, 230. 252-54, 256-58. Also in *Collected Essays,* Vol. 2.

——. "The New Mutants." *Partisan Review 32* (1965): 505-25. Also in *Collected Essays,* Vol. 2.

——, and Houston A. Baker, Jr., eds. *Opening Up the Canon:*

Selected Papers from the English Institute, New Series, no. 4. Baltimore, Md.: Johns Hopkins University Press, 1981.

Fish, Stanley. *Is There a Text in This Class? The Authority of Interpretive Communities.* Cambridge, Mass.: Harvard University Press, 1980.

Fokkema, Douwe, and Hans Bettens, eds *Approaching Postmodernism.* Amsterdam: John Benjamins, 1986.

Fokkema, Douwe, and Matei Calinescu, eds *Exploring Postmodernism.* Amsterdam: John Benjamins, forthcoming.

Fokkema, Douwe, *Literary History, Modernism, and Postmodernism.* Amsterdam: John Benjamins, 1984.

Foster, Hal, ed. *The Anti-Aesthetic: Essays on Postmodern Culture.* Port Townsend, Wash.: Bay Press, 1983.

Foster, John Burt. *Heirs to Dionisus: A Nietzschean Current in Literary Modernism.* Princeton, N. J.: Princeton University Press, 1981.

Foster, Stephen C., ed. *Lettrisme: Into the Present.* University of Iowa Musuem of Art Catalogue. Special Issue of *Visible Language* 17, no. 3 (1983).

Foucault, Michel. *Language, Counter-Mernory, Practice: Selected Essays and Interviews.* Edited by Donald F. Bouchard. Translated by Donald F. Bouchard and Sherry Simon. Ithaca, N. Y.: Cornell University Press, 1977.

——. *The Order of Things: An Archeology of the Human Sciences.* Translation of *Les Mots et les choses.* New York: Pantheon, 1970.

——. *Power/ Knowledge: Selected Interviews and Other Writings, 1972—1977.* Edited by Colin Gordon. Translated by Colin Gordon, Leo Marshall, John Mepham, and Kate Soper. New York: Pantheon, 1980.

Frank, Joseph. *The Widening Gyre: Crisis and Mastery in Modern Literature.* New Brunswick, N. J.: Rutgers Unirersity Press, 1963.

Freud, Sigmund. *Beyond the Pleasure Principle.* Translated by James Strachey. New York: Liveright, 1950.

——. *Civilization and Its Discontents.* Translated and edited by James Strachey. New York: W. W. Norton, 1962.

——. *The Interpretation of Dreams.* Translated and edited by James Strachey. New York: Basic Books, 1955.

Friedan, Betty. *The Feminine Mystique,* New York: Norton, 1963.

Fuller, R. Buckminster, in collaboration with E. J. Applewhite. *Synergetics: Explorations in the Geometry of Thinking.* New York: Macmillan, 1975.

Fuller, R. Buckminster. *Utopia or Oblivion: The Prospects for Humanity.* New York: Overlook Press, 1972.

Gablik, Suzi. *Progress in Art.* New York: Rizzoli, 1977.

Gadamer, Hans Georg. *Philosophical Hermeneutics.* Translated and edited by David E. Linge. Berkeley and Los Angeles, Calif.: University of California Press, 1976.

——. *Truth and Method.* Translation edited by Garrett Barden and John Cumming. New York: Seabury Press, 1975.

Gallie, W. B. *Philosophy and the Historical Understanding.* 2d ed. New York: Schocken Books, 1968.

Gallop, Jane. *The Daughter's Seduction: Feminism and Psychoanalysis.* Ithaca, N. Y.: Cornell University Press, 1982.

Galloway, David. "Postmodernism." *Contemporary Literature 14* (1973): 398-405.

Gans, Herbert J. *Popular Culture and High Culture: An Analysis and Evaluation of Taste.* New York: Basic Books. 1975.

Garvin, Harry R., ed. *Romanticism, Modernism, Postmodernism.*

Bucknell Review Annual 25. Lewisburg, Pa: Bucknell University Press, 1980.

Gass, William II. "The Death of the Author." *Salmagundi 65* (1984): 3-26.

——. *Fiction and the Figures of Life.* New York: Alfred A. Knopf, 1970

——. *Habitations of the Word: Essays.* New York: Simon and Schuster, 1985.

Gayle, Addison, ed. *The Black Aesthetic.* Garden City, N. Y.: Doubleday, 1971.

Gehlen, Arnold. *Man in the Age of Technology.* Translated by Patricia Lipscomb. New York: Columbia University Press, 1980.

Genette, Gérard. *Figures of Literary Discourse.* Translated by Alan Sheridan. New York: Columbia University Press, 1982.

——. *Narrative Discourse: An Essay in Method.* Translated by Jane E. Lewin. Ithaca, N. Y.: Cornell University Press, 1980.

Gillespie, Gerald. "New Apocalypse for Old: Kermode's Theory of Modernism." *Boundary 2,3* (1975): 307-23.

Gilman, Richard. "The Idea of the Avant-Garde." *Partisan Review 39* (1972): 382-96.

Goffman, Erving. *Frame Analysis: An Essay on the Organization of Experience.* New York: Harper and Row, 1974.

Goldmann, Lucien. *Cultural Creation in Modern Society.* Translated by Bart Grahl. Oxford: Basil Blackwell, 1977.

Gombrich, E. H. *Art and Illusion: A Study in the Psychology of Pictorial Representation.* 2d cd., rev. New York: Pantheon, 1961.

Goodman, Nelson. "Realism, Relativism, and Reality." New *Literary History 14* (1983): 269-72.

——. *Ways of Worldmaking.* Indianapolis Ind.: Hackett Publishing

Co., 1978.

Graff, Gerald. "Babbitt at the Abyss: the Social Context of Post-modern American Fiction." *TriQuarterly 33* (1975): 305-37.

——. *Literature Against Itself: Literary Ideas in Modern Society.* Chicago, Ill: University of Chicago Press, 1979.

——. "The Myth of the Postmodernist Breakthrough." *TriQuarterly 26* (1973): 383-417.

Greenberg, Clement. "Modern and Postmodern." *Arts Magazine 54* (1980): 64-66.

Grossvogel, David. *Four Playwrights and a Postscript: Brecht, Ionesco, Beckett Genet.* Ithaca, N. Y.: Cornell University Press, 1962.

Habermas, Jürgen. "The French Path to Postmodernity: Bataille between Eroticism and General Economics." *New German Critique* 33 (1984): 79-102.

——. *Legitimation Crisis.* Translated by Thomas McCarthy. Boston, Mass.: Beacon Press, 1975.

——. "Modernity versus Postmodernity." *New German Critique* 22 (1981): 3-14.

——. *Theory of Commumicative Action,* vol. 1. Translated by Thomas McCarthy Boston, Mass.: Beacon Press, 1984.

Hafrey, Leigh. "The Gilded Cage: Postmodernism and Beyond." *TriQuarterly* 56 (1983): 126-36.

Harari, Josué V., ed. *Textual Strategies: Perspectives in Post-Structuralist Criticism.* Ithaca, N. Y.: Cornell University Press, 1979.

Harman, Willi W. *An Incomplete Guide to the Future.* San Francisco, Calif.: San Francisco Book Co., 1976.

Harskamp, J. T. "Contemporaneity, Modernism, Avant-garde." *British Journal of Aesthetics* 20 (1980): 204-14.

Hartman, Geoffrey H. *Griticism in the Wilderness: The Study of*

Literature Today. New Heaven, Conn.: Yale University Press, 1980.

——. *Saving the Text: Literature / Derrida / Philosophy*. Baltimore, Md.: Johns Hopkins University Press, 1981.

Hassan, Ihab. "Abstractions." *Diacritics 2* (1975): 13-18.

——. "Culture, Indeterminacy, and Immanence: On the Margins of the (Postmodern) Age." *Humanities in Society* 1, no. 1 (1978): 51-85. Reprinted in *The Right Promethean Fire*.

——. "Desire and Dissent in the Postmodern Age." *Kenyon Review* 5 (1983):1-18.

——. *The Dismemberment of Orpheus: Toward a Postmodern Literature*. 2d ed., rev. Madison, Wis.: University of Wisconsin Press, 1982.

——. "Joyce, Beckett, and the Postmodern Imagination." *TriQuarterly* 34 (1975): 179-200.

——, ed. *Liberations: New Essays on the Humanities in Revolution*. Middletown, Coun.: Wesleyan University Press, 1971.

——. *The Literature of Silence: Henry Miller and Samuel Beckett*. New York: Alfred A Knopf, 1967.

——. *Paracriticisms: Seven Speculations of the Times*. Urbana, Ill.: University of Illinois Press, 1975.

——. *The Postmodern Turn: Essays in Postmodern Theory and Culture*. Columbus: Ohio State University Press, 1987.

——. "POSTmodernISM: A Paracritical Bibliography." *New Literary History* 3, no. 1 (Autumn 1971): 5-30. Reprinted in *Paracriticisms*.

——. *The Right Promethean Fire: Imagination, Science, and Cultural Change*. Urbana, Ill.: University of Illinois Press, 1980.

——, and Sally Hassan, eds. *Innovation / Renovation: New Perspectives on the Humanities*. Madison, Wis.: University of Wisconsin

Press, 1983.

Hayman, David. "Double-Distancing: An Attribute of the 'Post-Modern' Avant-Garde." Novel 12 (1978): 33-47.

Heidegger, Martin. *Being and Time*. Translated by John Macquarrie and Edward Robinson. New York: Harper and Row, 1962.

——. *On the Way to Language*. Translated by Peter D. Hertz. New York: Harper and Row, 1971.

——. *Poetry, Language, Thought*. Translated by Albert Hofstadter. New York: Harper and Row, 1971.

Heilbrun Carolyn G. *Toward a Recognition of Androgyny*. New York: Alfred A. Knopf, 1973.

Heisenberg, Werner. *Across the Frontiers*. Translated by Peter Heath. New York: Harper and Row, 1974.

——. *Physics and Beyong: Encounters and Conversations*. Translated by Arnold J. Pomerans. New York: Harper and Row, 1971.

Heller, Erich. *The Artist's Journey into the Interior and Other Essays*. New York: Random House, 1965.

——. *The Disinherited Mind: Essays in Modern German Literature and Thought*. New York: Farrar, Straus, and Cudahy, 1957.

Hertz, Richard. *Theories of Contemporary Art*. Englewood Cliffs, N. J.: Prentice-Hall, 1985.

Higgins, Dick. *A Dialectic of the Centuries: Notes Toward a Theory of the New Arts*. New York: Printed Editions, 1978.

——, and Wolf Vostell. *Fantastic Architecture*. New York: Something Else Press, 1971.

——. *Horizons: The Poetics and Theory of the Intermedia*. Carbondale, Ill.: Southern Illmois University Press, 1984.

Hoffmann, Gerhard. "The Fantastic in Fiction: Its 'Reality' Status, its Historical Development and its Transformation in Postmodern Narration." *REAL* (*Yearbook of Research in English* and American Literature) 1 (1982): 267-364

——, ed Making Sense (forthcoming).

——, Alfred Horning; and Rüdiger Kunow. "'Modern', 'Postmodern,' and 'Contemporary' as Criteria for the Anaiysis of 20th Century Literature." Amerikastudien 22 (1977): 19-46.

——. "Social Criticism and the Deformation of Man: Satire, the Grotesque, and Comic Nihilism in the Modern and Postmodern American Novel." Amerikastudien 28 (1983): 141-203.

Holland, Norman H. The Dynamics of Literary Response. New York: W. W. Norton, 1968.

——. "The New Paradigm: Subjective or Transactive?" New Literary History 7 (1976): 335-46.

——. Poems in Persons: An Introduction to the Psychoanalysis of Literature. New York: W. W. Norton, 1973.

Howe, Irving. The Decline of the New. New York: Harcourt, Brace, and World, 1970.

——. "Mass Society and Post-Modern Fiction." Partisan Review 26 (1959): 420-36. Also in The Decline of the New.

Hughes, Robert. The Shock of the New: Art and the Century of Change. New York: Alfred A. Knopf, 1981.

Hutcheon, Linda. A Theory of Parody: The Teachings of Twentieth-Century Art Forms. New York: Methuen, 1985.

——. Narcissistic Narrative: The Metafictional Paradox. Waterloo, Ontario: Wilfrid Laurier University Press, 1980.

Huyssen, Andreas. "Mapping Postmodernism." New German Critique 33 (1984): 5-52.

——. "The Search for Tradition: Avant-Garde and Postmodernism in the 1970s." New German Critique 22 (1981): 23-40.

Illich, Ivan. Deschooling Society. New York: Harper and Row, 1971.

Iser, Wolfgang The Act of Reading: A Theory of Aesthetic

Response. Baltimore, Md.: Johns Hopkins University Press, 1978

——. *The Imphed Reader: Pattrns of Communication in Prose Fiction from Bunyan to Beckett*. Baltimore, Md: Johns Hopkins University Press, 1974.

——. "Indeterminacy and the Reader's Response in Prose Fiction." In *Aspects of Narrative: Selected Papers from the English Institute*. Edited by J. Hillis Miller. New York: Columbia University Press, 1971.

——. "The Interplay Between Creation and Interpretation." *New Literary History 15* (1984): 387-95.

James, William. *A Pluralistic Universe*. Cambridge, Mass.: Harvard University Press, 1977.

——. *Pragmatism*. New York: Meridan Books, 1955.

——. *"The Will to Believe" and Other Essays in Popular Philosophy*. New York: Dover, 1956.

Jameson, Fredric. *The Political Unconscious: Narrative as a Socially Symbolic Act*. Ithaca, N. Y.: Cornell University Press., 1981.

——. "Postmodernism, or the Cultural Logic of Late Capitalism." New Left Review 146 (July-August 1984): 53-92.

Jardine, Alice, and Hester Eisenstein, eds. *The Future of Difference*. Boston, Mass.: G.K. Hall, New York; Barnard College Women's Center, 1980.

Jauss, Hans Robert. *Toward an Aestherics of Reception*. Translated by Timothy Bahti. Introduction by Paul de Man Minneapolis, Minn.: University of Minnesota Press, 1985.

Jay, Martin. "Habermas and Modernism." *Praxis International* 4, no 1 (1984): 1-14.

Jefferson, Ann. *The Nouveau Roman and the Poetics of Fiction*. Cambridge and New York: Cambridge University Press, 1980.

Jencks, Charles, ed *The Language of Post-Modern Architecture*. 4th ed., rev. and enl. New York: Rizzoli, 1984.

———, ed *Post-Modern Classicism: The New Synthesis*. London: *Architectural Design* 5∕6, 1980.

Johnson, Ellen H. *American Artists on Art: From 1940 to 1980*. New York: Harper and Row, 1982.

Journal of Modern Literature 3, 5 (1974). Issue on "From Modernism to Postmodernism."

Kalalcnos, Emma. "Fragments of a Partial Discourse on Roland Barthes and the Postmodern Mind." *Chicago Review* 35 (1985): 72-94.

Kahn, Herman, and Anthony J. Wiener. *The Year 2000: A Framework for Speculation on the Next Thirty-Three Years*. New York: Macmillan, 1967.

Kearney, Richard. *Dialogues with Contermporary Continental Thinkers: The Phenomenological Heritage: Paul Ricoeur, Emmanuel Levinas, Herbert Marcuse, Stanislas Breton, Jacques Derrida*. Manchester, U. K. and Dover, N. H.: Manchester University Press, 1984.

Kennard, Jean E. *Number and Nightmare: Forms of Fantasy in Contemporary Fiction*. Hamden, Conn.: Archon Books, 1975.

Kenner, Hugh. *The Pound Era*. Berkeley and Los Angeles, Calif.: University of California Press, 1971.

———. *The Stoic Comedians: Flaubert, Joyce, and Beckett*. Boston: Beacon Press, 1962.

Kermode, Frank. *Continuities*. New York: Random House, 1968

———. "Modernisms Again: Objects, Jokes, and Art" *Encounter* 26, 4 (1966): 65-74 Expanded and reprinted as "Modernisms" in *Continuities*.

Kirby, Michael. *The Art of Time: Essays on the Avant-Garde*. New York: E. P. Dutton, 1969.

——. *Happening: An Illustrated Anthology.* Scripts and productions by Jim Dine and others. New York: Dutton, 1965.

——. "Post-Modern Dance Issue: An Introduction." *Drama Review* 19 (1975): 3-4.

Klinkowitz, Jerome. *The Life of Fiction.* Urbana, Ill.: University of Illinois Press, 1977.

——. *Literary Disruptions: The Making of a Post-Contemporary American Fiction.* 2d ed., rev. Urbana, Ill: University of Illinois Press, 1980.

——. *The Self-Apparent Word: Fiction as Language / Language as Fiction.* Carbondale, Ill.: Southern. Illinois University Press,, 1984.

Knapp, Steven and Walter Benn Michaels. "Against Theory." *Critical Inquiry* 8 (1982): 723-42.

Koestler, Arthur, and J. R. Smythies, eds. *Beyond Reductionism: New Perspectives in the Life Sciences.* Alpbach Symposium, 1968. New York: Macmillan, 1970.

Köhler, Michael. "'Postmodernismus': Ein begriffsgeschichtlicher Überblick." *Amerikastudien* 22 (1977): 8-18.

Kostelanetz, Richard, ed. *The Avant-Garde Tradition in Literature.* Buffalo, N. Y.: Prometheus Books, 1982.

——. *The End of Intelligent Writing: Literary Politics in America.* New York: Sheed and Ward, 1974.

——, ed. *Essaying Essays: Alternative Forms of Exposition.* New York: Out of London Press, 1975.

——. *Master Minds: Portraits of Contemporary American Artists and Intellectuals.* New York: Macmillan, 1969.

Kramer, Hilton *The Age of the Avant-Garde: An Art Chronicle of 1956-1972.* New York: Farrar, Straus, and Giroux, 1973.

——. *The Revenge of the Philistines: Art and Culture 1972-1984.*

New York: Free Press, 1985.

Krauss, Rosalind E. *The Originality of the Avant-Garde and Other Modernist Myths.* Cambridge, Mass: M. I. T. Press, 1985.

Krieger, Murray. *Arts on the Level: The Fall of the Elite Object.* Knoxville, Tenn.: University of Tennessee Press, 1981.

——, and L. S. Dembo, eds. *Directions for Criticism: Structuralism and Its Alternatives.* Madison, Wis.: University of Wisconsin Press, 1977.

——. "In the Wake of Morality: The Thematic Underside of Recent Theory." *New Literary History* 15 (1983): 119-36.

——. *Poetic Presence and Illusion.* Baltimore, Md.: Johns Hopkins University Press, 1979.

Krísis 2 (1984). Issue on Negative Thinking, Crisis, Postmodernism. See especially articles by: René Thom, "The Rational and the Intelligible", 120-26, Horia Bratu, "Vocabulary of Crisis: Catastrophes", 127-36, Richard Palmer. "Expostulations on the Postmodern Turn", 140-49, Robert Solomon, "Beyond Postmodernism", 151-53.

Krísis 3-4 (1985). Issue on "Postmodernsim: Search for Criteria." Articles and papers from the Cérisy-la-Salle Conference on Postmodernsim.

Kristeva Julia. *Desire in Language: A Semiotic Approach to Literature and Art.* Translated by Thomas Gora, Alice Jardine, and Leon S. Roudiez. New York: Columbia University Press, 1980.

——. *Powers of Horror: An Essay on Abjection.* Translated by Leon S. Roudiez New York: Columbia University Press, 1982.

Kuhn, Thomas. *The Structure of Scientific Revolutions.* 2d ed., enl. Chicago, Ill.: University of Chicago Press, 1970.

Kutnik, Jerzy *The Novel as Performance: The Fiction of Ronald Sukenick and Raymond Federman.* Carbondale, Ill.: Southern

Illinois University Press, 1986.

Lacan, Jacques. *The Language of the Self: The Function of Language in Psychoanalysis*. Translated by Anthony Wilden. Baltimore, Md.: Johns Hopkins University Press, 1968.

Laing, Ronald David. *The Divided Self: An Existential Study in Sanity and Madness*. London: Pelican, 1969.

——. *The Politics of Experience*. New York: Pantheon, 1967.

——. *The Politics of the Family and Other Essays*. New York: Pantheon, 1969.

Laplanche, Jean. *Life and Death in Psychoanglysis*. Translated by Jeffrey Mehlman. Baltimore, Md.: Johns Hopkins University Press,1976.

Lasch, Christopher. *The Culture of Narcissism: American Life in an Age of Diminishing Expectations,* New York: Norton, 1978.

Leavitt Ruth, ed. *Artist and Computer*. New York: Harmony Books, 1976.

LeClair Tom, and Larry, McCaffery eds. *Anything Can Happen: Interviews with Contemporary American Novelists*. Urbana, Ill.: University of Illinois Press, 1983.

Lentricchia, Frank. *After the New Critisism*. Chicago, Ill.: University of Chicago Press, 1980.

——. *Criticism and Social Change*. Chicago, Ill.: University of Chicago Press, 1983.

Levin, Harry. "What Was Modernism?" *The Massachusetts Review* 1, 4 (1960): 609-30. Reprinted in *Refractions: Essays in Comparative Literature*. New York: Oxford University Press, 1966.

Lévi-Strauss, Claude. *The Savage Mind*. Chicago, Ill.: University of Chicago Press, 1966.

——. *A World on the Wane*. Translated by John Russell. New York: Criterion Books, 1961.

LeVot, André. "Disjunctive and Conjunctive Modes in Contemporary American Fiction." *Forum* 14 (1976): 44-55.

Lodge, David. *The Modes of Modern Writing: Metaphor, Metonymy, and the Typology of Modern Literature.* Ithaca, N.Y. : Cornell University Press, 1977.

Lukacs, John A. *The Passing of the Modern Age.* New York: Harper and Row, 1970.

Lunn, Eugene. *Marxism and Modernism: An Historical Study of Lukács, Brecht. Benjamin, and Adorno.* Berkeley and Los Angeles, Calif: University of California Press, 1982.

Lyotard, Jean—François, and Jean-Loup Thébaud. *Just Gaming.* Translated by Wlad Godzich and Brian Massumi. Minneapolis, Minn.: University of Minnesota Press, 1985.

——. *The Postmodern Condition: A Report on Knowledge.* Translated by Geoff Bennington and Brian Massumi. Minneapolis, Minn.: University of Minnesota Press, 1984.

Mailer, Norman. *Advertisements for Myself.* New York: Putnam, 1959.

——. *Armies of the Night: History as Novel, the Novel as History.* New York: New American Library, 1968.

McCaffery, Larry. *The Metafictional Muse: The Works of Robert Coover, Donald Barthelme, and William H. Gass.* Pittsburgh, Pa: University of Pittsburgh Press, 1982.

McConnell, Frank. "The Corpse of the Dragon: Notes on Postromantic Fiction." *TriQuarterly* 33 (1975): 273-304.

McHale, Brian. "Writing About Postmodern Writing." *Poetics Today* 3 (1982): 211-27.

Macksey, Richard, and Eugenio Donato, eds. *The Languages of Criticism and the Sciences of Man.* Baltimore, Md.:Johns Hopkins University Press, 1970.

McLuhan, Marshall; Kathryn Hutchon; and Eric McLuhan. *City as Classroom: Understanding Language and Media.* Agincourt, Out.: Book Society of Canada, 1977.

McLuhan, Marshall. *Understanding Media: The Extensions of Man.* New York: McGraw-Hill, 1964.

McLuhan, Marshall, and Quentin Fiore. *War and Peace in the Global Village.* New York: McGraw-Hill, 1968.

Malcolm X. *The Autobiography of Malcolm X.* With the Assistance of Alex Haley. New York: Grove Press, 1965.

Malmgren, Carl Darryl. *Fictional Space in the Modernist and Postmodernist American Novel.* Lewisburg, Pa.: Bucknell University Press, 1985.

Marcuse, Herbert. *An Essay on Liberation.* Boston, Mass.: Beacon Press, 1969.

——. *Fros and Civilization: A Philosophical Inquiry into Freud.* Boston, Mass.: Beacon Press, 1955.

——. *One Dimensional Man: Studies in the Ideology of Advanced Industrial Society.* Boston, Mass: Beacon Press, 1964

Marks, Elaine, and Isabella de Courtivron, eds. *New French Feminisms.* New York: Schocken Books, 1981.

Marx, Karl. *Capital 3 Volumes.* Edited by Frederick Engels. New York: International Publishers, 1967.

——. *Economic and Philosophical Manuscripts of 1844.* Edited with an Introduction by Dirk J. Struik. Translated by Martin Milligan. New York: International Publishers, 1964.

Marx, Karl, and Frederick Engels. *The German Ideology.* Part One with selections from Parts Two and Three, together with Marx's "Introduction to a Critique of Political Economy." Edited with an Introduction by C. J. Arthur. New York: International Publishers, 1970.

Matson, Floyd W. *The Broken Image: Man, Science, and Society.* Garden City, N. Y.: Doubleday, 1966.

Mauriac, Claude. *The New Literature.* Translated by Samuel I. Stone. New York: George Braziller, 1959.

Mazzaro, Jeome. *Postmodern American Poetry.* Urbana, Ill.: University of Illinois Press, 1980.

Megill, Allan. *Prophets of Extremity: Nietzsche, Heidegger, Foucault, Derrida.* Berkeley and Los Angeles, Calif: University of California Press, 1985.

Mellard, James M. *The Exploded Form: The Modernist Novel in America.* Urbana, Ill.: University of Illinois Press, 1980.

Mercier, Vivian. *The New Novel from Queneau to Pinget.* New York: Earrar, Straus, and Giroux, 1971.

Meyer, Leonard B. "The End of the Renaissance?" *Hudson Review* 16 (1963): 169-86. Reprinted in *Music, the Arts, and Ideas.*

———. *Music, The Arts, and Ideas: Patterns and Predictions in Twentieth Gentury Culture.* Chicago, Ill.: University of Chicago Press, 1967.

Meyer, Ursula. *Conceptual Art.* New York: Dutton, 1972.

Miller, David LeRoy. *The New Polytheism: Rebirth of the Gods and Goddesses.* New York: Harper and Row, 1974.

Miller, J. Hillis. "The Critic as Host." In *Deconstruction and Criticism.* Edited by Harold Bloom et al. New York: Seabury Press, 1979.

———. *The Linguistic Moment: From Wordsworth to Stevens.* Princeton, N. J.: Princeton University Press, 1985.

———. *Poets of Reality: Six Twentieth-Century Writter.* Canbridge, Mass: The Belknap Press of the Harvard University Press, 1965.

Mink, Louis O. "History and Fiction as Modes of Comprehension." *New Literary History* 1 (1970): 541-58.

Minnesota Review, n.s. 23 (Fall 1984). Issue on "The Politics of Postmodernism."

Mitchell, W. J. T., ed. *Against Theory: Literary Studies and the New Pragmatism.* Chicago, Ill.: University of Chicago Press, 1985.

Morrissette, Bruce. "Post-Modern Generative Fiction: Novel and Film." *Critical Inquiry* 2 (1975): 253-62.

Morson, Gary Saul. *The Boundaries of Gente: Dostoevsky's "Diary of a Writer" and the Traditions of Literary Utopia.* Austin, Tex.: University of Texas Press, 1981.

Nagele, Rainer. "Modernism and Postmodernism: The Margins of Articulation." *Studies in Twentieth Century Literature* 5 (1980): 5-25.

Nelson, Benjamin. "Art and Technology: A Dialogue Between Harold Rosenberg and Benjamin Nelson." Salmagundi 27 (1974): 40-56.

Neumann, John von. *The Computer and the Brain.* New Haven, Conn.: Yale University Press, 1958.

New German Gritique 22(1984). Issue on Habermas and Postmodernism.

New German Gritique 33 (198r). Issue on Postmodernism. See especially essays by: Andreas Huyssen, "Mapping the Postmodern"; Hal Foster, "(Post) Modern Polemics"; Jürgen Habermas, "The French Path to Postmodernism"; Seyla Bennabib, "Epistemologies of Postmodernism."

New Literary Listory 3, 1 (1971). Issue on "Modernism and Postmodernism: Inquiries, Relleetions, and Speculations."

New Literary History 7, 1 (1975). Issue on "Critical Challenges:

The Bellagio Symposium."

Newman, Charles. *The Post-Modern Aura: The Act of Fiction in an Age of Inflation.* Evanston, Ill.: Northwestern University Press, 1985.

Nietzsche, Freidrich. *The Gay Science.* Translated by Walter Kaufmann. New York: Random House, 1974.

——. "Truth and Falsity in an Ultramoral Sense." In *The Philosophy of Nietzsche.* Edited by Geoffrey Clive. New York: New American Library, 1965.

——. *Untimely Meduations.* Translated by R.J. Hollingdale. New York: Cambridge University Press, 1983.

——. *The Will to Power.* Translated by Walter Kaufmann and R. J. Hollingdale. New York: Random House, 1967.

Norris, Christopher. "Philosophy as a Kind of Narrative: Rorty on Postmodern Liberal Culture." *Enclitic* 7 (1983): 144-59.

Nozick, Robert. *Philosophical Explanations.* Cambridge, Mass.: Harvard University Press, 1981.

O'Doherty, Brian. "What is Post-Modernism?" *Art in America* 59 (1971): 19.

O'Hara, Daniel T., ed. *Why Nietzsche Now?* Bloomington, Ind.: Indiana University Press, 1985.

Olderman, Raymond M. *Beyond the Waste Land: A Study of The American Novel in the Nineteen-Sixties.* New Haven, Conn: Yale University Press, 1972.

Olson, Charles. "The Act of Writing in the Context of Post-Modern Man." *Olson: The Journal of the Charles Olson Archives* 2 (1974): 28. (Written in 1952.)

——. *Additional Prose: A Bibliography on America, Proprioception, and Other Notes and Essays.* Edited by George F. Butterick. Bolinas, Calif.: Four Seasons, 1974.

Ortega y Gasset, José. *The Dehumanization of Art and Notes on the Novel.* Translated by Helene Weyl. New York: Peter Smith, 1951.

Owens, Craig. "The Allegorical Impulse: Toward a Theory of Postmodernism." Part 1: *October* 12 (1980): 67-86 Part 2: *October* 13 (1980): 59-80.

Paine, Sylvia. *Beckett, Nabokov, Nin: Motives and Modernism.* Port Washington, N. Y.: Kennikat Press, 1981.

Palmer, Richard. *Hermeneutics: Interpretation Theory on Schleiermacher, Dilthey, Heidegger, and Gadamer.* Evanston, Ill.: Northwestern University Press, 1969.

———. "Postmodernity and Hermeneutics." *Boundary* 25 (1977): 363-93.

———. "The Postmodernity of Heidegger." *Boundary* 24 (1976): 411-32.

Par Rapport 2, 2 (1979). Issue on Postmodernism.

Paz, Octavio. *Children of the Mire: Modern Poetry from Romanticism to the Avant-Garde.* Cambridge, Mass.: Harvard University Press, 1974.

Pearce, Joseph Chilton. *The Crack in the Cosmic Egg: Challenging Constructs of Mind and Reality.* New York: Julian Press, 1971.

Peckham, Morse. *Man's Rage for Chaos: Biology, Behavior, and the Arts.* Philadelphia, Pa.:Chilton Books, 1965.

Pepper, Stephen C. *World Hypotheses: A Study in Evidence.* Berkeley and Los Angeles, Calif: University of California Press, 1942.

Perloff, Marjorie. *The Dance of the Intellect: Studies in the Poetry of the Pound Tradition.* Cambridge: Cambridge University Press, 1985.

———. *The Poetics of Indeterminacy: Rimbaud to Cage.* Princeton, N.

J.: Princeton University Press, 1981.

Phelan, James. "Data, Danda, and Disagreement." *Diacritics 13* (1983): 39-50.

Pinsker, Sanford. "*Ulysses* and the Post-Modern Temper." *Midwest Quarterly 15* (1974): 406-16.

Pinsky, Robert. *The Situation of Poetry: Contemporary Poetry and Its Traditions.* Princeton, N. J.: Princeton University Press, 1976.

Pirsig, Robert. *Zen and the Art of Motorcycle Maintenance.* New York: William Morrow, 1974.

Poggioli, Renato. *The Theory of the Avant-Garde.* Translated by Gerald Fitzgerald. Cambridge, Mass.: Belknap Press of Harvard University Press, 1968.

Poirier, Richard. "The Aesthetics of Radicalism." *Partisan Review* 41 (1974): 176-96.

——. "The Difficulties of Modernism and the Modernism of Difficulty." In *Images and Ideas in American Culture: The Function of Criticism. Essays in Memory of Philip Rahv.* Edited by Arthur Edelstein Hanover, N. H.: Brandeis University Press, 1979.

——. *The Performing Self: Compositions and Decompositions in the Languages of Contemporary Life.* New York: Oxford University Press, 1971.

Polanyi, Michael. *Personal Knowledge: Towards a Post-Critical Philosophy.* Rev. ed. Chicago, Ill.: University of Chicago Press, 1962.

Portoghesi, Paolo. *After Modern Architecture.* Translated by Mcg Shore. New York: Rizzoli, 1982.

Pratt, Mary Louise. *Toward a Speech Act Theory of Literary Discourse.* Bloomington, Ind.: Indiana University Press, 1977.

Pütz, Manfred. "The Struggle of the Postmodern: Books on a New Concept in Criticism." *Kritikon Litterarum* 2 (1973): 225-37.

Pütz, Manfred, and Peter Freese, eds. *Postmodernism in American Literature A Critical Anthology*. Darmstadt: Thesen Verlag, 1984.

Radhakrishnan, R. "The Post-Modern Event and the End of Logocentrism." *Boundary 2*. 12 (1983): 33-60.

Ricoeur, Paul. *Freud and Philosophy: An Essay on Interpretation*. New Haven, Conn.: Yale University Press, 1970.

——. *The Rule of Metaphor: Multi—disciplinary Studies of the Creation of Meaning in Language*. Translated by Robert Czerny wiht Kathleen McLaughlin and John Costello. Toronto and Buffalo: University of Toronto Press, 1977.

Riesman, David. *The Lonely Crowd: A Study of the Changing American Character*. New Haven, Conn.: Yale University Press, 1950.

Robbe-Grillet, Alain. *For a New Novel: Essays on Fiction*. Translated by Richard Howard. New York: Grove Press, 1965.

Rorty, Richard. *Consequences of Pragmatism (Essays: 1972-1980)*. Minneapolis, Minn.: University of Minnesota Press, 1982.

——. "Habertmas and Lyotard on Post-Modernity." *Praxis International* 4, 1 (1984): 32-44.

——. *Philosophy and the Mirror of Nature*. Princeton, N. J.: Princeton University Press, 1979.

Rose, Margaret A. *Parody//Meta-Fiction: An Analysis of Parody as a Critical Mirror to the Writing and Reception of Fiction*. London: Croom Helm, 1979.

Rosenberg, Harold. *The Anxious Object: Art Today and Its Audience*. New York: Horizon Press, 1966.

——. "Art and Technology: A Dialogue Between Harold Rosenberg and Benjamin Nelson." *Salmagundi* 27 (1974): 40-56.

———. *The De-definition of Art: Action Art to Pop to Earthworks.* New York: Horizon Press, 1972.

———. *The Tradition of the New.* New York: Grove Press, 1961.

Roszak, Theodore. *The Making of a Counter Culture: Reflections on the Technocratic Society and Its Youthful Oppositions.* Garden City, N. Y.: Doubleday, 1969.

Rother, James. "Parafiction: The Adjacent Universes of Barth, Barthelme, Pynchon, and Nabokov." *Boundary* 2,5 (1976): 21-43.

Russell, Charles, ed. *The Avant-Garde Today: An International Anthology.* Urbana, Ill.: University of Illinois Press, 1981.

———. *Poets, Prophets, and Revolutionaries: The Literary Avant-garde from Rimbaud through Postmodernism.* New York: Oxford University Press, 1985.

Said, Edward W. *Beginnings: Intention and Method.* New York: Basic Books, 1975.

———. "An Ideology of Difference." *Critical Inquiry* 12, 1 (1985): 38-58.

———. "Travelling Theory." *Raritan* 1 (1982): 41-67.

———. *The World, the Text, and the Critic.* Cambridge, Mass.: Harvard University Press, 1983.

Salmagundi 67 (1985): 163-97. Responses to Charles Newman's *The Post-Modern Aura* by various crities.

Sandler, Irving. "Modernism, Revisionism, Pluralism, and Post-Modernism." *Art Journal* 40 (1980): 345-47.

Sarraute, Nathalie. *The Age of Suspicion: Essays on the Novel.* Translated by Maria Jolas. New York: George Braziller, 1963.

Sartre, Jean-Paul. *Being and Nothingness: An Essay on Phenomenological Ontology.* Translated by Hazel E. Barnes.

New York: Philosophical Library, 1956

——. *What is Literature?* Translated by Bernard Frechtman. New York: Harper and Row, 1965.

Schechner, Richard. "The Decline and Fall of the (American) Avant-Garde." *Performing Arts Journal* 14 & 15(1981):9-19.

Schevill, James. *Break Out! In Search of New Theatrical Environments.* Chicago, Ill.: Swallow Press, 1973.

Schmidt, Siegfried J. "Perspectives on the Development of Post-Concrete Poetry." *Poetics Today* 3(1982):101-36.

Schmitz, Neil. "Gertrude Stein as Post-Modernist: The Rhetoric of Tender Buttons." *Journal of Modern Literature* 3(1974):1203-18.

Scholes, Robert. *Fabulation and Metafiction.* Urbana, Ill.: University of Illinois Press, 1979.

——, and Erie Rabkin. *Science Fiction: History-Science-Vision.* New York: Oxford University Press, 1977.

——. *Semiotics and Interpretation.* New Haven, Conn: Yale University Press, 1982.

——. *Structural Fabulation: An Essay on Fiction of the Future.* Notre Dame, Ind.: University of Notre Dame Press, 1975.

——. *Structuralism in Literature: An Introduction.* New Haven, Conn.: Yale University Press, 1974.

Schwab, Gabriele. "Genesis of the Subject, Imaginary Functions, and Poetic Language." *New Literary History* 15(1984):453-74.

Schwartxz, Sanford. *The Matrix of Modernism: Pound, Eliot. and Early 20th Century Thought.* Princeton, N.J.: Princeton University Press, 1985.

Scott, Nathan A., Jr. *Negative Capability: Studies in the New Literature and the Religious Situation.* New Haven, Conn.: Yale University Press, 1969.

Searle, John R. *Speech Acts: An Essay in the Philosophy of Language*. Cambridge: Cambridge University Press, 1969.

Sears, Sallie, and Georgina W. Lord, eds. *The Discontinuous Universe*. New York: Basic Books, 1972.

Seidenberg, Roderick. *Post-Historic Man: An Inquiry*. Chapel Hill, N.C.: University or North Carolina Press, 1950.

Sewell, Elizabeth. *The Field of Nonsense*. Darby, Pa.: Arden Library, 1978.

Shattuck, Roger. "After the Avant-Garde." *New York: Review of Books,* 12 March 1970, 41-47.

——. *The Banquet Years: The Origins of the Avant-Garde in France, 1885 to World War 1: Alfred Jarry, Henri Rousseau, Erik Satie, Guillanme Apollinaire*. Rev. ed. New York: Random House, 1968.

Simard, Rodney. *Postmodern Drama: Contemporary Playwrights in America and Britain*. Landham, Md.: University Press of America, 1984.

Singer, Alan *A Methaphorics of Fiction: Discontinuity and Discourse in the Modern Novel*. Tallahassee, Fla: Florida State University Press, 1984.

Skinner, B. F. *Beyond Freedom and Dignity*. New York: Alfred A. Knopf, 1971.

Sontag, Susan. "The Aesthetics of Silence." *Aspen 5* & 6 (1967): section 3 (nopagination). Reprinted in *Styles of Radical Will*.

——. *Against Interpretation and Other Essays.* New York: Farrar, Straus, and Giroux, 1966.

——. *On Photography*. New York: Farrar, Straus, and Giroux, 1977.

——. *Styles of Radical Will*. New York: Dell, 1969.

Spanos, William V., ed. *A Casebook on Existentialism 2*. New York: Thomas Y. Crowell, 1976.

——. "The Detective and the Boundary: Some Notes on the Post-modern Literary Imagination." *Boundary* 2,1(1972):147-68. Reprinted in *A Casebook on Existentialism 2.*

——. "Heidegger, Kierkegaard, and the Hermenentic Circle: Towards a Postmodern Theory of Interpretation as Dis-closure ." *Boundary* 2, 4(1976): 455-88.

——, ed. *Martin Heidegger and the Question of Literature: Toward a Postmodern Literary Hermeneutics.* Bloomington, Ind.: Indiana University Press, 1979.

——, Paul Bové and Daniel T. O'Hara. *The Question of Textuality: Strategies of Reading in Contemporary American Criticism.* Bloomington, Ind.: Indiana University Press, 1982.

Spencer, Sharon. *Space, Time, and Structure in the Modern Novel.* New York: New York University Press, 1971.

Spender, Stephen. *The Struggle of the Modern.* Berkeley and Los Angeles, Calif.: University of California Press, 1963.

Stark, John O. *The Literature of Exhaustion: Borges Nabokov, and Barth.* Durham, N.C.: Duke University Press, 1974.

Steinet, George. *Extra-Terrtorial: Papers on Literature and the Language Revolution.* New York: Atheneum, 1971.

——. *In Bluebeard's Castle: Some Notes Towards the Redefinition of Culture.* New Haven, Conn: Yale University Press, 1971.

——. *Language and Silence: Essays on Language, Literature, and the Inhuman.* New York: Atheneum, 1967.

——. "The Retreat From the Word." *Kenyon Review* 23(1961): 187-216 Reprinted in *Language and Silence.*

Stevick, Philip. *Alternative Pleasures: postrealist Fiction and the Tradition.* Urbaña, Ill.: University of Illinois Press, 1981.

——. "Scheherezade Runs Out of Plots, Goes on Talking, the King, Puzzled, Listens: An Essay on New Fiction." *TriQuarterly* 26

(1973):332-62.

Sukenick, Ronald. *In Form: Digressions on the Art of Fiction.* Carbondale, Ill.: Southern Illinois University Press, 1985.

Suleiman, Susan R., and Inge Crosman, eds. *The Reader in the Text: Essays on Audience and Interpretation.* Princeton, N. J.: Princeton University Press, 1980.

Sypher, Wylie. *Literature and Technology: the Alien Vision.* New York: Random House, 1968.

——. *Loss of the Self in Modern Literature and Art.* New York: Random House, 1962.

Szabolcsi, Miklos. "Avant-Garde, Neo-Avant-Garde, Modernism: Some Questions and Suggestions." *New Literary History* 3 (1971):49-70.

Tani, Stelano. *The Doomed Detective: The Contribution of the Detective Novel to Postmodern American and Italian Fiction.* Carbondale, Ill: Southern Illinois University Press, 1984.

Tanner, Tony. *City of Words: American Fiction.* 1950-1970. New York: Harper and Row, 1971.

Tatham, Campbell. "Correspondence／Notes／Etceteras." *Chicago Review* 26(1975):112-32.

——. "Critical Investigations: Language Games: (Post) Modern (Isms)." *Sub-Stance* 10(1974):67-80.

Thiher, Allen. *Words in Reflection: Modern Language Theory and Postmodern Fiction.* Chicago, Ill.: University of Chicago Press, 1984.

Thompson, John B. *Critical Hermeneutics: A Study in the Thought of Paul Ricoeur and Jürgen Habermas.* Cambridge and New York: Cambridge University Press, 1981.

Thompson, William Irwin. *At the Edge of History: Speculations on the Transformation of Culture.* New York: Harper and Row,

1971.

———. *Passages About Earth: An Exploration of the New Planetary Culture.* New York: Harper and Row, 1974.

Todorov, Tzvetan, *The Fantastic: A Structural Approach to a Literary Genre.* Translated by Richard Howard. Cleveland, Ohio: Case Western Reserve University Press, 1973.

———. *The Poetics of Prose.* Translated by Richard Howard. Ithaca, N.Y.: Cornell University Press, 1977.

Toffler, Alvin. *Future Shock.* New York: Random House, 1970.

Tomkins, Calvin. *The Bride and the Bachelors: The Heretical Courtship in Modern Art.* New York: Viking Press, 1965.

———. *The Scene: Reports on Post-Modern Art.* New York: Viking Press, 1976.

Tompkins, Jane P., ed. *Reader-Response Criticism: From Formalism to Post-Structuralism.* Baltimore, Md.: Johns Hopkins University Press, 1980.

Toulmin, Stephen E. *Human Understanding: The Collective Use and Evolution of Concepts.* Princeton, N. J.: Princeton University Press, 1972

Trilling, Lionel. *Beyond Culture: Essays on Literature and Learning.* New York: Viking Press, 1965.

———. *Mind in the Modern World.* New York: Viking Press, 1973.

TriQuarterly 26,(1973), 30(1974), 32(1975), 33(1975). Issues on Postmodern Art, Literature, and Critieism.

Turner, Frederick. "Escape from Modernism: Technology and the Future of the Imagination." *Harper's Magazine,* November 1984,47–55.

Turner, Victor. *Dramas, Fields, and Methaphors: Symbolic Action in Human society.* Ithaca, N.Y.: Cornell University Press, 1974.

Ulmer, Gregory L. *Applied Grammatology: Post(e)-Pedagogy from*

Jacques Derrida to Joseph Beuys. Baltimore, Md: Johns Hopkins University Press, 1985.

Updike, John. "Modernist, Postmodernist, What Will They Think of Next?" *New Yorker,* 10 September 1984,136-42.

Venturi, Robert; Denise Scott Brown; and Steven Izenour. *Learning from Las Vegas: the Forgotten Symbolism of Architectural Form.* Cambridge, Mass: M. I. T Press, 1977.

Vernon, John. *The Garden and the Map: Schizophrenia in Twentieth Century Literature and Culture.* Urbana, Ill.: University of Illinois Press, 1973.

Wallace Stevens Journal 7(1983). Issue on "Stevens and Postmodern Criticism."

Wasson, Richard. "From Priest to Prometheus: Culture and Criticism in the Post-Modernist Period." *Journal of Modern Literature* 3(1974):1188-1202.

——. "Notes on a New Sensibility." *Partisan Review* 36(1969):460-77.

Watkins, Evan "Conflict and Consensus in the History of Recent Criticism." *New Literary History* 12(1981):345-65.

Weightman, John. *The Concept of the Avant-Garde: Explorations in Modernism.* London: Alcove Press, 1973.

Weinberg, Helen A. *The New Novel in America: The Kafkan Mode in Contemporary Fiction.* Ithaca, N.Y.: Cornell University Press, 1970.

Wellmer, Albrecht. "On the Dialectic of Modernism and Postmodernism." *Praxis International* 4(1985):337-62.

White, Hayden. *Metahistory: The Historical Imagination in Nineteenth-Century Europe.* Baltimore, Md.: Johns Hophins University Press, 1973.

——. "The Politics of Historical Interpretation: Discipline and Desublimation." *Critical Inquiry* 9(1982):124—28.

——. and Margaret Brose, eds. *Representing Kenneth Burke: Selected Papers from the English Institute*. New Series, No. 6. Baltimore, Md.: Johns Hopkins University Press, 1982.

——. *Tropics of Discourse*. Baltimore, Md.: Johns Hopkins University Press, 1978.

Wiener, Norbert. *The Human Use of Human Beings: Cybernetics and Society*. Boston, Mass: Horighton Mifflin, 1954.

Wilde, Alan. *Horizons of Assent: Modernism, Postmodernism, and the Ironic Imagination*. Baltimore, Md.: Johns Hopkins University Press, 1981.

——. "Modernism and the Aesthetics of Crisis." *Contemporary Literature* 20(1979):13-50.

——. "Strange Displacements of the Ordinary: Apple, Elkin, Barthelme, and the Problem of the Excluded Middle." *Boundary* 2, 10(1982):177-99.

Wilson, Edmund. *Axel's Castle: A Study of the Imaginative Literature of 1870-1930*. New York: Charles Scribner, 1931.

Wittgenstein, Ludwig. *The Blue and Brown Books*. Oxford: Basil Blackwell and Mott, 1958.

——. *Philosophical Investigations*. Translated by G. E. M. Anscombe. Oxford: Oxford University Press, 1968.

——. *Zettel*. Translated by G. E. M. Anscombe. Berkeley and Los Angeles, Calif.: University of California Press, 1967.

Yale French Studies 36 & 37 (1966). Issue on Structuralism.

Zavarzadch, Mas'ud. *The Mythopoeic Reality: The Postwar American Nonfiction Novel*. Urbana, Ill.: University of Illinois Press, 1976.

Ziolkowski, Theodore. "Toward a Post—Modern Aesthetics?" *Mosaic* 2, 4(1969):112-19.

近代思想圖書館系列⑮

後現代的轉向
後現代理論與文化論文集

著者──伊哈布・哈山 (Ihab Hassan)
譯者──劉象愚
發行人──孫思照
出版者──時報文化出版企業有限公司
台北市108和平西路三段240號四樓
發行專線──(○二)三○六八四二一
讀者服務專線──(○二)三二○四○九四
（如果您對本書品質與服務有任何不滿意的地方，請打這支電話。）
郵撥──○一○三八五四～○時報出版公司
信箱──台北郵政七九～九九信箱

主編──廖立文
責任編輯──李濰美
校對──林敏郎／郭美玲
排版──正豐電腦排版有限公司
製版──成宏照相製版有限公司
印刷──華展彩色印刷有限公司
初版一刷──一九九三年年一月十五日
定價──四○○元

◎行政院新聞局局版台業字第○二一四號
版權所有　翻印必究
（缺頁或破損的書，請寄回更換）

Printed in Taiwan
ISBN 957-13-0600-2

國立中央圖書館出版品預行編目資料

+--+
| |
| 後現代的轉向 : 後現代理論與文化論文集 / 伊 |
| 哈布‧哈山原著 ; 劉象愚譯. -- 初版. -- 臺 |
| 北市 : 時報文化, 1993[民82] |
| 面 ; 公分. -- (近代思想圖書館系列 ; |
| 15) |
| 譯自 : The postmodern turn |
| 參考書目:面 |
| ISBN 957-13-0600-2(平裝) |
| |
| 1. 哲學－西洋－現代(1900-   ) |
| |
| |
| 143.89   82000126 |
| |
+--+